Method of Practical Child Care and Education

2007
DOBUNSHOIN
Printed in Japan

保育指導法

幼児のための保育・教育の方法

師岡 章
［編著］

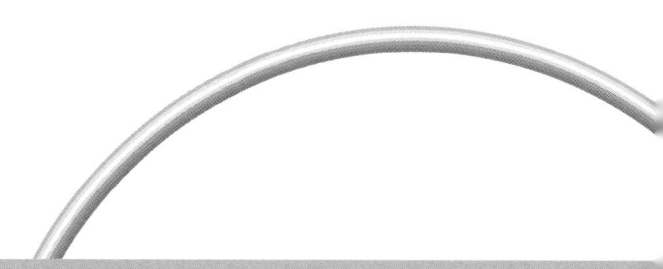

同文書院

Authors
執筆者紹介

【編著者】
師岡 章（もろおか・あきら）/ 第1章
白梅学園短期大学 教授

【著者】 ＊執筆順
請川滋大（うけがわ・しげひろ）/ 第2章
日本女子大学 講師

由田 新（よしだ・あらた）/ 第3章
宝仙学園短期大学 教授

髙橋健介（たかはし・けんすけ）/ 第4章
宝仙学園短期大学 講師

髙橋貴志（たかはし・たかし）/ 第5章
白百合女子大学 准教授

鈴木忠彦（すずき・ただひこ）/ 第6章
桐朋幼稚園 教諭

志村聡子（しむら・あきこ）/ 第7章
埼玉学園大学 准教授

鈴木 隆（すずき・たかし）/ 第8章
立教女学院短期大学 准教授
立教女学院短期大学附属幼児教育研究所天使園 園長

Introduction
編著者まえがき

　保育とは，子どもを人間として尊重し，その最善の利益を守り，よりよい成長・発達を助長する営みである。この目的を実現するため，保育者は日々，さまざまな方法を考え，工夫しながら，子どもとかかわっている。しかし，昨日うまくかかわれたからといって，翌日も同じ方法が成功する保証はない。子どもも保育者も一人の人間であり，機械のように決まった動きをするわけではないから，当然なことではある。それゆえ，「保育は答えのない世界」などといわれることも多い。このことを自覚せず，特定の方法論に答えを求め，固執していくと，いわゆるマニュアル主義に陥ることになろう。とはいえ，何の手がかりもなければ，今度は場当たり主義に陥るだろう。大切なのは，子どもとともに生活をつくり出そうとするなかで，日々の保育をしっかりと振り返り，より適切なかかわり方を求め，考え続ける姿勢であろう。

　こうした課題意識のもと，本書は，幼稚園教諭および保育士の養成機関で学ぶ学生諸君はもちろんのこと，現在，保育現場において，日々悩みつつ，より適切なかかわり方を模索し続けている保育者の方々に対しても，少しでも参考となることを願い編集した。とくに，保育の方法を論じるため，幼児期を中心に園生活の代表的な保育内容，あるいは保育活動を窓口に，その援助ならびに指導の原理や展開にあたって留意すべき観点を整理した。

　執筆にあたっては，各章の担当者にそれぞれの研究・実践の成果を踏まえ，自由に叙述してもらった。無理な統一を避けたぶん，記述内容に重複も見られる。また，事項の解釈に多少の相違もみられる。保育同様，本書も答えを示すものではなく，参考となる多様な視点を提示していると捉えていただき，批判的かつ生産的に本書をご活用くださることを願う。

　さらに，各章末には演習問題，各章間にはコラムも設けた。本文の内容を深めていく際に，ご活用していただきたい。本書が学生諸君はもとより，保育者の方々にとっても，保育方法あるいは指導法のあり方を考えるきっかけとなれば幸いである。

　　2007年3月

編著者　師岡　章

Contents
もくじ

編著者まえがき　i

CHAPTER 1　保育実践の現状と課題　1

01　保育という営み　1
　　1）保育のイメージ　1　/　2）保育の現実とその魅力　2

02　幼稚園・保育所は今　4
　　1）自由保育か？　一斉保育か？　4　/　2）気になる子どもへの対応　5　/
　　3）少子化時代と多様化する保育ニーズへの対応　7

03　保育方法の系譜　8
　　1）一斉保育の起源〜恩物中心の保育　9　/　2）グループ指導の展開〜分団保育　10　/
　　3）総合的な指導への着眼〜プロジェクト・メソッド　11　/
　　4）集団保育の発展〜つたえあい保育　12

04　「幼稚園教育要領」「保育所保育指針」と保育の基本　13
　　1）保育の基本とは　13　/
　　2）子ども主体の保育を進めるうえでの保育者の役割とは？　15

CHAPTER 2　子どもの発達と保育のあり方　21

01　遊びと学習の関係　21
　　1）なぜ遊びは学びにつながるのか？　21　/　2）知識を得ることだけが学びなのか？　22　/
　　3）評価方法の2つの形態　23　/　4）経験を通した学び　23　/
　　5）自由遊びを通しての学び　24　/　6）当番活動を通しての学び　24　/
　　7）ごっこ遊びを通しての学び　25　/　8）自由遊びと保育者の援助　26　/
　　9）不登校と義務教育の形骸化　27　/　10）学びへの動機　28

02　幼児期の発達特性　29
　　1）子どもの育ちにまつわることわざ　29　/　2）幼い時期がとくに重要!?　29　/
　　3）ゲゼルの成熟説　30　/　4）ブルーナーの経験重視説〜レディネスの促進可能性　31　/
　　5）スプートニク・ショック　32　/　6）ヴィゴツキーの発達の最近接領域（ZPD）理論　32　/
　　7）ヴィゴツキーの考えたこと　33　/　8）分析の単位　34

03　人間発達と生態学的文脈　35
　　1）発達心理学と科学的普遍性　35　/　2）ブロンフェンブレンナーの発達生態学　36　/
　　3）研修することの意味　38　/　4）これからの保育に向けて　39

CHAPTER 3　環境を通して行う保育　43

01　子どもの主体性と環境　43
1）「環境を通して行う保育」という言葉　43 ／
2）「環境を通して行う保育」とは～子どもの主体性と環境の重視　44 ／
3）「環境」を保育の方法として用いるということ　46

02　園内環境のあり方　47
1）園内環境とは～物的環境と人的環境　47 ／ 2）物的環境を考える　48 ／
3）人的環境を考える　57 ／ 4）園が醸し出す雰囲気を考える　58

03　保育者による環境構成法　59
1）物的環境をいかに構成するか　59 ／ 2）人的環境としてどう振る舞うか　61

CHAPTER 4　遊びの援助・指導　65

01　遊びの保育的意義　65
1）遊びの意義とは何か？　65 ／ 2）子どもの遊びの特徴とその意義　66 ／
3）遊びにおける自己学習力の形成　67 ／
4）幼稚園や保育所での遊びと保育者の存在　67 ／
5）「幼稚園教育要領」および「保育所保育指針」における遊びの位置づけ　69

02　遊びの種類とその展開　69
1）ごっこ遊びの展開と保育者の援助　70 ／ 2）鬼ごっこの展開と保育者の援助　76

03　子どもの遊びを育てる保育者の役割　79

CHAPTER 5　基本的生活習慣の自立と当番・係活動の指導　83

01　自立を促す保育のあり方　83
1）「幼稚園教育要領」における基本的生活習慣に関する記述　84 ／
2）「保育所保育指針」における基本的生活習慣に関する記述　85 ／
3）子どもの自立と基本的生活習慣形成について　87 ／
4）基本的生活習慣形成の方法について　88

02　当番・係活動の展開と指導　89
1）当番・係活動のもつ意味　89 ／ 2）当番・係活動と遊び　90 ／
3）当番・係活動が集団に与える影響　91 ／ 4）当番・係活動の指導　93

Contents
もくじ

03 飼育・栽培活動の取り組み　95
　1）自然空間と遊び　95　/　2）飼育・栽培活動の取り組み　97

CHAPTER 6　総合的な活動の指導と展開　103
01 遊びと活動の関係　103
　1）遊　び　103　/　2）活　動　105
02 総合的な活動の展開　107
　1）遊びの展開と保育者の援助　107　/　2）総合的な活動と保育者の援助　109　/
　3）総合的な活動における目標　113
03 行事の進め方　119
　1）子どもから生まれる行事　119　/　2）展開上の留意点　120
04 求められる保育者の姿勢　121

CHAPTER 7　知的好奇心の育成と幼保小連携　125
01 「一斉保育」の現状と課題　125
　1）「自由保育」と「一斉保育」　125　/　2）「一斉保育」の現状と課題　127
02 知的好奇心を育む保育　131
　1）知的好奇心を育む基盤としての安定感　131　/
　2）言葉にかかわる知的好奇心を育む　135　/
03 幼保小連携のあり方　139
　1）小学校における生活科　139　/　2）幼稚園・保育所と小学校の連携事業　140

CHAPTER 8　情報機器の活用と課題　145
01 情報機器の種類と功罪　145
　1）情報・情報機器　145　/　2）保育現場で使われる情報機器の種類　146　/
　3）情報機器の功罪　147
02 映像メディアの活用　148
　1）OHPを使って　148　/　2）ビデオカメラを使って　150　/
　3）プロジェクターを使って　151　/
　4）カセットデッキを使った保育者自身の振り返り　151

03 保育とパソコン　152

　1）パソコンに関する文部科学省の動向　152　/

　2）パソコンを保育に生かす事例　153　/

　3）パソコンを保育事務などに使う　157

さくいん　163

columm
保育方法の最前線

レッジョ・エミリア・アプローチ　20

モンテッソーリ保育　41

シュタイナー教育　63

フレネ教育　81

コダーイ・システム　101

カウンセリング・マインド　123

ティーム保育　144

オープン・エデュケーション　162

CHAPTER 1

保育実践の現状と課題

幼稚園・保育所の実践の現状を把握し，その課題を整理してみます。
適切な保育方法を考えていくための前提についても理解していきましょう。

　現在，幼稚園・保育所ではどのような保育実践が展開されているのであろうか。また，1人ひとりの保育者は日々何を考え，どのように子どもとかかわっているのであろうか。本章では，こうした保育実践の現状について概観してみる。同時に，現状を把握したうえで浮かび上がってくる実践的な課題についても，保育方法の変遷を加味しながら大まかに整理してみる。そして，課題を乗り越えていく方向を「幼稚園教育要領」「保育所保育指針」に示されている保育の基本に照らして考えてみたい。次章以降で展開される各論の前提部分を考えるということになろう。

01 保育という営み

1）保育のイメージ

　一般に，幼稚園・保育所で展開されている保育は，ほのぼのとしたイメージで捉えられることが多い。保育者の大半が若い女性であること，在園する子どもが就学前の幼い子どもたちであることなどが，こうしたイメージを連想させるのであろう。身近にみかけるカラフルな園舎や通園バス，かわいい制服なども，こうしたイメージを増幅させる。そのため，園の実践に対しても保育者が輪の中心となり，楽しそうに「おゆうぎ」や折り紙をしたり，クラスみんなで手をつなぎ，のんびり散歩に興じる姿などを想像する人も多い。たとえていえば，幼稚園・保育所は「夢のお城」といったところだろうか。

　幼稚園教諭・保育士の養成課程を受験する高校生が，「子どもがかわいいから」「保育って楽しそうだから」といった志望理由を強調するのも，こうしたイメージに触発されてのことだろう。こうした風潮を否定的にみる人のなかには，「保育者は気楽でいい」と揶揄する者もいるだろう。また，小学校以上の教育と比較して，「保育はレベルが低い」とみる人もいるだろう。

　保育に対する一般的なイメージという点では，幼稚園と保育所についても若干の相違がみられる。たとえば，「保育所は子どもがのんびり遊んでいるが，幼稚園は先生が物事をきちんと教えている」といったイメージなどが代表的なものである。そして，こうしたイメージは幼稚園・保育所の評価も二分する。自由な雰

囲気を尊重したい人にとっては，保育所は自由でのびのび，幼稚園は管理的で堅苦しいと捉える。逆に，教えることを重視したい人は，保育所は放任，幼稚園は責任ある教育をしているとも捉える。

　こうした幼稚園と保育所に対するイメージの差は，制度的な差異を背景に生じているといえよう。周知の通り，幼稚園は文部科学省が所管する学校であり，教育を旨とする機関である。一方，保育所は厚生労働省が所管する児童福祉施設であり，福祉を旨とする施設である*。こうした事実をもとに，両者はまったく別の機能・役割をもつと捉えるわけである。2006（平成18）年10月から実施されることとなった認定こども園**をめぐるテレビのニュース番組のなかでも，「幼稚園のよいところ，つまり子どもをしっかりお勉強させているところと，保育所のよいところ，つまり子どもを預かることを合体させるべき」といった批評を耳にすることもあった。幼稚園と保育所を区別するイメージが根深いものであることを物語るものといえよう。

　しかし，幼稚園・保育所は本当に「夢のお城」なのであろうか？　また，その保育は「気楽なもので，小学校以上の教育と比較してレベルが低い」のであろうか？　さらに，「保育所は子どもを単に預かるだけの施設で，幼稚園はきっちり子どもに勉強させる機関」なのだろうか？

2）保育の現実とその魅力

　就学前の保育は，子どもの成長・発達を支える営みにおいて，もっとも初期を担うものである。大学等の高等教育を頂点とみれば，保育はもっとも低い段階とみなすことも可能ではある。また前述した通り，幼稚園と保育所の目的等を区別する制度は現実に存在する。

　ただ，幼稚園・保育所において熱心に子どもと接する保育者は，こうしたイメージを否定することだろう。事実，実際の保育は一般的なイメージを越えた内容をもっている。たとえば，入園・進級時の園では，不安で大泣きする子どもをおんぶしたり，抱っこしたりしながら，クラスの保育も進める保育者の姿をよくみかける。また，おもらしの世話に追われる姿もみかける。こうした姿ひとつとっても，「夢のお城」というイメージが幻想にすぎないことがわかる。それどころか，想像以上に肉体労働であることも実感させられる。

　しかし，一見面倒にみえるこうした世話が，子どもとの信頼関係をつくり，やがては自立を促すことを多くの保育者は知っている。自立がはかられ，子どもどうしがつながっていくと，さらに思いがけない育ちをみせてくれることも体験している。

　たとえば，ある幼稚園で，進級したばかりの5歳児が「もう年長だから……」と自分たちでできる仕事をみつけ，張り切って取り組み始めた。食事の準備，部屋の片づけ，集会時の仲間集め，部屋の裏手の階段掃除などクラス内外を問わず

● CHECK（*）
幼稚園と保育所の法的根拠：幼稚園は「学校教育法」第1条に定められた学校の一種であり，同法第77条には，幼児を保育し，適当な環境を与えて，その心身の発達を助長することを目的とする機関として位置づけられている。一方，保育所は「児童福祉法」第7条に定められた児童福祉施設の一種であり，同法第39条には日日保護者の委託を受けて，保育に欠けるその乳児又は幼児を保育することを目的とする施設と位置づけられている。

● CHECK（**）
認定こども園：2006（平成18）年6月に成立した「就学前の子どもに関する教育，保育等の総合的な提供の推進に関する法律」（「認定こども園」設置法）により，同年10月1日より実施されることとなった施設。就学前の教育・保育を一体として捉え，一貫して提供する新たな枠組みを示すものであり，保護者の就労の有無を問わず幼児教育と保育を提供することと，地域の子育て支援を担うことを目的としている。

仕事をみつけ，グループによる当番活動に組み入れていった。ただ，気づいた子どもから始めたため，グループによっては仕事がないところもあった。そんなとき，仕事がないグループから「ずるいよ。僕たちだけ仕事がないなんて！」とクレームがついた。そこで担任は，クラス全体で話しあうことを促した。すると，子どもたちは，6つあるグループが1日1回当番を担えるように新たな仕事を考え，分担していった。

　当番あるいは仕事というとノルマと感じ，「やらされた」という記憶をもつ人は多い。そのため，できれば当番などは「やりたくない」と考えてきた人も多いことだろう。しかし，この実践にはそうした姿はみられない。それどころか，当番がないことを「ずるい」と捉えている。仲間が意欲的に当番に取り組む姿をうらやましく思い，自分たちも「やりたい」と主張しているわけである。大人のような偏見をもたず，自分でみつけた楽しいこと，意味のあることに積極的に取り組もうとする姿がここにはある。幼い子どもにも，いや幼い子どもだからこそその姿かもしれない。保育者は，こうした姿に出会うとき，「子どもって素晴らしい！　すごい！」と実感する。場合によっては，大人である保育者自身が教えられることさえある。保育の魅力のひとつといってもよいだろう。

　このように，保育者の支えのもと，自発的な活動を保障されれば，子どもたちは豊かな育ちをみせてくれる。こうした育ちを支える保育という営みは，その後の教育と比較してもなんら劣るものではない。つまり，保育においても目の前の子どもたちは未来を担う存在であり，よりよい成長・発達を支えるという点において，それ以降の教育となんら価値的に差はないのである。保育者のなかには保育を人間形成上，土台あるいは基盤づくりを担う営みと捉え，プライドをもつ人さえいる。さらに賢明な保育者は，保護者の就労の有無により制度的に幼稚園・保育所とに分かれて就園している実態に対しても，子どものよりよい成長・発達を支えるという点において差別感などもっていないはずである。本書で幼稚園・保育所での営みを保育，それを支える人々を保育者と統一的に呼ぶのも，そのためである。

　保育をめぐる一般的なイメージと実際の保育との間にはズレもある。しかし，保育を学び始める際，さらに保育を深めるうえでは，リアルに実践をみて，その魅力を引き出していくことが大切となる。多くの保育者がこの点を自覚し，息長く実践にかかわっていくことで，保育の社会的認知も高まることであろう。保育者にとって，保育の魅力を実感し，それをていねいかつダイナミックに展開していくことが求められているのである。

02 幼稚園・保育所は今

1）自由保育か？　一斉保育か？

　保育現場をリアルにみると，魅力の一方で気になる問題もみえてくる。これもまた，「夢のお城」だけでは片づけられない保育現場の現実を示している。なかでも，保育を自由保育と一斉保育という2つの概念で捉える風潮は気になるところである。

　最近では，園を紹介するホームページで「わが園は自由保育を重視し……」と唱いあげるところもあるため，保護者の間でもこの言葉が使われるようになっている。そのため，園児募集期に園に電話をし，「お宅の園は自由保育ですか？　一斉保育ですか？」と，ストレートに質問する保護者もいる。同様な傾向は保育を目ざす学生にもみられ，就職活動の際，先の保護者と同じような質問をし，その園の保育を品定めしようとする。ちなみに，学生間で比較的人気が高いのは，自由保育のようだ。その理由は，「子どもを管理せず，自由でのびのびさせる保育がよいから」といったものである。裏を返せば，一斉保育は「管理的で，子どもに画一的な指示・命令を与える保育」ということになる。一方，保護者の場合，その評価は多少異なるようだ。「のびのびは結構だけれど，やはり必要なことをしっかり教えてもらわねば困る」と考える人が意外に多く，いわゆる「自由保育の園」が敬遠されることも多い。

　このように，自由保育と一斉保育は各園の保育方針を指す言葉として用いられることが多い。そのため，園を評価する物差しとなっている。しかし，「自由保育の園」「一斉保育の園」といった見方はあまりに乱暴であろう。幼稚園・保育所の実際は，たった2つの物差しで善し悪しが決まるほど単純ではないからである。当たり前のことだが，保育を担う園長や保育者は人間であり，1人ひとりさまざまな考えをもっている。また，各園ごとに規模も地域性も異なる。つまり，10園あれば10通りの考え方が存在する。その違いを個性と捉えれば，それぞれ尊重すべき中身をもっているはずである。

　また，たとえ「自由保育の園」とみなされる園であっても，保育の実際をみれば，登園から降園までの間に1度も子どもを一斉に集めず，自由にさせておくということはないはずである。食事時，あるいは降園時の集まりなど，いずれかの場面で一斉に保育することは行われている。同様に，「一斉保育の園」であっても，保育時間のすべてにおいて一斉に子どもを集めて保育しているわけではない。こう考えると，おそらく，ある園を評して「自由保育の園」，あるいは「一斉保育の園」とみなすのは，一斉に集める頻度が高いか，低いかを目安にしてのことといえるだろう。しかし実際の保育では，いずれの園でもクラスを一斉に集めることも，自由に行動させることも実践している。つまり，どちらも必要としているのである。

とすれば，自由保育と一斉保育という概念は，園の保育方針を指すものではなく，保育を展開する際の形態の違いと捉えた方が，実際の保育を理解するうえでは適切であろう。つまり，自由保育を子どもの自発的な行為を重視するなか，個別的あるいは自然発生的なグループによる活動を尊重した保育形態。一斉保育を保育者が担当する子ども全員を一斉に集め，活動の展開を促す保育形態と捉え直してみるわけである。保育形態となれば，それは保育を展開する手段・方法のひとつであるから，いずれかに偏ることなく，子どもの実態，あるいは保育者の意図により，随時，適切な方法を選んでいくことも可能となる。

　保育の世界では，いまだ概念整理が進まず，多くの言葉が慣習的に使用されている。そのため，ひとつの言葉が多くの意味を含み，さまざまな解釈を生み出すことにもなっている。好意的にみれば，保育のあり方，考え方がそれだけ奥深く，多様であるともいえるだろう。しかし，さまざまな解釈を生み出すということは，それだけ共通理解を図ることも難しいということである。こうした事情をみると，保育の現状は多様であるというよりも，混乱をきたしているといった方が正確かもしれない。自由保育と一斉保育という言葉は，こうした保育実践の混乱状況を示す典型例といえるだろう。今後は，保育の目的とそれを実現する内容や方法を混同せず，精査したうえで，状況に応じて選択していくことが求められる。

2）気になる子どもへの対応

　近年，子どもをめぐって気になる変化が指摘されている。代表的なものとして，子どもの荒れや学力低下，肥満などがあげられる。それぞれ，緊急な対応が求められているが，実際にどのようにかかわったらよいのか。保育者の間には混乱，迷い，あるいは動揺もみられる。保育方法のあり方を考えるうえで，こうした現実も無視できないものである。

　このうち，子どもの荒れを例に考えてみよう。子どもの荒れとは，発達等の障碍があるわけではないが，理由もなく仲間を突き飛ばしたり，叩くなどの暴力をふるう姿を指したものである。保育者が注意しても「おまえがうるせんだよ！」などと，逆にくってかかる姿などもみられる。前者を「荒れる子」，後者を「キレル子」と呼ぶこともある*。好むと好まざるとにかかわらず，わが国の保育は1人の保育者がかなり多くの子どもをみるという集団保育のかたちをとる。そのため，クラスのなかにこうした子どもが1人でもいると，保育者はその対応に苦慮する。「キレル子」のように注意も通じないとなれば，お手上げという保育者もいるだろう。もちろん，子どもによって原因はさまざまだが，一般に保護者との関係が問題視されることが多い。家庭での愛情不足，厳しいしつけといった理由などがその典型である。その結果，自分の気持ちをコントロールすることができず，乱暴な行為に走るとみなされている。

　こうした姿が目立つなか，現在，自己を抑制しようとする気持ちを育てること

● CHECK（*）
荒れる子，キレル子：実態調査を踏まえた学術的な用語というよりも，保育現場等で日常的に使用されていた表現を，2000年前後からマスコミが取り上げるなかで流布した言葉といえよう。それ以前には，自分勝手なふるまいが目立つ幼児を「自己チュー児」と呼ぶことも流行した。これらの姿を「学級崩壊」と結びつけ，「ゆとり教育」を批判する動きもみられた。宮里六郎『「荒れる子」「キレル子」と保育・子育て』かもがわ出版，2001参照。

が強調されている*。たいへん重要な指摘ではあるが，いざ実践するとなると難しい。なぜなら，保育実践では個性を尊重することも重視されてきたからである。子どもの気持ちを尊重し，やりたいことを保障していく。個性尊重の観点からみれば，こうした保育者の姿勢は歓迎されるものであろう。しかし，自己抑制の育成という観点からすれば，やりたいことも他者を意識してがまんしてみる，といった姿を要求することになる。このように，どちらを重視するかによって，保育者の対応も分かれる。そのため，たとえば，数人の子どもが一緒に遊ぶなか，1つの遊び道具をめぐって，互いが「僕が使いたい」と主張し，ゆずりあうことができない場面に遭遇すると，保育者はその対応に悩むのである。

もちろん，子どもの発達過程において，個性の尊重と自己抑制の育成は矛盾するものではないだろう。しかし，このことを理屈のうえでは了解できても，実際の場面ではいずれかの観点から対応を選択せざるを得ないことも多い。ここに，保育者のジレンマがある。1人の保育者の内面だけではなく，他の保育者との間にも，子どもの実態把握に差がみられれば，対応をめぐる対立が生じる。個性の尊重か，自己抑制の育成かといった議論が，時に自由な遊びを重視するのか，しつけを重視するのかといった保育観の対立につながるのもそのためである。自由な遊びとしつけ。双方が重要であることは論を待たないが，子どもの荒れをきっかけに，自己抑制の育成ばかりが強調されると，保育者の対応も混乱をきたす。こうした混乱が，さらなる子どもの荒れを引き出すこともみられる。

ちなみに，前述した他の気になる姿のうち，学力低下**といった問題は，保育において「知的好奇心の育成を図れ」というメッセージにつながっていく。これが幼小連携といった言葉にも結びつくなかで，「遊んでばかりいても，ためになることはない」「知的なことを早くからしっかり学ばせることも大切」といった考えを引き出すこともある。極端な場合，園全体で文字や数を教えるなど小学校の先取り教育，あるいは準備教育に熱心になるところもみられる。こうした働きかけに納得できない保育者からみれば，またひとつジレンマを抱えることとなる。

さらに，肥満の増加***が問題視されるなか，食育****といった新たな取り組みを求める動きも強まっている。新たな概念のため，「何をしたら食育になるのか？」といった悩みも聞かれる。園によっては，保育に食育という新たなジャンルが加わったと捉え，子どもを一斉に集めて栄養指導を強化するケースもみられる。こうした小学校以上の教育にみられるような教科主義的な発想で子どもへの働きかけを展開することは，園生活全体を通して保育してきたことを変質させる。

このように，現在，指摘されている気になる子どもの姿は，その捉え方によって，これまでの保育とは異なるかかわりを強化することにつながりかねない問題をはらんでいる。気になる子どもの姿が，それぞれ放置しておいてよい問題ではないだけに，その対応は慎重に考えねばならない。もちろん，自己抑制や知的好奇心の育成，食育の推進などを提言する人の多くは，子ども中心の保育を志向す

●CHECK (*)
自己抑制の育成：たとえば，現行の「幼稚園教育要領」の改訂にあたって，改善の視点を提言した『時代の変化に対応した今後の幼稚園教育の在り方について（最終報告）』同調査協力者会議，1997にも，「自我が芽生え，自己を抑制しようとする気持ちが生まれる幼児期の発達特性に応じたきめ細やかな対応を図ること」といった指摘がなされていた。

●CHECK (**)
学力低下：1999（平成12）年，大学生の数学力が低下しているという指摘から火がつき，その後の国際的な学力調査でも小・中学生の低下傾向が目立ち，社会問題ともなっている。背景には「ゆとり教育」への批判もみられる。ただ，学力そのものをどう捉えるのか，改善の方法を競争原理に頼ってよいのかなどの未解決な問題も残る。市川伸一『学力低下論争』ちくま新書，2002を参照。

●CHECK (***)
肥満の増加：「平成17年度学校保健統計調査」によれば，6〜14歳における肥満の割合は，6〜8歳男児が5.9％，9〜11歳男児が10.2％，12〜14歳男児が10.2％，6〜8歳女児が5.8％，9〜11歳女児が8.8％，12〜14歳女児で8.7％である。これに対して，約30年前となる1976〜1980年では，6〜8歳男児が4.2％，9〜11歳男児が8.4％，12〜14歳男児が5.9％，6〜8歳女児が6.1％，9〜11歳女児が7.5％，12〜14歳女児で8.1％であった。このように，飽食の進行に伴い肥満の割合は増加している。

るなかで,園生活の自然な流れに沿うかたちでの展開を期待していることだろう。こうした方向で改善が図られればよいが,保育現場によってはある問題を特化し,子どもの生活と切り離したかたちで展開しようとすることもある。変化への対応が保育の改善につながればよいが,その逆もあり得ることも承知しておかねばならない。それゆえ,保育者には問題の本質を正しく見極め,重視すべき子ども像をもつことが求められる。同時に,それを観念的なレベルにとどめず,具体的なかかわりにおいても適切な方法として展開できる力が求められているのである。

3)少子化時代と多様化する保育ニーズへの対応

　幼稚園・保育所の現状を考えるうえで,社会問題となっている少子化の影響も見逃せないものである。

　少子化時代を迎え幼稚園,とくにその大半を占める私立幼稚園は,自園の存続を図るため,少なくなった子どもを互いに奪いあうような取り組みを強化してきた。いわゆる園児獲得競争である。通園バス・給食・長時間保育の実施が園児獲得のための必須サービスとして「三種の神器」と呼ばれて久しいが,それも一般化した現在,各園はさらなる工夫を模索している。代表的なものをあげれば,スイミング,茶道,華道,習字,絵画,音楽,体操,新体操,サッカーなど特定の能力を育成する指導を保育時間内に導入することである。「お受験ブーム」を受け,文字・数・英語などの知的早期教育に取り組む園もみられる。園によっては外部講師を招き,これらの指導の徹底を図るところもある。こうした指導が保育の中心になると,担任保育者は助手的な存在か,監視役に過ぎないものともなる。

　同様の傾向は保育所にもみられる。公立保育所の民営化や直接契約制の拡大など,公的な福祉制度が後退し,競争原理が導入されるなか,幼稚園同様,保護者が望むサービスを優先させる保育所も増えつつある。保育時間も長時間化するなかで,担任保育者が1日を責任をもって保育することが困難となり,パートも含めた数名の保育者で交代して保育にあたることも常態化している。その結果,担任保育者が子どもよりも遅く出勤したり,早く退勤したりすることも当たり前になっている。子どもの方が担任保育者を「おはよう」と迎え,また「さようなら」と見送るといった光景は,よく考えれば不可思議なものである。

　もちろん,各園が生き残りをかけ,努力することは尊重されるべきことである。園によっては園児減の危機に瀕し,理想を脇に置き,他園が実施している取り組みを追随せざるを得ないところもあるだろう。ただ,園児獲得のために目新しいサービスを導入することは,確実に保育実践を変質させる。大人の都合を優先したものであれば,子ども不在の保育実践を助長することにもなる。立ち止まって考えねばならない問題である。

　しかし,現状の幼稚園・保育所は,立ち止まって考える機会,時間も少ない。その原因となっているのが子育て支援への対応である。子育て支援とは,1989

● CHECK（＊＊＊＊）
食育：2005（平成17）年,「食育基本法」が成立し,国民運動として取り組まれている。食に関する適切な判断力を養い,生涯にわたって健全な食生活を実現することを目的とする。保育に向けては,すでに2004（平成16）年,厚生労働省から「楽しく食べる子どもに─保育所における食育に関する指針」が通知され,さまざまな取り組みが開始されている。師岡章総監修『食を育む─食育実践ガイドブック』フレーベル館,2006を参照。

（平成元）年，合計特殊出生率が史上最低（当時）の1.57人となったいわゆる「1.57ショック」に端を発する少子化対策の一環として取り組まれた事業である。1994（平成5）年に，文部・厚生・労働・建設の4省合意によって「今後の子育て支援のための施策の基本的方向について（エンゼルプラン）」が打ち出されたことを皮切りに，5年単位で目標値を掲げ，子育て支援施策の拡充・徹底が図られてきた。現在は，2004（平成16）年に策定された「少子化社会対策大綱に基づく重点対策の具体的実施計画について（子ども・子育て応援プラン）」をもとに，さまざまな保育サービスの実施が推進されている。

　子育て支援事業の内容は，先にも述べた長時間保育の実施（幼稚園の場合は預かり保育）を始め，低年齢児の受入の拡大，休日保育や病後児保育などの推進が計画されている。こうした在園する保護者へのサービスの一方で，幼稚園・保育所には一時保育や園庭開放，相談事業など，地域の子育て支援センターとしての役割も求められている。母親の育児不安や児童虐待など，子育てをめぐる問題を改善するために，こうした地域子育て支援活動も必要ではある。子育て中の若い保護者もそうした支援を求めている。しかし，それらすべての事業を現有の保育者だけでまかなおうとしたら，その仕事量は膨大となる。保育者からみれば，その煩雑さゆえ，身体がいくつあっても足りないという状況に陥る。場合によっては，仕事の中心となるべき，正規の保育時間での子どもへのかかわりが疎かになりかねない。多くの園で，こうした保育者の多忙化は進んでいる。

　こうしたなか，保育実践を見直す時間，とくに全保育者による会議がもちにくい状況も進んでいる。保育実践は「これでよい」といった答えがないものだけに，他者の意見も聞きながら，見直しを進めることは不可欠である。しかし，保育者の多忙化がその機会を奪っている。今後，多忙化の改善に向け，互いに知恵を出しあい，保育者自身が自らの実践を見直し，専門性を向上させていく機会を確保することが求められる。子どものよりよい成長・発達を支えるためにも，不可欠なことであろう。

03 保育方法の系譜

　今後のよりよい保育実践を考えるうえで，現在，取り組まれている保育の方法がどのような経緯で誕生し，導入されてきたかを確認しておくことは重要である。系譜をたどることで，過去に成果をみせた方法を再発見し，これからの保育に活かせるかもしれない。また，長い時間が経過するなか，形式化している方法をみつけることもできよう。以下，未来を描くため，過去の取り組みのうちから代表的な保育方法を取り上げ，その特徴を概観してみよう。

1）一斉保育の起源～恩物中心の保育

　1876（明治9）年，わが国初の本格的な幼稚園となる東京女子師範学校附属幼稚園*が保育を開始した。同園は，1日の保育時間を4時間と定め，おおよそ20～30分刻みに合図の鐘を鳴らし，以下に示す流れに沿って日々の保育を展開した**。

- 登園
- 整列
- 遊戯室ー唱歌
- 開誘室ー修身話か庶物話（説話或いは博物理解）
- 戸外遊び
- 整列
- 開誘室ー恩物ー積木
- 遊戯室ー遊戯か体操
- 昼食
- 戸外遊び
- 開誘室ー恩物
- 帰宅

　このように同園では，午前2回，午後1回，恩物の指導を実施した。まさに，保育の中心が恩物の指導だったわけである。恩物とは，幼稚園（kindergarten）の創設者であるドイツのフレーベル（Friedrich Froebel；1782～1852）が考案した幼児のための教育遊具であり，合計20種あった。それぞれの恩物は使用法が決まっており，保育者はその順序を逐一指示した。子どもは碁盤の目のような線が書かれた恩物机に座り，対面する保育者の指示に従って恩物を操作したり，保育者の質問に答えることで，事物の形態や数の認識，美的感覚などを習得することが期待された。同園をモデルに，その後各地で開設された幼稚園も，同様の取り組みを展開した。

　現在，恩物の指導を実施している園はそう多くはないだろう。ただ，東京女子師範学校附属幼稚園が採用した恩物中心の保育は，方法としては保育者主導による一斉保育そのものでもある。この方法を採用する背景には，未熟な子どもに必要な知識を教授することこそ保育の目的であるとの認識がみられる。子どもを教える対象とみなしているわけである。ちなみに，現在でも午前中に1回程度，一斉保育を実施する園は多い。こうした一斉保育は主活動，つまり1日の主たる活動と呼ばれることも多い。子ども主体の保育，あるいは遊びの大切さが叫ばれつつも，いまだに保育者主導の一斉保育，つまり主活動を重視する傾向が根強いのは，わが国初の本格的な幼稚園である東京女子師範学校附属幼稚園が採用した方法が慣習化された結果なのだろう。

　また，同園の子どもは付添人に連れられ，馬車や人力車で登園していたという。

● CHECK（*）
東京女子師範学校附属幼稚園：東京女子師範学校摂理の中村正直と文部卿田中不二麿らの努力によって創設された官立（国立）の幼稚園。1890（明治23）年から東京女子高等師範学校附属幼稚園，1949（昭和24）からお茶の水女子大学附属幼稚園となり，今日に至っている。主任保姆として迎えたドイツ人松野クララ（クララ・チーテルマン）の指導のもと，その保育を開始した。

● CHECK（**）
東京女子師範学校附属幼稚園の1日の流れ：倉橋惣三・新庄よしこ『日本幼稚園史』フレーベル館，pp.158～160，1956を参照。なお，当時は保育のことを開誘と呼び，保育室のことを開誘室と呼んだ。

貴族や高級官僚など社会的地位が高く，経済的に豊かな家庭の子どもが在園していたわけである*。これが，その後の幼稚園のイメージを形づくることにもなった。いまだ，子どもの活動について「お弁当」「お絵描き」「お集まり」「お帰り」など，なにごとにもていねいに「お〜」をつける習慣が残っていたり，凝った制服が指定されるのも，こうしたエリート階層の子どもを対象としたかかわりが慣習化された結果なのであろう。

ただ，東京女子師範学校附属幼稚園が保育を開始してから，すでに130年以上の時が経ち，就学前の子どものほぼすべてが幼稚園・保育所に在園する時代となっている。大衆化した保育のなかで，改善すべきものは何か。慣習にとらわれず，見極めていくことが必要となろう。

2）グループ指導の展開〜分団保育

明治後期から幼稚園の大衆化も徐々に進み，1園あたりの園児数も増加傾向がみられた。たとえば，岡山の市立幼稚園では100名定員に対し，300名近くの入園者があり，園児を午前と午後の2組に分けた二部保育を実施せざる得ない状況に陥った。しかし，午後組の子どもたちは落ち着きがみられず，保護者の納得も得られなかった**。こうしたなか，1919（大正8）年頃からクラスを少人数に分けて保育する方法の導入が図られた。これが分団保育である。分団とは，今でいえばグループのことである。一斉保育への不満，また当時，欧米諸国で広がりをみせていた児童中心主義の教育観を踏まえ，小学校において分団学習***の取り組みが進められていたこともこの方法の導入を後押しした。

ただ，分団保育といっても，分団をつくる意図によって取り組む内容も異なっていた。たとえば，東京女子高等師範学校附属幼稚園では，落ち着いて遊ばせるために，保育者がクラスを7〜10人程度，3〜4つの集団に分け，そのメンバーで自由に遊ばせた。各集団には担任に加え，同園で日々実習している東京女子高等師範学校の学生も配置した。しかし，遊びを充実させるためには，子どもが一緒に遊びたい仲間こそが理想であると考え，集団のつくり方は子どもに任せることに変えていった****。

また，岡山市立幼稚園では，保育の重点を「自発的生活」と「相互的保育」に置くなか，分団のつくり方も「子どもが自発的に相互団になるもの」と「先生から干渉して分団をつくる」といった2種類の方法を使い分けた。前者は，自然発生的な遊びグループであり，気に入った友だちが集まる仲良しグループといえよう。これに対して，後者は保育者主導による意図的グループといえる。ただ，岡山市立幼稚園の場合，必ずしも自然発生的な遊びグループを理想とは考えていなかった。なぜなら，仲良しが集まるグループには遊び方の偏りもみられたからである。こうした状態を放置せず，より豊かな内容をもった活動を自発的に展開していく力を身につけさせるためには，保育者による意図的グループで「八百屋さ

● CHECK（*）
幼稚園のエリート性：小松宮家をはじめ，三条，岩倉，徳大寺，徳川といった貴族や，西郷隆盛の弟であり，海軍大臣を務めた西郷従道など高級官僚の子弟が園児の大半を占めていた。上笙一郎，山崎朋子『日本の幼稚園』理論社，pp.19〜22，1974を参照。

● CHECK（**）
園児増：「第十九回京阪神三市聯合保育會記事」『京阪神聯合保育會雑誌』第29号，p.35，1912を参照。

● CHECK（***）
分団学習：及川平治『分団式動的教育法』弘学館書店，1912を参照。

● CHECK（****）
お茶の水の分団保育：池田とよ「分團保育の試み」『幼児教育』第19巻第9号，pp.356〜360，1912を参照。

んごっこ」などの設定活動を体験することが必要だと考えたわけである*。

現在，幼児クラスを担当する大半の保育者は，年度の最初からグループづくりを進めていることだろう。ただ，なかにはグループづくりの目的を見失い，形式的な取り組みに過ぎないものもあろう。グループを「クラス集団をスムーズに管理するための手段」とみなす保育者もいるかもしれない。その一方で，こうしたグループづくりの弊害をみて，個別的なかかわりを強調する保育者もいよう。

しかし，30人前後の子どもを1人の保育者が担当する現状において，グループづくりがもつ意味は決して小さくはないだろう。今後，グループを活用するためにも，グループづくりの目的をはっきりさせ，目的に見合った活動内容を設定していくことが求められる。

3）総合的な指導への着眼～プロジェクト・メソッド

大正時代に入り，児童中心主義の教育観のもと，アメリカで展開されていた進歩主義的な教育法が積極的に紹介されるようになった。なかでも，キルパトリック（William Heard Kilpatrick；1871～1965）が提唱したプロジェクト・メソッド**は，新たな保育方法を切り開くものであった。プロジェクト・メソッドとは，小・中学校で取り組み始められたもので，子ども自身が明確な実行目標を立て，計画し，実行，評価するといった一連のプロセスをたどりながら，そのプロセスのなかで必要な知識や技術の習得を期待したものであった。アメリカにおいて児童中心主義の教育をリードしたデューイ（John Dewey；1859～1952）の経験主義教育，とくに反省的思考***に基づく問題解決的な学習の影響も受けている。具体的には農作業や木工，工作，美的鑑賞などの共同作業が取り組まれた。それまでの教師主導による一斉画一的な知識注入の教育方法に代わり，子どもの自発性を活かす方法として注目を浴びたわけである。

こうしたなか，保育実践もその影響を受けた。1921（大正10）年，当時の状況について，久保良英は次のように紹介している****。

「だいぶ幼稚園の教育にも輸入されて来て，毎月の雑誌にこの方法が一つ位は必ず載つて居る有様である。

次には一幼稚園に於ける時計屋のプロジェクトを紹介しやう。子供に時計の時間を読み得るように教へやうと保姆は大きい時計の表示板をつくり，針を動かして時間を示して居た。処が或る子供はその時計をつくり出した。その考が級全体に伝はり，われもわれもと時計をつくり，柱時計，懐中時計，腕時計等さまざまのものが出来上つた。その時或る子供は値段をつける紙を貼りつけた。それが動機となつて時計屋が始まり，売り手買い手が出来た。かやうにして数日間は時計が主題となつて子供の興味の向くままに種々の作業が行われた。このプロジェクトに綜合された在来の科目を列挙すると，第一は算術で，数字を

● CHECK（*）
岡山の分団保育：折井彌留枝「分團保育を試みつ」『幼児教育』第19巻第11号，pp.426～428，1912を参照。

● CHECK（**）
プロジェクト・メソッド：Kilpatrick, W.H., The Project Method, Teachers College Record, 19, 1918.

● CHECK（***）
反省的思考：J. デューイ（植田清次訳）『思考の方法―いかにわれわれは思考するか―』春秋社，1955

● CHECK（****）
久保良英「幼稚園に於けるプロジェクト」『幼児教育』第21巻第8号，pp.265～267，1921を参照。

書いたり，銭を拂つたりすることが行はれ，第二は綴字で，「時計屋」とか，「時計売ります」とかの文字が書かれ，第三は言語で，時計に関する種々の会話が行われ，第四は手技で，各種の時計の製作・着色は勿論，時計屋の製作・装飾が営まれたといふことである」

　このように，保育では小学校以上にみられる学習活動といった雰囲気よりも，子どもの興味・関心に基づき，遊び風に活動を発展させることが多かった。そして，活動を通して，主題に関連した知識や技術の習得も図られたようである。今風にいえば，総合的な活動を展開したともいえよう。プロジェクト・メソッドとは，保育者主導の一斉保育，あるいは，その逆に遊びの尊重と称して結果的に放任保育に陥る実践とも異なる方向性をもっていた。
　ちなみに，当時，倉橋惣三（1882〜1955）が園長を勤めていた東京女子高等師範学校附属幼稚園でも，類似した取り組みがなされていた。その実践の成果は，1935（昭和10）年，『系統的保育案の実際』としてまとめられた*。この保育案の中核には誘導保育案が位置づけられているが，これに基づく誘導保育の展開はプロジェクト・メソッドを参考にしたものといえる。
　誘導保育は，子どもが遊びのなかで興味を示したものを主題化し，そこに当時，保育内容の基準として国から提示されていた「遊戯」「唱歌」「観察」「談話」「手技」といった保育5項目の目標や内容を含み込ませながら展開したものであった。つまり，子どもの遊びを尊重するなかで，保育5項目につながるさまざまな活動が生み出されていくという，いわば総合的な活動が展開されたわけである。後述するように，今日，遊びを通した総合的な指導が求められているが，当時の東京女子高等師範学校附属幼稚園の取り組みは，まさにそのさきがけとなる方法で実践していたといえる。同園の子どもたちは年齢を重ねるごとに，より長期的な主題をもつ活動，たとえば「汽車ごっこ」などを楽しみ，そのなかでさまざまな力を獲得していったのである。
　ただ，あまりに子どもの経験を重視すると，発達に必要な知識や技術の習得が不十分となる可能性も否定できない。また，長期間取り組む大がかりな活動は，毎年繰り返す度に形式化する危険性もある。今後，いわゆる活動主義に陥らないためにも，子どもの興味，自発性を尊重しつつ，無理のないかたちで発達に必要な経験を促し，知識，技術を培う方法を考えていく必要があるだろう。

4）集団保育の発展〜つたえあい保育

　1919（大正8）年，大阪に最初の公立託児所が設立された後，託児所へのニーズは年を追うごとに高まりをみせた。しかし，幼稚園以上に社会的な認知度が低く，法的な位置づけも明確でなかった託児所は，それを払拭するために自らの実践を科学的に分析し，その存在意義を示そうと努力してきた。

● CHECK（*）
系統的保育案：東京女子高等師範学校附属幼稚園『系統的保育案の実際』日本幼稚園協会，1935。なお，誘導保育の実践は，倉橋惣三が著した『幼稚園保育法真諦』の「第4章　誘導保育案の試み」に5例紹介されている。倉橋惣三『幼稚園保育法真諦』東洋図書，pp.175〜299，1934を参照。

こうした試みを代表するのが1939（昭和14）年に設立された東京の戸越保育所であった*。戸越保育所は設立当初から，城戸幡太郎をリーダーとして発足した保育問題研究会との関係が深く，同会の保育案研究委員会で検討された保育案を実践に移してきた**。保育内容は「基本的訓練」「社会的訓練」「生活教材」「主題」の4項目から編成されていたが，なかでも「社会的訓練」を「社会協力による生活訓練」と位置づけ，重視した。子どもの興味・関心を最大限尊重しようとする児童中主義とは，一線を画す考え方であった。背景には，城戸ら保育問題研究会が，児童中心主義は童心主義に傾斜しがちで，時には放任保育に陥ることさえある，と捉えていたからである。そのため子どもたちに社会性を培い，集団で生きることの価値と方法を伝えようとしたのである。

戦後，法整備が進み，託児所が保育所として位置づけられるなか，こうした子どもの発達を集団との関係において捉える発想は，さらに発展していった。その1つの到達点が，つたえあい保育である***。

つたえあい保育は，なにより集団での話しあいを重視する。しかし，それは子どもが接した事実を単に報告しあうことではない。また，自分の思いを一方的に話すだけでもない。生活のなかで生じた問題を，「リアルに把握する感じ方，考え方を，対人関係を通じ，周囲の事物・現象を通して，発展させていくこと」を求めているのである。

たとえば，強い子が弱い子をいじめているところを，別の子どもが傍観していたとする。そのうち，A児は「あたりまえだと見ている」，B児は「自分のことのように，こわごわながめている」，C児は「なんとか助けてやらなくてはいけないと感じている」。こうした実態に対し，A児とB児は「自分本位にしかものごとをつかめない現状であり」，C児は「自分本位の立場から抜けでて，相手の立場に立って，自分が行動を起している」と捉え，C児の態度を他の子どもにも「基本的な構えとして定着」させていくことを求めていく。こうした成長を話しあう機会を通して促していくわけである。このように，つたえあい保育とは，話しあいを通して，集団のなかで的確な行動がとれる能力を育成していくための方法なのである。話しあいのなかで互いに思いを伝えあい，自らの考え方や行動を，他者との関係のなかでよりよいものへと高めていく。まさに，つたえあい保育は，集団がもつ意味や価値を認識したうえで，実践されたものなのである。

04 「幼稚園教育要領」「保育所保育指針」と保育の基本

1）保育の基本とは

1989（平成元）年の「幼稚園教育要領」の改訂において，それ以前に示されていたいわゆる6領域****が見直され，新たな領域として「健康」「人間関係」

CHECK（*）
戸越保育所：荏原区（現品川区）豊町に大村鈴子が創設。園舎の建築から保育内容の指導まで保育問題研究会がかかわる。同会の実験保育所といった性格をもつ施設であった。

CHECK（）**
保育案の検討と実施：「保育案の研究－保育案記録報告」『保育問題研究』第3巻第7号，保育問題研究会，pp.11～18，1939，及び戸越保育所「保育案の研究－保育案実施の一報告」『保育問題研究』第4巻第3号，pp.9～22，1940を参照。

CHECK（*）**
つたえあい保育：戦後，再開された第二期保育問題研究会に集う保育者たちが，理論的指導者であった乾孝らとともに構築したものである。当初，「はなしあい保育」と呼んでいたが，より発展的な響きを考え「つたえあい保育」に改名した。畑谷光代『つたえあい保育の誕生』文化書房博文社，pp.350～359，1968を参照。

CHECK（**）**
6領域：1956（昭和31）年刊行の「幼稚園教育要領」から幼稚園教育の内容として示された健康・社会・自然・言語・音楽リズム・絵画製作の6つの領域のこと。1965（昭和40）年刊行の「保育所保育指針」においても，3歳以上児については6領域が踏襲された。5領域への改訂までの約30年間，保育実践のよりどころであった。

「環境」「言葉」「表現」の5領域が設けられた。1990（平成2）年には「保育所保育指針」も改訂され，3歳以上の幼児については「幼稚園教育要領」に示されたねらいや内容が基本的に踏襲された。その後，1998（平成10）年には「幼稚園教育要領」，1999（平成11）年には「保育所保育指針」が再改訂されたが，見直しは最小限にとどまり，その方針は先の改訂の主旨を継承している。その意味で，現行の「幼稚園教育要領」「保育所保育指針」の改訂は，いわばマイナーチェンジに過ぎなかったが，新たに5領域を設定した1989年の改訂は，保育のあり方についてフルモデルチェンジを迫るものであった。

　フルモデルチェンジを図った最大の理由は，就学前の子どもの発達特性に照らして，ふさわしくない保育が幼稚園・保育所において横行していたことがあげられている*。具体的には，6領域を小学校以上の教科と同じように捉え，その枠組みごとに設定した知識や技術を，保育者主導による一斉画一的な指導によって教え込むといった保育が目立つ状況を指していた。こうしたやり方が保育の中心に位置づけられることは，具体的な体験を通して成長・発達する時期である就学前の子どもにとって，あまり望ましいことではない。保育実践の中心に位置づけるべきものは，子どもがもっとも自発的に活動する場面を尊重し，その体験を通して自主性，主体性の育成などを図ることである。就学前の子どもがもっとも自発的に活動することが遊びである限り，自由に遊ぶ時間さえ保障しない保育は，批判されて当然ではある。こうした状況を踏まえ，「幼稚園教育要領」「保育所保育指針」は，就学前の子どもの発達特性を踏まえた子ども中心の保育への転換を求めたわけである。現行の「幼稚園教育要領」「保育所保育指針」でも，このコンセプトに変化はない。

　では，子ども中心の保育への転換を進めるうえで，「幼稚園教育要領」「保育所保育指針」はどのような保育の方法を求めているのであろうか。この点について，国が示すガイドラインとして，先行して示される「幼稚園教育要領」をもとに考えてみよう。現行の「幼稚園教育要領」は第1章総則において，保育の基本について，以下のように述べている。

「幼稚園教育は，学校教育法第77条に規定する目的を達成するため，幼児期の特性を踏まえ，環境を通して行うものであることを基本とする」

　このように「幼稚園教育要領」は，保育の基本として「環境を通して行う保育」**を掲げている。また，これを実践するにあたり，以下の3点をとくに重視して保育を進めることを求めている。

①幼児は安定した情緒の下で自己を十分に発揮することにより発達に必要な体験を得ていくものであることを考慮して，幼児の主体的な活動を促し，幼児

● CHECK（*）
ふさわしくない保育の横行：「幼稚園教育要領」の改訂に先駆けて，幼稚園教育のあり方を調査した報告書にも，「各幼稚園の実情に応じた適切な創意・工夫が大切なことは言うまでもない。しかしながら，その一方で，幼児の発達や心身の調和のとれた人格形成の基礎を培う教育にぞぐわない内容・方法が一部に取り入れられる結果を招いている場合もみられる」と指摘されていた。幼稚園教育要領に関する調査研究協力者会議「幼稚園教育の在り方について」1986.9.3を参照。

● CHECK（**）
環境を通して行う保育：「幼稚園教育要領」のみを前提とすれば，「環境を通して行う教育」と呼んだ方が正確である。ただ，本書では幼稚園・保育所を区別せず，ともに子どものよりよい発達を保障する保育の場であると捉え，論じていくため，「環境を通して行う保育」と呼ぶことにする。

期にふさわしい生活が展開されるようにすること。
②幼児の自発的な活動としての遊びは、心身の調和のとれた発達の基礎を培う重要な学習であることを考慮して、遊びを通しての指導を中心として第2章に示すねらいが総合的に達成されるようにすること。
③幼児の発達は、心身の諸側面が相互に関連しあい、多様な経過をたどって成し遂げられていくものであること、また、幼児の生活経験がそれぞれ異なるなどを考慮して、幼児一人一人の特性に応じ、発達の課題に即した指導を行うこと。

以上の3点はそれぞれ、①は「幼児期にふさわしい生活の展開」、②は「遊びを通しての総合的な指導」、③は「一人一人の発達の特性に応じた指導」と要約されている。なお、これを実践する際は、「幼児一人一人の行動の理解と予測に基づき、計画的に環境を構成しなければならない」ことも求められている。

「環境を通して行う保育」を基本に、3点の重点項目を保育方法の中核に据えることは、就学前の発達特性を考えれば自然なことであろう。なぜなら、前述した通り、就学前の子どもは具体的、体験的に物事を捉えつつ、自己の世界をつくっていく時期だからである。言葉や文字による教授に適応し、抽象的な思考を働かせていく学童期とは異なる姿である。こうした具体的、体験的な場面の重視は、言いかえれば子どもの生活自体を大切にすることとなる。もちろん、こうした指摘をするまでもなく、園では「おはよう」から「さようなら」まで、保育者は子どもと生活をともにし、多くの働きかけを行っている。また、ともに生活しているからこそ、意図した働きかけ以外でも子どもに多くの影響を与えてもいるのである。これに対して、小学校以上の学校教育では、教師と子どもは基本的に授業時間のみかかわるだけである。保育者は、こうした小学校以上の教育とは異なる保育実践の特質を踏まえて、最適な方法をみつけていく必要がある。子どもと生活をともにするなかで生じるすべての事柄を保育の対象、つまり保育内容と捉え、保育を展開していくことが求められるのである。

2）子ども主体の保育を進めるうえでの保育者の役割とは？

就学前の子どもの生活の中心に遊びがあり、その遊びを通して子どもの成長・発達を促すことが保育の基本だとすれば、保育者の役割にも多様なものが求められる。この点について、「幼稚園教育要領」も、「幼児一人一人の活動の場面に応じて、さまざまな役割を果たし、その活動を豊かにしなければならない」と述べている。

こうした多様な役割について、『幼稚園教育要領解説』では5つの役割を強調している。具体的には、「子どもの理解者」「子どもの共同作業者」「子どものモデル」「遊びの援助者」「子どものよりどころ」である*。以下、それぞれの役割別

● CHECK（＊）
文部省『幼稚園教育要領解説』フレーベル館, pp.26～34, 1999を参照。

に期待されている内容について述べみよう。

（1）子どもの理解者

　適切なかかわりを行ううえで、確かな子ども理解は不可欠である。子どもの理解者としての役割を果たすとは、このことをしっかり担おうということである。

　ただ、この役割を果たすためには、子どもの姿を観察するという姿勢が求められる。子どもの姿をじっくりみる機会をもつことで、適切な子ども理解に近づく可能性も高まる。こうしたなか、保育者は子どもが何を楽しんでいるのか。また、どんな点に育ちやつまづきがあるのか、さらに、子どもどうしの関係、つまり集団の状態はどうなっているか、などを読み取ることが求められる。

　このように、保育者は見守るといった間接的な態度もかかわりのひとつだと捉えていく必要があろう。保育者のかかわりとは、こうした理解者としての役割を前提に、展開されるのである。

（2）子どもの共同作業者

　しかし、見守るだけでは子どもを理解できないことも多い。たとえば、連日、空き箱製作をしている子どもがいたとしよう。距離をおいてみているだけでは、毎日同じロボットをつくっているだけで、変化がないようにみえる。その結果、「たまには外で遊ぼうよ」などと、声をかけたくなることもあろう。

　こうしたとき、実際にかかわってみると、違った見方ができるはずである。たとえば、毎日同じかたちのロボットをつくっているわけではなく、しっかりと立つかどうかを考えていること。腕や頭が動くように工夫していること。また、つくったロボットで保育者と一緒にごっこ遊びを展開する姿など、子どもが自ら考え、工夫していく姿に気づくことだろう。このように、子どもと活動をともにし、子ども理解を深めることも、保育者の期待されている役割のひとつなのである。

　さらに共同作業者としてふるまう際、共鳴していく姿勢も強調されている。とかく子どもの活動に参加すると、保育者は教育的な観点から「もっとこうしたらいい」さらに「こうしなさい」と指示、命令をしがちである。しかし、共同作業者としての役割では、子どもの目線に立って、その思いを理解していくことが重視されている。空き箱製作ひとつとっても、一緒に作業することで、子どもの興味・関心の所在を肌で感じ取れるはずである。身近にいれば、子どもの表情や手の動きなど、身体を通して表現される内容にも目が向けられるだろう。傍観的な態度で子ども理解をしないためにも必要な役割といえよう。

（3）子どものモデル

　子どものモデルになるとは、保育者のふるまいを通して、保育するやり方といえよう。保育者が子どもに先立ってある活動を楽しみ、集中して取り組む姿を通

して，子どもの興味・関心を引き出していく。また，その場にふさわしい行動パターンを示唆していく。その意味で，子どものモデルになるとは，保育者が子どもにとってあこがれの存在となることでもある。これまで保育者のかかわりというと，「どう声をかけたらよいか」といった点に関心が向けられることが多かった。しかし，モデルになるとの指摘は，保育者のかかわりを言葉かけだけでなく，身体を通したかかわりにも目を向けるきっかけともなるだろう。

ただ，それは決して特別なことではない。保育者はこれまでも子どもとともに生活するなかで，その存在，またふるまいを通して子どもにさまざまな影響を与えてきた。モデルになるとは，そのことを意識化し，よりよい影響を与えるふるまいを大切にしていこうというものである。オーバーアクション，極端なパフォーマンスが求められているわけではない。もちろん，子どもにとってあこがれの存在になるためには信頼関係が欠かせない。信頼関係があれば，保育者が楽しんでいる場面に関心をもち，「入れて」と仲間入りする子どもも出てくるだろう。

このように，保育者が意図する活動に子どもが自発的に参加するための方法としてモデルとしての役割が位置づけられている。遊びに誘い導くだけでなく，善悪の判断，いたわりといった思いやりの芽を育むうえでも重要な役割といえよう。

（4）遊びの援助者

子どもの自発的な活動も，時に停滞したり，問題を抱える場面もみられる。そんなとき，保育者は積極的にかかわりをもち，遊びや活動を方向づけたり，問題解決を促すことが必要となる。これを担うのが，遊びの援助者としての役割である。

ただ，そのかかわりが援助であるためには，子どもの要求を見定めることが重要となる。たとえば，5歳児が数名で短なわとびをしていた。そのうちの1人がなかなか飛べず，仲間が工夫しながら教えている。しかし，結局うまくいかず，「やめる」と言い出した。せっかく楽しく遊んでいたのに，技術が伴わないために仲間が抜けようとしているわけである。そんなとき，困った子どもが保育者のところに来て，「○○ちゃんになわとびのやり方，教えてあげて」と要求してきた。こうしたとき，保育者が「短い縄では無理だから，長縄でやってみよう」と提案するとどうなるだろうか。子どもによっては，それで納得いくケースもあるだろうが，この場合はうまくいかなかった。なぜなら，子どもは短縄を仲間と一緒に楽しみたいのであり，そのための助けを求めていたからである。

このように，時に保育者は子どもの要求をくみとらず，自分が意図する方向に導こうとする。このズレが，子どもの遊びを壊していくことも多い。子どもは言葉のうえでは「教えて」と言っているが，求めていたのは要求した範囲内の事柄に応えてもらうことである。このように援助とは「教える」ことではなく，子どもが要求することを実現できるようにサポートすることである。保育者は積極的にかかわるとなると，どうしても「教える人」になりやすい。そうしたかかわり

に陥らないためには、子どもの実態を適切に把握することが求められる。そのうえで、遊ぶ主体が子どもであることを自覚し、必要な助けをしてあげることが大切となる。遊びの援助者とは、こうした役割を担うことが期待されていると理解されるべきものであろう。

（5）子どものよりどころ

以上、4つの役割を機能させる前提として重視されているのが、子どもが精神的に安定するためのよりどころとなることである。保育所、幼稚園が、幼い子どもが保護者から離れ、ある一定の時間、生活する場である限り、当然の役割といえよう。

この役割は、これまでも信頼関係をつくるといった表現で強調されてきたものである。ただ、信頼関係をつくるとはいっても、時に保育者からの一方的な思い込みだけで接するケースもみられた。こうした現状に対して、あらためて子どもをありのままに受けとめ、そのよさを認めつつ、1人ひとりに心を砕くことが必要となる。子どものよりどころになるとは、こうした役割を担うことを指すと捉えられる。保育者が子どもの多様な感情に共感し、それに応答することを通して信頼関係をつくることが求められているのである。

以上、保育者の5つの役割を述べてきた。しかし、それぞれはバラバラに存在するのではなく、密接につながっているものである。したがって、保育者は各役割の関連性を考えながら、子どもの状態に応じて、臨機応変に自分の身の置き方を判断していかねばならない。

また、実際の保育のなかでは、この5つの役割以外にもさまざまな役割があるだろう。5つの役割をかかわりの枠組みではなく、視点にとどめれば、それに当てはまらない役割も見いだせるだろう。5つの役割にしばられることなく、それを活用するなかで、かかわりの幅を広げてほしいものである。

【演習問題】
①保育実践の魅力について、自らの保育（実習）体験をもとに話しあってみよう。
②今後、改善すべき保育実践の課題について、自らの保育体験をもとに整理してみよう。
③自由保育と一斉保育のメリット・デメリットについて話しあってみよう。
④保育方法の系譜のうち、関心をもった取り組みについて詳しく調べてみよう。
⑤要領・指針に示されている保育の基本について、その要点を書き出してみよう。

【引用・参考文献】
・市川伸一『学力低下論争』ちくま新書，2002
・及川平治『分団式動的教育法』世界教育学選集69巻，明治図書，1972
・上笙一郎・山崎朋子『日本の幼稚園』理論社，1974
・倉橋惣三『幼稚園保育法真諦』大正・昭和保育文献集 第9巻，日本らいぶらり，1978
・倉橋惣三・新庄よしこ『日本幼稚園史』フレーベル館，1956
・京阪神聯合保育會『京阪神聯合保育會雑誌』復刻版 全5巻，臨川書房
・「時代の変化に対応した今後の幼稚園教育の在り方について（最終報告）」同調査協力者会議，1997
・デューイ『思考の方法―いかにわれわれは思考するか―』植田清次（訳），春秋社，1955
・東京女子高等師範学校附属幼稚園『系統的保育案の実際』日本幼稚園協会，1935。
・日本保育学会 編『日本幼児保育史』全6巻，フレーベル館，1968～1975
・日本幼稚園協会編『幼児の教育』復刻版 全52巻，名著刊行会
・畑谷光代『つたえあい保育の誕生』文化書房博文社，1968
・保育問題研究会編『保育問題研究』復刻版 全4巻，白石書店，1978
・宮里六郎『「荒れる子」「キレル子」と保育・子育て』かもがわ出版，2001
・師岡 章「大正期における『新保育』実践の展開―分団保育による実践を中心にして―」『近代幼児教育史研究』第7号，近代幼児教育史研究会，pp.2～13，1993
・師岡章総監修『食を育む―食育実践ガイドブック』フレーベル館，2006
・文部省『幼稚園教育要領解説』フレーベル館，1999
・「幼稚園教育の在り方について」幼稚園教育要領に関する調査研究協力者会議，1986

column 保育方法の最前線「レッジョ・エミリア・アプローチ」

レッジョ・エミリア・アプローチとは，イタリア北部にある人口14万人弱のレッジョ・エミリア市で取り組まれている先進的な保育実践，保育システムのことです。現在，世界的な規模で注目されており，その特色はじつに多様です。代表的なものをあげると，市全体をあげての保育事業体制・組織力，家庭および地域との協力・連携，保育研修のシステム，そして子どもの豊かな表現を育成する教育などがあります。

保育実践はプロジェクトと呼ばれる主題に沿った活動が中心です。興味・関心を共有する小グループで展開されるこの活動は，1カ月以上の長期にわたることもしばしばです。この間，子どもたちは互いに対話し，さまざまな表現活動などを自発的・創造的に展開していきます。プロジェクト・メソッドと類似した取り組みにもみえますが，プロジェクト・メソッドが比較的経験そのものを重視し，社会的な態度の育成を重視したのに対し，レッジョ・エミリア・アプローチは「目的の発見－探求－共有－表現」といったステップをたどりながら，共同的な探究活動を重視しています。こうした方法に触発された取り組みは，近年，プロジェクト型実践などと呼ばれています。

こうした実践は，保護者による熱心な保育への協力をはじめ，園長を置かず，保育者とアトリエリスタ（美術専門のスタッフ），ペダゴジスタ（教育・心理学者）の3者が常に協議し，民主的な園運営に努めていることに支えられています。また，ドキュメンテーションやポートフォリオを駆使した実践の見直しも充実しています。

【参考文献】
・C. エドワーズ，L. ガンディーニ，G. フォアマン『子どもたちの100の言葉－レッジョ・エミリアの幼児教育』佐藤学・森眞理・塚田美紀（訳），世織書房，2001
・L. カッツ，S. チャード（小田豊監訳奥野正義訳）『子どもの心といきいきとかかわりあう－プロジェクト・アプローチ』光生館，2004

CHAPTER 2
子どもの発達と保育のあり方

適切な対応を行うためには，適切な子ども理解が不可欠です。
最新の発達の捉え方や，幼児期の発達特性について理解していきましょう。

　将来，保育者になって実践を考える際，なかなかじっくりと自らの実践を省みる時間はとれないものである。それは目の前にいる子どもたちに対し，とっさに対応しなくてはならないという，保育をはじめとした臨床活動の特徴でもある。そこでこの章では，臨床上の実践を考える基礎として，遊びと学び，幼児期の発達特性，そして最後には自らの実践を振り返るということに関して話を進めていきたい。

01 遊びと学習の関係

1）なぜ遊びは学びにつながるのか？

　「子どもにとって遊びは重要な学びである」と聞くことがよくあるだろう。では，なぜ遊びが子どもにとっては学びであるといえるのだろうか。どのような学びがそこには存在するのであろうか。この節では，「遊びは学びである」ということの意味を考えてみたい。
　かつて学生に，冒頭の問いと同じような質問をしたことがある。すると，多くみられた回答は次のようなものであった。

　「遊びのなかではものの取りあいがあったり，相手のことを思いやらなければいけない場面があるから」
　「遊びにはルールがあり，それを守らないと遊び自体がおもしろくないことを知るだろう。だから遊びという子どもにとって自然な生活のなかで，それらを学びとらせたい」

　どちらも間違いではない。だが，筆者が考えている「遊びは学びである」というニュアンスとは，重なっている部分もあるが，どこか足りない部分もあるのだ。何がその違和感を生み出しているのだろうか。それは，たくさんの学生から得られた回答をみてみると，「学び＝知識を得ること」と捉えている学生が多いということであった。「思いやりとはどういうものか知ること」「ルールという知識を得ること」などなど。そのような「知識を得る」という狭い枠組みだけで学び

という概念を捉えてよいのだろうか*。

2）知識を得ることだけが学びなのか？

　学習とはなにも机に向かってする勉強ばかりではない。受験勉強のように，知識を詰め込むことでそれらをたくさん記憶し，テストのときに効率よくはき出すことができるようにする，という類の学習もある。じつは，これは学習のなかのごく一部の形態でしかないのだが，ずっとテストや受験という点数化を想定した評価が伴った学習ばかりをしてきた人たちは，それ以外のことを学びと考えることができなくなっているのかもしれない。

　先ほどとは別の学生がこういうことを言ってきたことがある。

　「私は高校までの勉強の方が好きです。大学のようにレポートを書いたり卒論を書いたりするということで評価されるのはどうも苦手です」

　こういう実感は，どちらかというといわゆる優等生がもつ感覚かもしれない。中学や高校で勉強（テスト）のできた生徒たちである。私はこれとまったく反対の生徒だったので，大学に入ってからの方が勉強がおもしろくなったタイプである。受験勉強のおもしろみやそれを学ぶことの意義というものを見いだせなかった筆者は，その時期勉強にのめり込むことができなかった。だが大学に入ってから，ゼミのような少人数で行う学びと出会い，みんなで考えながら進めるという学習にとても魅力を感じた。先生も学生も一緒になって侃々諤々，いろいろなことを言いあえる場が好きであったのかもしれない。

　では，受験勉強が好きな人と嫌いな人の違いは，どこで生まれるのだろうか。それは「答えが1つしかない」という前提での学びをどう捉えるかに深くかかわる。受験勉強とは，すでにある一定の評価を得ているものを正答として学ぶことである。数学にしても英語にしても，いくつも解がある問題は受験では出ず，答えが1つしかないもののみが出題される。そのため，その1つの解を導き出すための勉強をすればよいのである。そして，そこでは，記憶が大きく問われることとなる。だからこそ，こつこつ積み重ねた努力が結果としてあらわれやすいし，点数にもあらわれる。努力した人，能力の高い人はよい点数をとり，努力不足の人，能力が低い人は点数が低いという，ある意味明快な結果が数値で得られるのである。

　それに反して，大学での学びはどうであろうか。評価の基準となるレポートは，一定の期日までに図書館やインターネットなどあらゆる方法を使ってよりよいものを書く，という方式がとられる。すると，たしかに提出されてきたものは一定のレベルに達していることが多い。とくに最近は，パソコンを使ってレポートを書く人が増えたこともあり，枚数もかつてよりぐっと増えている。卒業論文にしても同様である。しかし，その弊害として，似た内容のものを書いてくることが多い。そのため，提出されたものの差がつきにくく，結果が厳密な点数ではあら

●CHECK（*）
佐伯胖（1995）は「学び」について「学びがいのある世界を求めて少しずつ経験の世界をひろげていく自分探しの旅」と記している。

われにくくなる。こっちの学生が85点で，あちらの学生が83点などというようには評価できないのである。それゆえ，高校までよく勉強のできた学生にしてみると，「どうしてあの人と同じ評価なの？」と不満に思うのかもしれない。

3）評価方法の２つの形態

　ここまでみてきた大学までの学習で考えると，学習には受験のように厳密に点数化される評価と，厳密に点数化せず過程を重視する評価が存在するようである。では，社会に出てからはどうだろうか。大きな会社に入った場合，前者のような試験もあることだろう。海外赴任するためにTOEICを受けなければならない，社内で昇進するために試験を受けなくてはならないなど。だが社会生活を営んでいくうえでは，多くの場合，後者に属する評価がなされるのではないだろうか。明日までにこの企画についてレポートを書いてきなさいという課題を与えられた場合，私たちはどのように取り組むか。会社に遅くまで残って調べ物をする，社内の先輩や友人にアドバイスをもらう，自宅に持ち帰りパソコンを使いながら徹夜で作業をするなど。つまり，どんな方法を使って調べてもいいのである。そして時間についても，当然しめ切りはあるのだからその期日までには完成させなければいけないが，学校のテストのように50分や90分で解かなければいけないような種類のものではない。さらには家庭での生活など，会社以外での評価となると，とりわけ点数化されない評価の方がより重要となる。石黒広昭は，学校での評価にみられる「裸の能力」を重視する「個体能力主義」が教育現場の特質であると述べている*。このような個体能力主義を脱したところで学習に取り組めるのが，就学前の保育実践場面と大学教育ではないかと考える。

● CHECK（*）
石黒広昭「心理学を実践から遠ざけるもの」佐伯胖・宮崎清孝・佐藤学・石黒広昭『心理学と教育実践の間で』東京大学出版会，1998

4）経験を通した学び

　教育について学んでいるみなさんは，少なくとも机に向かういわゆる勉強だけが学びではないということは理解していることと思う。だからこそ，「遊びは学びである」ということに多くの人が賛意を示すのだろう。だが，いまだ「学び＝知識を得ること」の図式から抜け出せていないのではないだろうか。心理学でいう学びは，「ある経験を通して自らの行動や態度が変容すること」である。だから，九九の練習をたくさんしてかけ算が解けるようになったこと（練習という経験によってかけ算を解くという行動に変化が起きた）ももちろん学習であるが，なにもそれだけではないのである。

　学校へ行く途中にいつも吠える犬の前を通らなくてはならないから，次からは別な道を通っていくことにした。これも経験によって行動が変容するという立派な学びである。だから，遊びを通してルールを知ることや友だちにやさしくできるようになることも，もちろん学びである。だがこれらの学びは経験の蓄積によってなされるものであり，テストの点数にはあらわれにくい。だからといって，

学んでいないとは誰もいえないだろう。保育所や幼稚園に通っている3年間や1年間だけでもいい，子どもの変化をみれば，それは火をみるよりも明らかである。そこには，保育者が意図していることだけではない，子どもたち自らの活動から導き出された，経験の積み重ねによってなされた学習の成果が多く埋め込まれているのである。

5）自由遊びを通しての学び

　ここまでは，学校的な学びではない学びについて話を進めてきた。さらに一歩進めて学びを考えてみたい。「遊びは学びである」と考えるときに，「遊びを通してでも学べる」ではなく，「遊びでなければいけない」最大のポイントとは何であろうか。先ほどの例，子どもが怖い犬のいる道を通らないようになるということも，直接経験をしなくとも怖い犬がいるという知識を親から与えられれば，そこを通らなくなるだろう。また，他者に対する思いやりでを考えてみると，これはもちろん経験のなかで学びとってほしいものである。頭でいくら他人にはやさしくしてあげなければいけないとわかっていても，実際に行うかどうかは実践の場でしか鍛えることはできない。知識として知っておくことは重要であるが，そこでとどまったのでは何にもならない。その知識をもとにいかに行動へ移すかが重要であろう。人にやさしくしてあげたいという気持ちが起こるには，他者からやさしくされて自分がうれしかったという経験があるということがもっとも大きな動機形成になるのである。

　しかしこれらは，なにも遊びだけとは限らない。たとえば，設定活動のなかで道具の貸し借りをしなくてはいけないときなど，相手に譲るか，自分が先に使わせてもらうか，といった場面がよくみられる。このなかで，「自分も使いたいときは，友だちも同じように使いたいだろう」「だから先に貸してあげよう」という気持ちが芽生えてきたとすれば，立派な学びがそこで起こっているといえる。相手の気持ちを考えることになったきっかけは，担任の保育者がどこか別の場面で口にした「君が使いたいときは，お友だちも使いたいんだよ」という言葉かもしれない。それがある機会に自発的な行動として子どもたちから出てきたとしたら，保育者にとってこれほど喜ばしいことはないのである。

　そうすると，幼稚園のなかで自由遊びを大切にする意味とは何なのであろうか。学びは設定活動のなかでも起こりうる。自由な活動，自由遊びのなかでしか尊重されないもの，それは活動の自発性*である。自分でやりたい活動をみつける，それを最後までやり遂げる。これは自由な活動のなかでしか発揮できない。

6）当番活動を通しての学び

　ある幼稚園での話である。その幼稚園では，動物を飼っておりヤギやチャボなどがたくさんいる。当番活動は子どもたちの日課であるのだが，その日どの活動

● CHECK（*）
「活動の自発性」については，「幼稚園教育要領」においても重視されており，「自発的な活動として遊び」が「重要な学習」であると総則に記されている。

に従事するかは子どもたちどうしで決めることになっている。班単位での活動なので，」「今日は1班がヤギ小屋の当番」というところまではローテーションで決まっているが，その班内で誰が何をするかは決められていない。小屋のなかを掃き掃除する人，わらくずなどをちりとりで集める人，ホースで水をまく人，ブラシで床を掃除する人などいくつかやるべきことはあるのだが，その担当を子どもたちで決めなくてはならないのだ。そうすると，どうしても決まった活動ばかりが人気になってしまう。ここではブラシかけが人気であった。するとわれ先にとブラシを取りにいく子もあらわれ，他にブラシをやりたいと思っている子がいたとしてもなかなか使う機会がめぐってこない。

　さてここに，なかなか自分の思いを友だちに伝えることができない引っ込み思案の女の子がいた。彼女をみていると，ブラシをやりたい様子がこちらに伝わってくる。なぜなら，ブラシの代わりにほうきを持ってきてブラシ代わりにしてみたり，ブラシを探しに道具小屋へ戻って先生に聞いてみたりという姿がみられたからだ。しばらく視察していると，あるとき，この女児がようやく友だちに対して「ブラシを貸して」と伝えることができ，ずっとやりたかったブラシかけをできることとなった。そのときは，こちら側のひいき目を差し引いても，彼女は熱心にブラシかけをしているようにみえた。

　この例のように，自分がやりたかったことにようやく従事できたときの喜びは非常に大きい。自分がやりたいと思うことに対して，どのようにアプローチすればそれができるようになるか。そこの工夫を引き出すのは，こういった自由な活動のなかにおいてであろう。もしここで，先生がブラシを使う順番を決めたりルールをつくったりすると，活動自体はスムーズに流れるかもしれないが，この例のように自分でどうしたらよいかという学びは生じにくかったであろう。遊びは子どもにとってたいへん魅力的なものであるから，自発的に何かをやりたいという気持ちが生じやすい。そして工夫次第によっては，その遊び自体をダイナミックにそして継続的に展開できるので，子どもたちもいろいろと考えるのである。

7）ごっこ遊びを通しての学び

　園に咲いている花を使って色水づくりをしていると，花の種類によってそれはさまざまな色にできあがる。たくさんの色水をつくると，今度はそれを友だちや先生にみてもらいたくなる。するとそれが，ジュースやさんごっこなどに発展していくこともあるだろう。お店にしたならば，今度はお金も必要だし看板もつくらなくてはならない。またお客さんに来てもらうために，宣伝や呼び込みも必要になってくる。このように1つの遊びをきっかけにして活動が広がっているときは，子どもはおもしろくて仕方がないだろう。保育者は，そこである程度のアドバイスを出すことになる。「じゃあ，こういう看板をつくったらどう？」「ちらしをつくってみたらいいんじゃない？」などという具合である。

だが，これほどスムーズにごっこ遊びが展開することは珍しい。途中で作業がマンネリ気味になったり，自分がやっていることにおもしろみを感じられなくなる場面もあるはずだ。そこで大きな役割を果たすのが，保育者の援助である。ジュースをつくっても誰も興味を示してくれない場合，子どもたちは退屈になってしまう。そこで保育者が，「じゃあ，他のお友だちにも知らせてこようか？」と提案することで，そこが1つの突破口になる場合もある。

　これも，とある幼稚園の話であるが，あるとき年長の男の子たちが水族館ごっこをしていた。最近，遠足で水族館へ行ったとのことで，そのときのイメージが子どもたちのなかに強く残っているようだった。彼等は音楽を流しながら縄跳びとフラフープを使い，イルカのショーを再現していた。これはそれまでにどの園でもみたことのない遊びだったので，筆者はたいへん興味深くみていた。ところがそこにいたベテランの保育者は，「なんだかあまりおもしろくないなー，この前の方がおもしろかったみたい」と感想を子どもたちに伝えたのである。筆者は，子どもがせっかくやっているのにそういった感想を言うのはどうなのだろうかと思ったが，その後の子どもたちをみていると先ほどよりもさらに工夫をして，もっとおもしろいイルカショーをつくり上げていった。この一連のやりとりを後で考えて，さすがそのベテランの保育者はうまい援助をしたのだということがわかった。もしそこで筆者が同じことを言っても同じ結果にはならなかっただろう。これまでもずっと彼等の遊びをみてきたベテラン保育者が，ぽそっと「おもしろくない」と口にしたことが，彼らの遊びの発想を広げたのだと思う。子どもたちとの関係性を的確に判断したうえでの適切な援助が，子どもたちの遊びをより深まったものにしていくのだと感じた。

8）自由遊びと保育者の援助

　さて，保育を行ううえで実際に援助をする際は，どの程度まで子どもにかかわればよいのかという点が問われる。あまりにお節介になりすぎてはよくない。子どもが「自分で考えた」という実感をもてるようにしないと，いわばお仕着せの保育になってしまうからだ。6)の事例に出てきたヤギ小屋の女の子は，きっと将来，この事実をそれほど重き出来事として記憶してはいないだろう。だがこういう何気ない達成の積み重ねが，自分自身に自信をもつこと，心理学的にいえばアイデンティティの形成につながっていくのだと考えられる。

　倉橋惣三はその著書で「充実指導」ということを記している*。指導という言葉を聞くと，たいへんかたい保育者主導の保育をイメージしてしまうがそうではない。倉橋は「充実指導とは彼等において，自己充実ができているかどうかというところに重きを置いて指導するのです」と述べる。つまり，子どもの自己充実が非常に重要であり，保育者が「こうさせたい」ということが前面に出ているのではいけないというのだ。

●CHECK（＊）
倉橋惣三『幼稚園真諦』フレーベル館，1976

彼は同書の別な部分で，外食をした食堂のことを例にしている。そのお店では「客は銘々の欲するものが銘々の満たしたい程度に満たされる。給仕さんは注文だけ食わしてくれる。十分に食わしてくれますが，これだけぜひ食えとはおしつけない」とたとえ，これを保育に当てはめて考えている。私たちはつい，子どもの望んでいないことまで過剰に与えすぎるきらいがある。「これをやっておいた方がいいだろう」「これを教えた方が役に立つのではないか？」と，人生の先輩として考えてしまうのだ。

これはもちろん善意でやっていることであるが，行き過ぎると，子ども本来の生活，子どもの充実感が失われてしまう。子どもへの援助は，どの程度与えるべきものなのかがいちばん難しいところである。

9）不登校と義務教育の形骸化

自分でやりたいことをみつける，それをやり遂げるためにはどうしたらよいか考える，この点が今の教育において忘れ去られてきた最大の欠陥である。昨今，教育界で大きな問題になっていることの1つに不登校がある。文部科学省の報告（図2‐1）によれば，全国の小・中学校合わせて約12万人の不登校児がいるという。

これは諸外国に多くみられるような，「経済的な理由で学校にいけない」「家業を手伝わなければならず，学校に行かせてもらえない」などという要因がもと

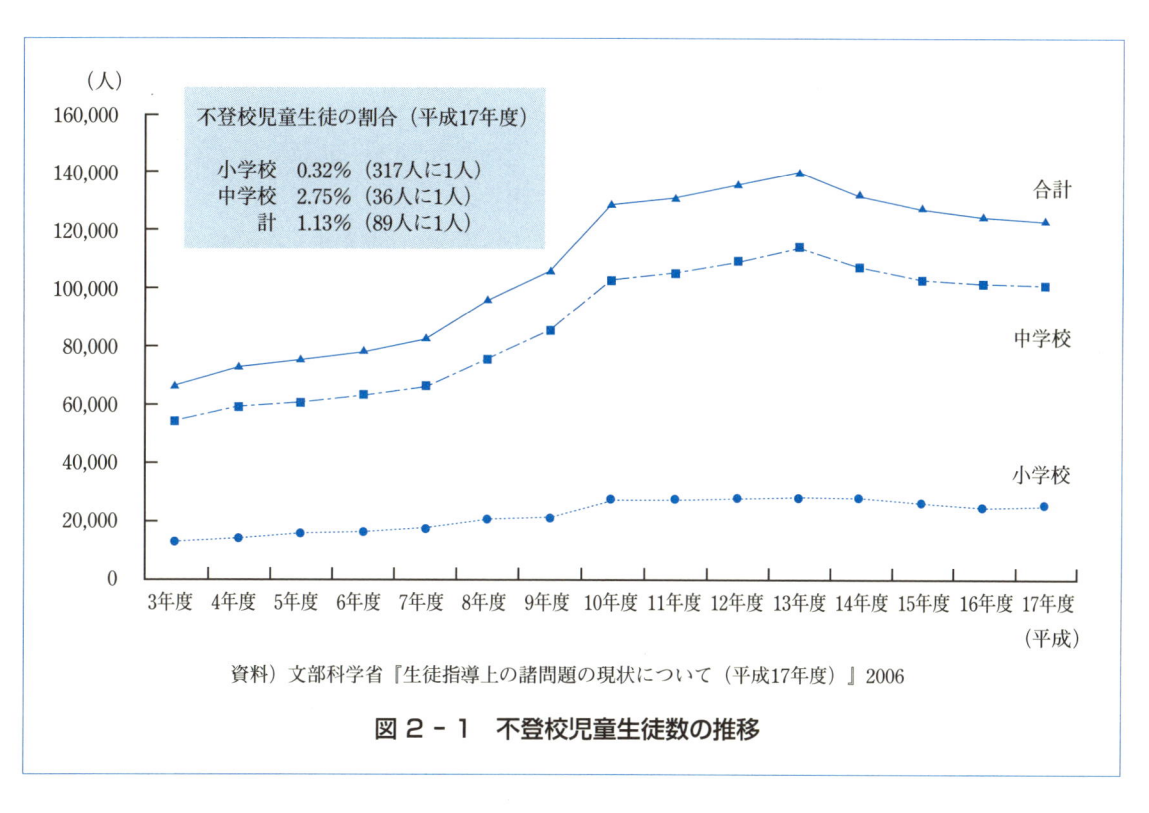

不登校児童生徒の割合（平成17年度）

小学校　0.32％（317人に1人）
中学校　2.75％（36人に1人）
　計　　1.13％（89人に1人）

資料）文部科学省『生徒指導上の諸問題の現状について（平成17年度）』2006

図2－1　不登校児童生徒数の推移

になっているのではない。子ども自身が学校へ行く気持ちが起こらなかったり，または行きたいと思っていても気持ちの面で学校へ向かうことができないなどが主な理由となっているのである。もしかしたら，きっかけはいじめかもしれないと考えるならば，当事者だけの責任を問うことはできないであろう。だがそれにしても，義務教育として国と地方公共団体が税金で教育費をまかなっている社会において，12万人もの子どもが学校へ行かない（行けない）状態が続いているということは，他の国々，またかつての日本からみても驚くべき事実である。これは日本において，義務教育自体があまりにも形骸化したために，学校へ行くことの価値を見いだせない子どもが増えているその現実を示す一端なのであろう。

10）学びへの動機

この現実をつくり出している大きな要因となっているのが，「学びへの動機」の喪失であろう。なぜ小学校へ行かなければならないのか，どうして義務教育を受けなくてはならないのという疑問が子どもたちのなかにわき起こり，それに対して大人の側もしっかりと答えることができなくなってしまったのである。自宅でも勉強はできるし，通信環境が発達した今となってはコンピューターを使って自学自習することもできるのだ。そんな時代に，なぜ行きたくもない学校へ行かなくてはならないのだろうか。

戦後のある時期までは，学校で学べることのありがたさを享受した人たちがたくさんいるはずである。逆に，かつては学校へ行きたくとも行かせてもらえなかった人の方が多かったのではないだろうか。私の世代（昭和40年代生まれ）では，経済的な理由で高校へ行けない人はごく少数であった。少なくとも私のまわりにはほとんどいなかった。私の親の世代（昭和10年代生まれ）においては，高校へ行かずに中学校を出てからすぐに働き始める人もおり，地域差もあるだろうが，筆者の育った地方都市においては高校へ行かせてもらえる人は恵まれている人であったようだ。つい50年ほど前のことである。この50年の間に，なぜこれほどまで教育を取り巻く状況は変わってしまったのだろうか。

現代は，学校へ行くことがあまりに自明になりすぎた末に，学校で学べることのありがたさというものが減ってしまった。塾や家庭教師，通信教育の教材など勉強面だけを考えれば，学校以外にも学ぶ場はたくさんある*。そこでは学校とは違い，自分のレベルに合わせた教材を与えられ，クラス編成も成績別でなされているので，勉強に対する動機も芽生えやすい。だからといって，筆者は小学校を塾のような教育システムにすればよいとは思わない。なぜなら，学校の役割は成績を上げることだけではないからだ。それとは違った方法で，勉強に対する動機，学びへの興味を増す方法がよい。その1つが生活科の導入であり，総合的な学習の時間の創設であったはずだ。ただ問題は，あまりに教師から生徒への直接指導に慣れきってしまった先生たちが，子どもたちが自ら問いを立て解決してい

● CHECK（*）
佐伯胖『子どもが熱くなるもう一つの教室』岩波書店，1997は，塾や予備校など，学校以外での学びの場について書かれた興味深い本であるので一読をすすめる。また，上野直樹『仕事の中での学習─状況論的アプローチ─』東京大学出版会，1999では，学校ではなく，仕事場での学習や人と道具とのかかわりについて述べている。こちらはより認知科学の専門に近い書物のため難しいと思われるが，学校での学習についても示唆的な記述が多く，こちらもおすすめしたい。

くというタイプの科目を，どのように指導していいかわからないということだ。今はその過渡期なのであろう。もうしばらくこれらの科目を続けていってもらいたいが，昨今の学力低下騒ぎで，せっかく創設されたこれらの科目の時数が減らされる恐れもある。筆者は，すべての学校段階の教育を自発的な学びだけにしてほしいと考えているわけではないが，せめて幼児期から小学校時代とりわけ低学年の時期にかけては，自らが課題をみつけ，それをどうやって解決していけばいいのかという学びの形態を残してもらいたい。とくに幼児期には，そのような自発的な活動を中心とした保育を行ってほしいと願っている。

02 幼児期の発達特性

1）子どもの育ちにまつわることわざ

「三つ子の魂百まで」，このことわざを1度も耳にしたことがないという人は少ないだろう。ここでいう「三つ子」とは，ご存じの通り，3歳頃もしくは3歳までの時期を指しており，同時に生まれた3人の子どもという意味の「三つ子」ではない。さて，このことわざを辞書（「大辞泉」インターネット版）で調べると，「幼い頃の性格は，年をとっても変わらないということ」と書かれてある。つまり，「三つ子」は「幼い頃」と同じ意味で用いられていることになる。

同じような意味のことわざで，「すずめ百まで踊り忘れず」というものもある。こちらも同様に辞書で調べると，「幼いときに身についた習慣は，年をとっても身から離れない」という意味となっている。これら2つのことわざは，子どもが生まれてからの環境を重要と捉える考え方（環境重視派）といってよいだろう。

一方，「瓜のつるになすびはならぬ」ということわざもある。これは，「平凡な親からは非凡な子は生まれないことのたとえ」であり，同様に「鳶が鷹を生む」は「平凡な親が優秀な子どもを生むたとえ」である。これらのように，子どもが親から受け継いだものが重要だ（遺伝重視派）とでもいうべきことわざもある。

どちらも完璧に正しいとはいえないが，どちらも当たらずとも遠からずといった感じである。なぜこのような正反対ともいうべきことわざが存在しているのであろうか。思うに，昔から子どもの育ちということに関して，何がそこに大きな影響を及ぼしているかというテーマは人々の関心の的だったのであろう。

2）幼い時期がとくに重要!?

「狼に育てられた子」*の話も耳にしたことがあると思う。これは約100年ほど前，インドの山深いところで狼に育てられていた（らしい）子どもが2人発見され保護されたという実話に基づいているという。この2人の名前はアマラとカマラという。しかし，近年はこの話もどこまでが事実であるのか疑われている**。

● CHECK（*）
J. A. L. シング『狼に育てられた子』中野善達・清水知子（訳），福村出版，1977

● CHECK（**）
藤永保『幼児教育を考える』岩波書店，1990に，「狼に育てられた子」に対する疑問が記されている。他の記述も保育に関するたいへん興味深い記述が多いので，ぜひ手に取ってもらいたい。

たしかに，少し考えただけでもおかしな点はいくつかある。なぜ狼の洞穴に子どもがいたのか，それはきっと狼がさらっていったからだろう。ではなぜ狼は小さな子ども2人をさらっていったのか。それは子どもを育てるためではないことは確かだ。さらには，本当に狼が子どもを育てることができるのか，狼の乳で人間の子どもは育つのかなど，考え始めたらいくらでも疑問が出てくる。ここではこの出来事の真偽は問わないし，その真偽を問うことがここでの中心的なテーマでもないので話を先に進めたい。

　さてこのアマラとカマラの例の他にも，カスパー・ハウザー*やアヴェロンの野生児**など人的な環境から遠ざけられて育てられた人の記録は多数ある。しかしすべてがほぼ1世紀以上前の話であり，今や伝説と化している面も少なくない。そしてこれらのストーリーが引きあいに出されるのは，人間は子どものときの環境が重要なのだというメッセージとともに取り上げられてきたのもその特徴である。そして，だから小さなときからきちんと子どもは教育しなければならない，という話につながるのだ。早期教育を勧める人の書いたものや，幼児教室の宣伝などでもよくこの話題が取り上げられている。それは，小さい頃の教育がいかに大切かという文脈で用いるためだ。たとえば今身近にあるものだけみても，脳の発育の重要性を示すためにこの事例をあげている本や，知育の教材を扱う会社のホームページなどがある。

3) ゲゼルの成熟説

　さてこの大きく2つに大別できる子育てについての考え方，つまり環境重視派と遺伝重視派であるが，これらは発達心理学という学問の草創期からつながる大きなテーマである。今のところ「単純に環境か遺伝かとはいえない」というのが，この分野における現時点での到達点といえるが，それにしてもこのテーマは人々の耳目を集めるものであるようだ。

　ではここで環境重視派と遺伝重視派，それぞれの代表的な論を紹介していきたいと思う。まずは環境よりも遺伝的素因，つまり本来もって生まれたものの方がより優位であるという説を唱えた人としてゲゼル（Arnold Lucius Gesell；1880〜1961）を取り上げたい。

　ゲゼルは，一卵性双生児を対象に階段上りの実験（図2‐2）を行ったことで知られている。一卵性双生児を被験者にしたのは，もともと子どもたちがもつ遺伝的な要因を同一とするためである。彼は双子の一方である〈T〉に，生後46週の時点から6週間階段上りの練習をさせた。そしてその間，もう一方の双子〈C〉には階段上りの練習をさせなかった。その後，〈T〉が練習を終えた後，53週目になってようやく〈C〉に階段上りの練習を2週間だけさせたのである。さて，みなさんは，この実験がどのような結果になったと考えるであろうか。やはり早い時期に長い期間練習をした〈T〉の方が階段をスムーズに上れるようになった

● CHECK (*)
A. V. フォイエルバッハ『カスパー・ハウザー』西村克彦（訳），ベネッセコーポレーション，1996

● CHECK (**)
J. M. G. イタール『新訳アヴェロンの野生児』中野善達・松田清（訳），福村出版，1978

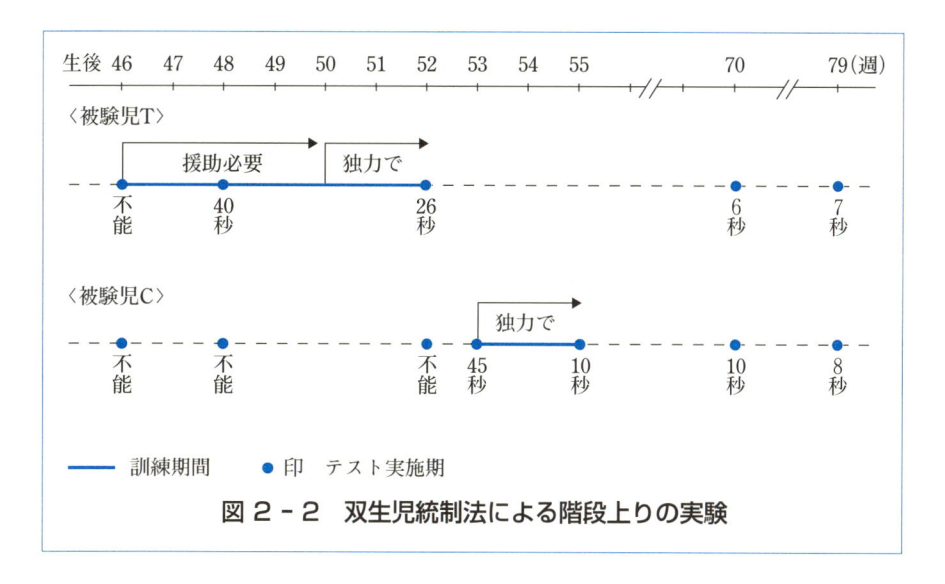

```
生後 46  47  48  49  50  51  52  53  54  55    70      79(週)
```

〈被験児T〉

　　　　　援助必要　　独力で
　　　　●━━━━━━━●━━━━━━━●　　　　　　　●　　　●
　　　不　　　40　　　　　　26　　　　　　　　　　6　　　7
　　　能　　　秒　　　　　　秒　　　　　　　　　　秒　　秒

〈被験児C〉

　　　　　　　　　　　　　　　独力で
　　●　　　●　　　　　　●━━━●━━━●　　　　　●　　　●
　　不　　　不　　　　　　不　　45　　10　　　　10　　　8
　　能　　　能　　　　　　能　　秒　　秒　　　　秒　　　秒

　　━━━　訓練期間　　●印　テスト実施期

図2-2　双生児統制法による階段上りの実験

と思うのが一般的ではないだろうか。ところが、結果は私たちの予想を裏切るものであった。

　早い時期から練習を始めた〈T〉は、当初階段を上ることはできなかったが、練習をすることで援助をされれば階段を上れるようになっていった。そして練習開始から4週間経ったときに、1人の力で上れるようになり、6週目には独力でしかも26秒という早さで上ることができるようになっていたのである。一方の〈C〉は、〈T〉が26秒で上れるようになっていた生後52週目には、まだまったく階段を上ることができなかったが、1週間後の練習開始時には1人で上れるようになっており、その後たった2週間の練習だけでわずか10秒で階段を上れるようになったのである。その後は2人とも特別な練習を行わなかったが、70週目と79週目に再び階段上りの実験をしてみたところ、両者にはほとんど差がなかったという。ゲゼルはこの実験により、身体や神経系の準備が整っていない段階で練習をしてもあまり意味がない、という結論を導き出した。これは「学習には最適な時期がある」「早く始めればいいというものではない」ということを示している。ゲゼルは、この学習にとって最適な時期である心身ともに準備ができている状態のことをレディネスといった。

4）ブルーナーの経験重視説〜レディネスの促進可能性

　ゲゼルの考え方は、現代の早期教育過剰の時代にも一矢を報いることができそうであるが、じつは後に批判を受けることとなる。それは、このゲゼルの発達観というものがひどく消極的なものであり、子どもは成熟によってレディネスが整うのをただ待つしかできないという印象を与えてしまったせいもある。このゲゼルのレディネス観に対して疑義を突きつけたのがブルーナー（Jerome Seymour Bruner；1915〜）である。ブルーナーはゲゼルと真っ向から対立するがごとく、

次のような考え方を提案した。

「どの教科でも，知的性質をそのままにたもって，発達のどの段階のどの子どもにも効果的に教えることができる」*

このよく知られた一文は，日本でもっとも知られている彼の著作である「教育の過程」に記されているが，この本を書く大きなきっかけになったのは1959年に開かれたウッヅホール会議であるとブルーナー自身が述べている**。この会議は全米科学アカデミーが，今後のアメリカの科学教育を考えるために開いたものであった。それは1957年に，当時冷戦まっただなかだった米ソ間の科学技術競争において，旧ソ連が世界ではじめて人工衛星を打ち上げたことに端を発する。このことを，打ち上げられた人工衛星の名前を取り，スプートニク・ショックと呼ぶようになった。米ソの冷戦時代もとうの昔に終わり，宇宙開発競争もその幕を下ろした今，アメリカはスペースシャトル計画を見直すという見解を発表しているのだから，その隔世にただ驚かされるばかりである。

> CHECK（*）
> J. ブルーナー『教育の過程』鈴木祥蔵・佐藤三郎（訳），岩波書店，p.42，1963

> CHECK（**）
> J. ブルーナー『教育の過程』鈴木祥蔵・佐藤三郎（訳），岩波書店，序文，1963

5）スプートニク・ショック

このスプートニク・ショックだが，アメリカの教育を見直す大きな契機となった。この出来事に当時のアメリカ科学界や教育界は，たいへん大きなショックを受けたという。宇宙開発競争というのは，とりもなおさず兵器の開発競争という一面をもっていたからであった。宇宙にまで人工衛星を飛ばせるのだから，あなたの国を狙うミサイルをつくるなんて簡単なことなのですよという国力の誇示なのである。大きな衝撃を受けたアメリカは，優秀な科学者を育てるためにはどういう教育が必要なのかということを真剣に考え始めるようになった。そこで依頼を受けたのが先ほどのウッヅホール会議に招集された35名のメンバーなのである。とりわけ，先述したブルーナーの発言はその後の教育に大きな影響を与えた。それまでの静的なレディネス観ではなく，レディネスはやり方次第によって早く引き出すこともできるのだということが，その時代の教育への要請とマッチしていたのだろう。その後，アメリカの早期教育は盛んになり，その影響を受けた日本もどんどん幼児期の教育が加熱していくことになる。

6）ヴィゴツキーの発達の最近接領域（ZPD）理論

ゲゼルにみられる成熟優位説とブルーナーにみられる経験重視説，どちらが正しいとははっきりと言い切れない。どちらにも一理あるからである。たしかにレディネスが整ってからでないと教育効果は期待できないだろうが，かといってレディネスがまったく変化せず生まれつきもっているものだけで決定されるわけでもない。ブルーナーの指摘するとおり，やり方によってはレディネスを早い段階で引き出すことも可能だろう。だが，このブルーナーの考え方にも限界があり，どんなに早い時期でもやり方次第によってはレディネスを引き出せるとも思えな

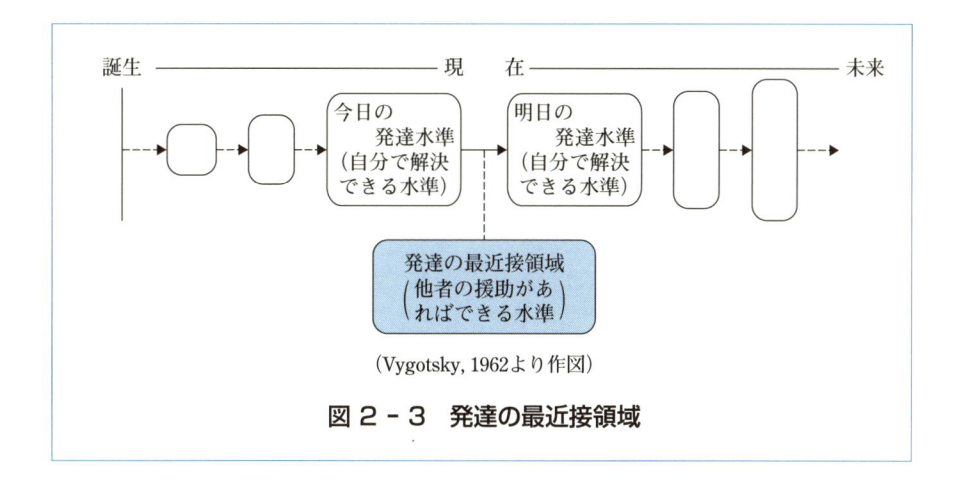

図2-3 発達の最近接領域
（Vygotsky, 1962より作図）

い。この両者の考え方をつなぐところに位置するものが、ヴィゴツキー（Lev Semenovich Vygotsky；1896～1934）の発達の最近接領域（最近接発達領域；zone of proximal development；ZPD）*という考え方であろう。彼はレディネスを促進することの限界を理解しつつも、しかし教育的な効果によりレディネスを高めることもできると考えていたといってよい。

この発達の最近接領域という概念について、バーク（Laura E. Berk）とウィンスラー（Adam Winsler）から引用したい。

「最近接発達領域は、学習と発達が生じる仮説的な力動的領域である。それは、子どもたちが1人で問題解決をしている間に成し遂げられることと、彼らが大人あるいはその文化におけるより有能な人たちの助けで成し遂げられることとの間の距離ないしは広がりによって定義される」**

図2-3にもみられるように、ヴィゴツキーは「今日ひとりでできること」と、「明日ひとりでできること」とに発達の水準をわけ、「子どもが今日共同でできることは、明日には独立でできるようになる」***と述べている。この「今日共同でできること」に当たる部分が、発達の最近接領域である。いわば、「今日ひとりでできること」と「明日ひとりでできること」の間にある部分である。そして彼は次のように述べる。

「教育学は、子どもの発達の昨日にではなく、明日に目を向けなければならない」****

7）ヴィゴツキーの考えたこと

ヴィゴツキーは旧ソ連の心理学者である。若い頃からその非凡な才能を発揮したのだが、彼は37歳の若さで結核のために亡くなっている。彼の業績が評価されるようになってからは、その早熟な天才を評して「心理学におけるモーツァルト」と語られるくらいであった。ヴィゴツキーはもう一方の世界的な発達心理学者ピアジェ（Jean Piaget；1896～1960）と同じ年に生まれているのだが、ヴィ

● CHECK（＊）
「発達の最近接領域」を縮めて「ZPD」と記す場合もある。保育や教育において、この発達の最近接領域にどのように大人がかかわるかという点が大きな課題である。

● CHECK（＊＊）
L. E. バーク、A. ウインスラー『ヴィゴツキーの新・幼児教育法－幼児の足場づくり－』田島信元・田島啓子・玉置哲淳（編訳）、北大路書房、p.5, 2001

● CHECK（＊＊＊）
ヴィゴツキー『思考と言語（新訳版）』柴田義松（訳）、新読書社、p.302, 2001

● CHECK（＊＊＊＊）
ヴィゴツキー『思考と言語（新訳版）』柴田義松（訳）、新読書社、p.303, 2001

ゴツキーが夭逝したことと，彼が東側の旧ソ連で活躍していたこととが相まって，その評価はピアジェよりも遅れて日本に入ってきた。現在ではこのヴィゴツキー理論を見直す機運が高まっており，ヴィゴツキーに関する書物やその考え方を引き継ぐ文化歴史的なアプローチをとる心理学の書物も多数みられる。

　ヴィゴツキーの生まれ育った当時のソ連は，心理学にも多大な影響を与えた生理学者のパブロフ（Ivan Petrovich Pavlov；1849～1936）が活躍した地であり，心理学においては条件反射や古典的条件づけ理論を代表とする刺激－反応を中心とする生理学的な立場が主流であった。しかしヴィゴツキーは，この生理心理学的な考え方に反旗を翻し，人間の心理過程は道具とりわけ言語という道具が媒介することが非常に特徴的であり重要なのだと考えた。ヴィゴツキーを長年にわたって日本に紹介している柴田義松は，この考え方について非常にわかりやすく説明している。以下にその部分を図とともに引用する＊。

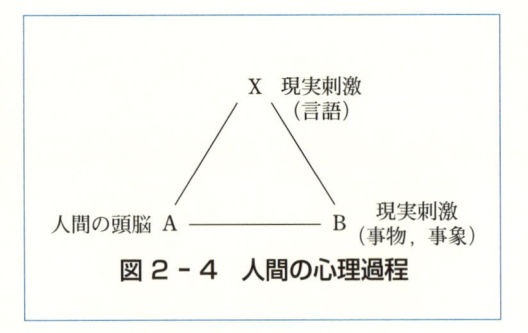

　「人間の頭脳（A）では現実刺激（B）との結合が，（X）を媒介として行われます。すなわち，A－X，およびX－Bという要素結合は心理過程においては統合して，1つの新しい「単位」（たとえば，言語的思考）を形成します」（図2-4）

　「人間の心理の特質は，この単位においてあらわれるものであって，これを要素にまで分解してしまっては，わからなくなってしまいます。それは，水の性質が，酸素と水素にまで分解してしまってはわからなくなってしまうのと同じだと，ヴィゴツキーはいうのです」

　ここに述べられているとおり，人間の思考というものをあまりに要素に還元しすぎてはわからなくなってしまうという指摘は，非常に重要である。心理学，そのなかでも人の発達を扱う発達心理学の分野において，ある活動をあまりに要素へ還元しすぎると，その全体像がみえなくなるということは経験的にも明らかである。

図2-4　人間の心理過程

X　現実刺激（言語）
人間の頭脳　A ――― B　現実刺激（事物，事象）

● CHECK（＊）
柴田義松『ヴィゴツキー入門』子どもの未来社，pp.60～61, 2006

8）分析の単位

　保育室内で制作活動をしている子どもがいたとする。この子がつくっているものが，どうも近くで制作をしている子がつくっているものに影響を受けているようだ。まるっきり同じではないが，どことなく形や色が似ている部分がある。なぜ，このような模倣が起こったのかを考えてみるとする。その場合，この制作という活動を要素に分解していってその本質がわかるであろうか。制作活動を，紙を切る，色を塗る，のりでつけるという要素に分解する。さらにこの紙を切るという行為も，ハサミを持つ，ハサミに力を入れる，紙をはさむ……などと要素に

どんどん分解していく。しかし、これを永遠に続けていったところで、とうてい模倣のきっかけや経緯はわからない。それは、行為を分析する際の単位（ユニット）を間違えているからである。より大きな単位、子どもどうしのやりとりのレベル、言葉の相互作用のレベルなど、これ以上区切ってはいけない単位というものがあるはずだ。制作活動の分析だとすれば、行為の観察と言葉のやりとりを分析していくレベルが妥当だろう。

　Aくん「あっ、Bくんの剣、かっこいいなー」
　Bくん「これ、おりがみを切ってくっつけたんだよ」
　Aくん「へえ、そうなんだ」
　（そして、やってみようとも何とも言わずに、自分も同じようにしておりがみを切り始める）

　これほどわかりやすく、やりとりがみられることは少ないだろうが、これ以上にあまりに分析単位を細かくしてしまえば、「木を見て森を見ず」の状態に陥るのは明らかである。発達とはある種、全体性をもって成り立っている側面がある。発達する主体だけではなく、周囲の物的環境や人的環境との関係性、そしてどのような文脈のなかでそれらの行為があらわれたのかという状況性。これらを排除してしまっては、まさに木だけを見ることになってしまうのである。
　次の節では、人間発達と生態学的文脈とのかかわりを考えていきたい。

03 人間発達と生態学的文脈

1）発達心理学と科学的普遍性

　心理学はいわゆる理系分野である自然科学を目ざしてきたために、その学問内部でもまた外部からも科学としての普遍性を求めることを要請されてきた側面がある。それは波多野誼余夫らも指摘するとおり、心理学という学問が「人間の心の理解にはまず普遍的な認知過程の研究を優先すべき」といった戦略をとってきたためだろう[*]。

　心理学のなかで保育にもっとも近い関係にあるのが発達心理学である。この発達心理学も、その親学問である心理学と同様に、普遍性を強く追求してきた部分が存在することについては否定できない。現在でも、保育を学んでいる人もしくはかつて学んでいた人に、発達心理学ではどういうことを習ったかと尋ねたら、多くの人はピアジェを代表とする発達段階の考え方をあげるのではないだろうか。この発達段階という考え方が、科学を標榜する発達心理学の特徴であろう。
　この発達段階説には功罪相半ばするところがある。まず功の方でいえば、赤ん

CHECK（*）
波多野誼余夫・高橋惠子『文化心理学入門』岩波書店, p.11, 1997

坊が○歳くらいに△△することができるという1つの目安を示すことになり，具体的な子どもの姿をイメージしやすい。たとえば，はじめての言葉（初語）は1歳くらいであらわれ，ほぼ同じ時期に歩き始めるといった具合である。

これに対して，罪となる部分はどういう点であろうか。それはこの発達段階は固定的な（rigid）ものだという印象を強く与えてしまうことにある。先ほどの例にならうと，歩き始める時期は1歳とはなっていても，それには個人差もあるし文化差もあるはずである。しかし，1歳になると初語を発し歩き始めるという情報が固定的に捉えられることで，親にとって育児不安を増す原因ともなりかねない。また親自身は多少遅れることもあるだろうと割り切っていたとしても，祖父母や周囲の人々の心ない言葉により親が，それも多くの場合は母親が傷つくことも多くある。

さて，子どもを対象とする発達心理学の場合，その普遍性ばかりを見いだすような研究スタイルでよいのだろうかという疑問が認知革命以後，立ちあらわれてきた。わが国においても，1990年代以降になり状況論や社会・歴史的アプローチをとる心理学があらわれてきた。これらはより大きな枠組みとしては文化心理学という範疇に入るものである。文化心理学（folk psychology）の歴史は古く，世界ではじめて心理学実験室を立ち上げたといわれるヴントも，当初は実験心理学と文化心理学の両方が必要であると考えていたようである*。

2）ブロンフェンブレンナーの発達生態学

ブロンフェンブレンナー（Urie Bronfenbrenner；1917〜）**は，子どもの発達を一方的な周囲からの影響で捉えるのではなく，相互に影響を与えあっている生態学的システムとして捉えた。この考え方は，幼稚園・保育所において子どもに接する保育者にとっても，重要な示唆を与えると考えられるのでここで紹介しておきたい。

図2-5は子どもを取り巻く生態学的システムを示したものである。ブロンフェンブレンナーによれば，子どもが生きる空間とはこのような入れ子式の構造になっているという。まず，もっとも子どもにとって身近な場がマイクロ・システムである。ここに該当するのは家庭や幼稚園・保育所，遊び場などである。これらは子どもたちに直接の経験を与える場であるが，それと同時に子どもたちの行動が直接的にこれらを変容させることもある距離感に存在する。

次にメゾ・システムである。これはマイクロ・システムに該当するものどうしをつなぐ横のシステムといってよい。たとえば，子どもが幼稚園に入ることにより，その親たちは園の行事に参加したり協力したりするであろう。それまでは幼稚園のすぐ近所に住んでいたとしても，直接的なかかわりはなかったかもしれない。だが子どもが入園することにより，親も含めた幼稚園の活動が形成されていくことになる。このように子どもを取り巻くシステム，つまりマイクロ・システ

● CHECK（*）
心理学の歴史に関しては，佐藤達哉・高砂美樹『流れを読む心理学史』有斐閣，2003 がたいへんわかりやすく，参考になる。

● CHECK（**）
U. ブロンフェンブレンナー『人間発達の生態学』磯貝芳郎・福富護（訳），川島書店，1996

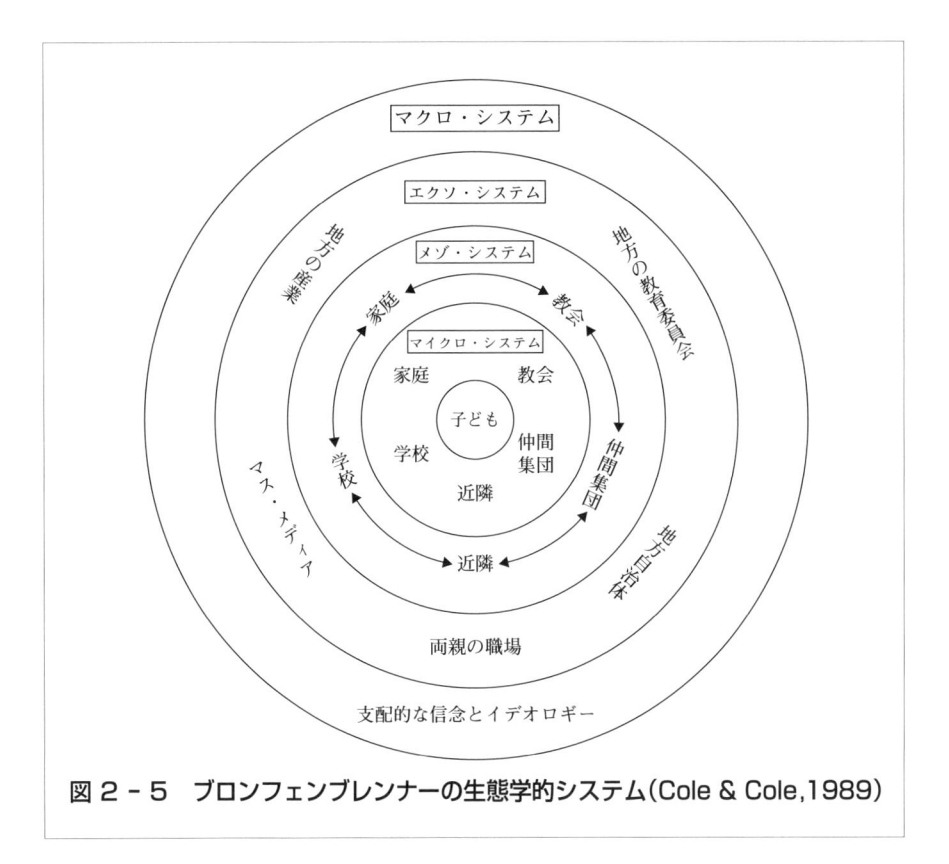

図2-5 ブロンフェンブレンナーの生態学的システム(Cole & Cole,1989)

ムが子どもの入園という行為を基点にして連携をなしたものがメゾ・システムとなる。

　エクソ・システムは，子どもの行動場面に直接影響を及ぼすものではない。しかし，なんらかのかたちで子どもたちに影響を及ぼすような事柄や場のことである。たとえば，子どもたちの親がどのような職場で働いているか，兄姉の通っている学校はどういうところか，両親がどのような友人をもっているかなどである。子どものときのことを思い返してほしい。両親や兄姉の友だちが自宅に遊びにくることなどはなかっただろうか。そのとき，彼らから聞いた話や一緒に遊んでもらったことなどは，教育的な意図をもってなされたことではないだろうが，考えている以上に子どもたちにとって発達的な影響を及ぼす場合がある。

　最後にマクロ・システムである。これは，マイクロ，メゾ，エクソの3つをすべて包括するシステムで，国や社会全体を支配するような信念やイデオロギーにあたる。ふだんはそれほど気にしてはいない領域に当たるが，少なからずわれわれの生活や教育観などに影響を及ぼしているものである。日本でも，時代によって教育観や子育て観は変遷してきた。それは，法律など文言化されているものからの影響だけではなく，時代によってどういった生き方が望ましいのか，どのような人生観を国民がもっていたのかという風潮とも密接に関係していただろう。戦前，戦中の子どもたちが，軍隊に入って兵隊さんになることが最高の栄誉であ

り，いわばかっこいい姿であると本気で考えていたということは，今の時代に生きるわれわれにはまったく信じられないことである。

現在，育児ストレスが深刻な問題となっているが，育児ストレスが生じるメカニズムを考えてみると，これは母子間だけの問題ではなく，社会全体の子育てに対する信念などが影響していると考えざるを得ない。

女性がこれほど社会進出した時代においても，母親に育児をしてもらえない子どもはかわいそうだという感じがいまだに根強い。それは保育を学ぶ学生の意見に典型的にあらわれる。多くの学生たちは将来保育士や幼稚園教諭になることを願っているが，自分に子どもが生まれたら仕事をやめて自分で育てるという意見が非常に多い。きっと子どもが好きな学生が多いだろうから，子どものためにというよりも自分が育てたいからという感覚が強いのかもしれない。しかしこれはどこかで，「やはり子どもは母親が育てるのがいちばんいい」という観念が残っていることのあらわれなのではないだろうか。若い人たちがこのような状況であることから考えても，より高齢の人たちのなかには「子育ては母親がするもの」という信念が強く残っていることは想像に難くない。

このような子育てに関する考え方のいわば再生産ともいえる状況は，マクロ・システムがマイクロ・システムの部分にまで強く関与している好例といってよいだろう。

3）研修することの意味

このように，つい固定的な考えに陥りがちな子育て観であるが，では，子育てのプロである保育者は，どのようにして自らの考えを相対化していけばよいのだろうか。保育者となって自分の保育を省みたとき，ふだんはなかなか大局的な視点に立って考えることができない。なぜなら，保育者にとっていちばん重要なことは，目の前にいる子どもの現実だからである。それもクラス全体というよりも，もっと具体的に特定の子どもの保育についてどうしたらよいかということになるであろう。

ある保育者向けの研修会のときである。その研修会は全国大会なので，参加者もとても多かった。筆者は講師としてではなく一般の参加者に混じって保育をみせてもらったり，講演を聴かせてもらったりした。講演では著名な保育の研究者が話をしてくれた。話は理念的なものだけでなく，より具体的に保育場面のことにまで踏み込み，こういう場合にはどう考えたらよいのかということまで説明してくれていたのでとてもわかりやすかったと思う。ところが講演後，知りあいの保育者たちと感想を述べあっていると，「たしかに言ってることはわかるけれども，だったら実際やってみろといいたい」という話が出た。これはたった1人だけの意見だから，会場全体の雰囲気を示すものではないが，このような感想が保育者から出ることに驚きもしたが，実践と研究をつなぐことの難しさをそこで感

じた。

　筆者のような元々保育者ではない大学教員からしてみると，そう言われることはもっとも酷である。たしかに，理念ばかりを追求し現実離れした話をする研究者もいるであろうから，すべての大学教員を擁護したい訳ではない。だが，このような研修会*においてふだん保育をしていない人の話を聞くことにもなんらかの意味があるはずだ。それは，保育を行っている実践家とは違った視点を取り入れるということに他ならない。もし保育者と同じ考えで，同じことを言うのであればなにも研修を受ける意味はない。ふだん，毎日の保育に忙殺され，じっくりと自分の実践を省みる時間がとれない保育者が，たまに違った視点で保育についての発言をされたとき，1つでもなるほどと思えることがあればいいのではないだろうか。

● CHECK（*）
幼稚園教諭にはさまざまな研修の機会が設けられている。同じ園内の保育者どうしで行う園内研修，園の外で行われる園外研修のほか，1年目の教員を対象とした初任者研修，中堅の保育者を対象とした10年研修などがある。

4）これからの保育に向けて

　この章全体を通して述べてきたことは，すぐに明日の実践に役立てる類のものではないだろう。しかし，こういった視点をどこかにもつことが，保育をしていくうえでなんらかのプラスになるはずである。とくに最後の節で述べた生態学的な視点は，自らの実践を考えるうえで非常に重要であると思われる。保育は，どうしても自分の実践のみをユートピアのようにしてしまうきらいがある。保育は，家庭の教育や子育てとつながっており，さらに小学校や中学校教育の基盤となるものである。そう考えると，家庭とのつながり，小学校との連携を考えずにはいられないはずだ。それは小学校に対してもそう伝えたいし，家庭についても同様である。互いが行っている実践を尊重しあいつつ，どうやって子どもを取り巻く大人たちや教育機関が協働していくか。それが今後の少子化社会におけるわれわれの大きな役割であると思う。少子化対策としてさまざまな施策が講じられているが，なかなか少子化に歯止めはかからない。実際の教育に携わるわれわれにできることは，実践現場でのレベルにおいて，子どもを安心して預けられる学校や施設をつくっていくことにあるのではないだろうか。

【演習問題】
①子どもの自由な活動としての遊びは保育のうえでも重要な役割を果たしているが，それはどういう意味からそういえるのか，みんなで検討してみよう。
②幼稚園や保育所でみられる具体的な遊び場面を2つ以上あげて，遊びは学びであるという意味を説明してみよう。
③小学校での不登校が大きな社会問題となっているが，その要因についてみんなで討論してみよう。
④社会の変化や大人の生活が子どもの日常に影響を与えている部分について，み

んなでできるだけたくさん出しあってみよう。
⑤自分が幼児期だった頃と比べて，現代の幼稚園や保育所が社会に求められている教育的な役割はどう変わってきたか，現在の社会状況を考慮に入れながら1600字程度で記述してみよう。

【引用・参考文献】

・石黒広昭「心理学を実践から遠ざけるもの」佐伯胖・宮崎清孝・佐藤学・石黒広昭『心理学と教育実践の間で』東京大学出版会，1998
・倉橋惣三『幼稚園真諦』フレーベル館，1976
・経済企画庁国民生活局『平成9年度国民生活選考度調査』1998
　http://www5.cao.go.jp/98/c/19980219c-senkoudo.html
・J. A. L. シング『狼に育てられた子』中野善達・清水知子（訳），福村出版，1977
・A. V. フォイエルバッハ『カスパー・ハウザー』西村克彦（訳），ベネッセコーポレーション，1996
・J. M. G. イタール『新訳アヴェロンの野生児』中野善達・松田清（訳），福村出版，1978
・高橋道子「身体の運動と発達」若井邦夫・高橋道子・高橋義信・城谷ゆかり『乳幼児心理学』サイエンス社，1994
・J. ブルーナー『教育の過程』鈴木祥蔵・佐藤三郎（訳），岩波書店，1963
・L. E. バーク，A. ウインスラー『ヴィゴツキーの新・幼児教育法―幼児の足場づくり―』田島信元・田島啓子・玉置哲淳（編訳），北大路書房，2001
・小野瀬雅人「教え方・学び方」高野清純 監修『図で読む心理学　学習』，福村出版，1991
・ヴィゴツキー『思考と言語（新訳版）』柴田義松（訳），新読書社，2001
・柴田義松『ヴィゴツキー入門』子どもの未来社，2006
・波多野誼余夫・高橋惠子『文化心理学入門』岩波書店，1997
・U. ブロンフェンブレンナー『人間発達の生態学』磯貝芳郎・福富護（訳），川島書店，1996
・柏木惠子「"よい子像"と子どもの発達」三宅和夫 編著『子どもの発達と社会・文化』放送大学教育振興会，1995

column 保育方法の最前線「モンテッソーリ保育」

　モンテッソーリ保育とは，イタリア初の女医であるマリア・モンテッソーリ（Maria Montessori；1870～1952）が考案，実践した保育です。感覚教育を基礎に置き，考案された独特の教具（モンテッソーリ教具）は，日常生活の用具から読み書き，算数，美術などのさまざまな分野にわたる内容をもち，体系化されています。モンテッソーリ教具を用いるこの方法は，子どもの自然なリズムに合った適切な発達を促す教育環境を準備するという点において，保育における環境の重要性を気づかせてくれたともいえます。一斉保育ではなく，個別の発達に見合った保育を実施するうえでも有用性が認められ，世界的な規模で取り組まれています。

マリア・モンテッソーリ

　わが国への紹介は意外に古く，大正自由教育期には取り組みを開始した園もみられました。戦争を挟んでやや下火になりましたが，1960年代半ばにアメリカのヘッドスタート計画などにも取り入れられるなか，早期知的教育などに有効であるとの再評価がなされ，わが国でも新たに導入する園が増えました。この点に加えて，現在は活動に没頭するなか，本来子どもがもっている落ち着きなども生まれ，しつけに有効であるとの評価も高まり，保育所を中心に広がりをみせています。また，モンテッソーリ保育では異年齢（縦割り）保育を採用することが一般的で，兄弟数も減少する昨今，思いやりの育成にもつながる取り組みと捉えられています。

　ただ，保育者全員がモンテッソーリ保育を学ぶ専門の養成機関でライセンスを取得し，実践に当たる園もあれば，部分的な導入にとどまる園もみられます。モンテッソーリ保育への比重の置き方によって，園の雰囲気，保育の仕方もだいぶ異なることもあるようです。

【参考文献】
・M. モンテッソーリ『モンテッソーリ・メソッド』阿部真美子・白川蓉子（訳），明治図書，1974
・M. モンテッソーリ『モンテッソーリの教育・0歳～6歳まで』吉本二郎・林信二郎（訳），あすなろ書房，1980

CHAPTER 3
環境を通して行う保育

環境を通して子どもの発達を促す方法は，保育の基本です。
環境の捉え方，環境構成の方法について理解していきましょう。

　今日の日本の幼稚園・保育所の基本的な考え方は，「環境を通して行う保育（教育）」といわれる。ひと言でいえば，子どもが「環境」にかかわってつくり出す主体的な活動を大切にし，そういう活動を通して子どもの成長を促す保育である。この考え方では，幼児が主体的にかかわる対象となる「環境」のありようが重要な意味をもつことになる。言い換えれば，子どもにとって必要な保育環境がどのようなものなのか考えることが，保育者にとって非常に大切な課題となるのである。
　以下，「環境を通して行う保育」がどういう考え方であるか，そして子どもの主体的な活動である遊びと環境の関係，保育者が果たす基本的な役割について具体的にみていこう。

01　子どもの主体性と環境

1）「環境を通して行う保育」という言葉

　今日の日本の幼稚園・保育所の基本的な考え方は「環境を通して行う」ことが基本とされている。いわゆる「環境を通して行う保育」と呼ばれるものである*。
　それでは，なぜ，日本の保育の考え方がこのように呼ばれるのか。日本の幼稚園の教育のあり方を示す「幼稚園教育要領」の冒頭，「1　幼稚園教育の基本」では，以下のように述べられている。

> 幼稚園教育は，学校教育法第77条に規定する目的を達成するため，幼児期の特性を踏まえ，環境を通して行うものであることを基本とする。

　この「環境を通して行う」という箇所を踏まえ「環境を通して行う保育」と呼ばれているわけだ。さらに上記「学校教育法第77条」では，幼稚園の目的について，「幼稚園は，幼児を保育し，適当な環境を与えて，その心身の発達を助長すること」としている。ここにも「適当な環境を与えて」という似た言い回しがある。
　一方，保育所の保育のあり方について述べている「保育所保育指針」「第1章

● CHECK（*）
「幼稚園教育要領」のみを前提とすれば，「環境を通して行う教育」と呼んだ方が正確である。ただ，本書では幼稚園・保育所を区別せず，ともに子どものよりよい発達を保障する保育の場であると捉え，論じていくため，「環境を通して行う保育」と呼ぶことにする。

総則」にも，同じような文言がみつかる。

> 保育所における保育の基本は，家庭や地域社会と連携を図り，保護者の協力の下に家庭養育の補完を行い，子どもが健康，安全で情緒の安定した生活ができる環境を用意し，自己を十分に発揮しながら活動できるようにすることにより，健全な心身の発達を図るところにある。

　ここでは，「環境を用意し」といういい方がされている。以上のように，幼稚園では「環境を通して行う」「適当な環境を与えて，その心身の発達を助長する」，保育所では「環境を用意し，自己を十分に発揮しながら活動できるようにすることにより，健全な心身の発達を図る」というように，「環境」という言葉がキーワードになって保育が発想されていることがわかるだろう。これらは，基本的に同じ方向性をもっていると捉えることができる。

2）「環境を通して行う保育」とは～子どもの主体性と環境の重視

　それでは，「環境」を通して，子どもを保育するとはどういうことなのか。まず，ここに出てくる「環境」というものの性格を考えてみよう。

　「環境」とは，ひと言でいえば，われわれのまわりにあるものである。この「環境」というものは，われわれに対して直接的に働きかけてくる刺激であろうか，それとも間接的なものであろうか？　結論からいえば，「環境」とは間接的な刺激である。「環境」は子どもに対して，「ああしろ，こうしろ」と直接訴えてくるものではない。あくまでも間接的に働きかけてくるものなのである。

　「環境」をこのように捉えると，「環境を通して行う保育」は，子どもの側から進んで「環境」にかかわる姿があってこそ成り立つといえるだろう。直接的な働きかけではなく，「環境」を通して間接的に子どもに働きかけていくのである。保育者がまずできることは，子どもにとって適切な「環境」を用意することである。そして，その「環境」をどう使っていくかは，子どもに任される。言い換えれば，「子どもの自主性・主体性を発揮させていこう（大切にしよう）」という考え方なのである。

　ここで，あらためて「幼稚園教育要領」をみてみると，「第3章　指導計画作成上の留意事項」の冒頭には次のようにある。

> 幼稚園教育は，幼児が自ら意欲をもって，環境とかかわることによりつくり出される具体的活動を通して，その目標の達成を図るものである。

　これは，「環境を通して行う保育」について，より具体的に説明したものと理解できる。子どもが自分からやりたいという気持ちをもって，「環境」とかかわ

ることで生み出される「具体的な活動」をすることによって，保育の目標の達成を図るのだという。この文言からも子どもの主体性・自発性を重視していることが読み取れるだろう。

　それでは，「環境とかかわることによりつくり出される具体的な活動」とは何をさすのであろうか。これまでの話に基づいて具体例で考えてみよう。

　たとえば，保育室の中にブロックがあったとする。このブロックは，保育者が子どもの実態に即して適切であると考えて用意したものである。このブロックというのは，子どもに直接「こうしろ，ああしろ」と働きかけるものではない。そこに「環境」として「ある」存在である。子どもの方から興味をもってかかわることによって，はじめて意味のあるものになる。子どもが自分から意欲をもってブロックとかかわり，具体的な活動を展開していかないと，「環境を通して行う保育」にならない。子どもが自らブロックにかかわる姿をさして，私たちは何と言うだろうか。きっと，「ブロックで遊んでいる」と言うのではないか。なぜなら，遊びとは子どもの自主的・主体的な活動にほかならないからである。もちろん，遊びだけでなく，園内での生活のあらゆる場面で子どもが自ら主体的に活動していくことが目ざされているが，「子どもの生活＝遊び」という言い方がしばしばされるように，遊びが中心的な部分に違いない。

　「幼児が自ら意欲をもって，環境とかかわることによりつくり出される具体的活動」というのは，基本的に遊びのことをさしていると考えられる。「環境を通して行う保育」は，遊びを大切にし，遊びを通して子どもの成長を促していこうという考え方といえる。

　ただし，興味をもってかかわってもすぐやめてしまうようでは，遊びは展開されているとはいえず，保育の目標は達成されない。自分たちで選んで，試行錯誤しながら活動を進めてこそ，そこで「自分たちでやれた」といった充実感や達成感を味わうことができる。これが「幼稚園教育要領」でいうところの「生きる力の基礎」となるのである。

　このような方法が用いられるのはなぜか。幼児期には，大人から言われて何かできることよりも，自分自身で「やってみたい」という気持ちをもつこと，そして自分自身で試行錯誤してみること，その結果充実感・達成感をもつことが大切だからである。知識や技能を身につけるというよりも，気持ち（心情・意欲・態度）を育てることが大切な時期なのである。生活や遊びのなかで，自分で身体を使って自分自身のこととして経験してみてこそ，気持ちは育っていくのではないだろうか。この時期の子どもは自分からまわりの世界，すなわち「環境」に興味をもち，その「環境」にはたらきかけ，「環境」から逆に刺激を受けながら試行錯誤するなかで，さまざまな経験をすることを通して，多くのことを学ぶ。子どもの発達という観点からみて，たいへん理にかなった考え方といえる。

3）「環境」を保育の方法として用いるということ

　前述の通り、「環境を通して行う保育」は、子どもにとって適切な環境を用意して、そこで子どもが自主的・主体的に活動する（遊ぶ）ことを期待し、その活動を通して子どもの成長を促すというものである。これは、小・中学校の教育の方法と多分にイメージが違うのではないだろうか。

　一般的に「教育」といった場合、教える側が何か教材を用意して、それを子どもに課していくというイメージがある。小・中学校での授業風景を思い浮かべてみるとよい。そこでは、教科書のように大人が用意した一定の内容を多くの子どもに興味をもたせながら一斉的に伝えていく。教師が直接的にかかわっていくところから教育が始まる。「教授－学習」という仕組みである。

　これに対して、「環境を通して行う保育」は、とりあえず大人の側は子どもにとってふさわしいと思われる「環境」を用意することから始まる。そして、その「環境」とどのようにかかわり、活動をいかに展開していくかは子どもにゆだねられる。子どもは適切な「環境」のなかで自ら学ぶのである。ここでの大人の役割は、主導者というよりは必要なときに助けてくれる援助者になる。保育の方法として「環境」を利用するのである。

　したがって、子どもがよりよく育つためには、子どもが自らかかわっていく対象となる「環境」がいかに適切なものかが、たいへん重要な意味をもつ。それでは、この「環境」をつくり出しているのは誰か。それは、園の経営者であり、園長であり、実際に保育にあたる保育者自身である。子どもにとって適切な「環境」をつくり出すことは、保育する側の根本的ないちばん大切な役割なのである。

　保育者は子どもの実態に合わせ、「よかれ」と思う環境を用意する。このことは、「環境」とは保育者の願いや思いを伝える手立てであると言い換えることもできるだろう。「環境」を通して、保育者は子どもにメッセージを間接的に伝えているのである。「環境」自体を保育に積極的に利用していくというのが保育の特色なのである。

　この点を「幼稚園教育要領」で確認してみると、次のようにある。

> 幼児の主体的な活動が確保されるよう幼児一人一人の行動の理解と予想に基づき、計画的に環境を構成しなければならない。この場合において、教師は、幼児と人やものとのかかわりが重要であることを踏まえ、物的・空間的環境を構成しなければならない。

　ここでは、「計画的に環境を構成」することの必要性が述べられている。保育者は意図をもって戦略的に計画的に環境を整えなければいけないのである。

　こうして考えてみると、「そこにあるもの」として、今まであたりまえのように思われた幼稚園・保育所という場自体が、なんらかの配慮のもとにつくられて

いるという見方が出てくるだろう。保育室内に遊具がいっさいなければ，そこでできることは限られてしまう。園庭がなければ，外で楽しむ活動は生まれないのである。「環境」あってこそなのである。

それでは，保育の方法として「環境」を利用するということは，どういうことなのであろうか。以下の節では，現在の幼稚園・保育所内の環境に目を向け，環境と子どもの姿の関係を考えてみよう。そのうえで，「環境」を保育者がどのように利用していくのか，その方法を考えたい。

02 園内環境のあり方

具体的に幼稚園・保育所*の環境をみていこう。園内環境について検討することは，「環境を通して行う保育」のいちばん大切な根幹の部分を考えることになる。ここでとくに強調したいのは，これから考えていく園内環境は，大人の側が明確に意図したものであっても，意図せず偶然そうなったものであっても，子どもにはどれも同じ重みをもった環境であるということである。子どもは大人が明確に意図したもののみにかかわっていくわけではない。もちろん，すべての環境を意識的に整えることは不可能に近い。しかし，何ら意図せずにできあがった環境も，子どもは受け入れていかねばならないのである。

まずは，保育者が環境に込めた意図・メッセージを読みとってみよう。それとともに，子どもが保育者側のメッセージをどのように読みとっているのか，どのように環境を使っていくのかも考えてみよう。

🔵CHECK（＊）
以下，意図的に保育にかかわるところに共通の問題なので，幼稚園・保育所を「園」と表記統一する。

1）園内環境とは〜物的環境と人的環境

園内環境というと何が思い浮かぶだろうか。まずは，園舎，園庭，固定遊具といった簡単には動かせないものがあげられるだろう。次に，保育室内の遊具，道具，家具，壁面に貼ってある絵，動物（便宜的にこちらに入れる），植物——。数え上げたらきりがない。これらは「物的環境」と呼ばれる。

もちろん，園内にある環境はこれだけではない。園内にいる人間も環境である。仲間（子ども）やクラス担任，さらには主任の保育者，園長，そして一見保育とは関係なさそうなバスの運転手さん，用務・事務の方……。これらの「人」も環境である。これらは「人的環境」と呼ばれる。

基本的には環境というと，この2つに大きく分けられるが，さらには，これらの"物"と"人"の要素が入り交じって，園全体が醸し出す雰囲気のようなものもあるだろう。

それでは，われわれが一般的にイメージする園内環境からどういう思いが読みとれるのか，順に検討してみよう。その際，とくに「環境を通して行う保育」の

なかで大切にされている遊びとの関係を中心的な視点としていきたい。

　ただし，それ以前に，その年齢の発達段階にふさわしい環境が用意される必要がある。子どもの自主的・主体的な生活のための安全性，快適性などの問題がクリアされていないと，遊び云々の話は始まらない。たとえば，机・椅子・トイレ・流し台など，これらはたいていの場合，子どものサイズに合わせてつくられている。子どもが日常的に使うものは，子どもが自分で使えるようにデザインされているはずである。子どもが自主的・主体的に生活していくために必要なことである。

　また，これらには，保育する側の特別な思いが込められているかもしれない。子ども用の便器をはじめてみると，その小ささにびっくりするが，トイレに扉をつける，つけない，洋式にする，和式にするといったことも，意図的な園内環境のあり方である。最近の家庭では洋式トイレが増えているため，和式トイレをいやがる子もいる。そう考えると洋式トイレの方が望ましいことになるだろうし，和式トイレの姿勢が股関節を柔らかくし，足腰を鍛えると考えれば，和式がよいことになる。考え方と環境のあり方はつながっているのである。

　ベランダの柵の高さや間隔も，安全から考えられているだろうし，段差を少なくするということも園内環境としての配慮となる。採光，通風，空調等も，子どもの生活にふさわしいように考慮することだろう。ここでも，つくり手の価値観，考え方が反映される。化学物質に過敏に反応する「シックスクール症候群」＊などの症状に対応するとともにエコロジーの観点から，壁や天井，机や椅子などに自然素材を用いるという考え方もあるだろう。最近は，夏場に冷房を使う園が増えているが，「冷房は，子どもの発達にとってよいのか？」「エコロジーの観点からは？」「もっとパッシブな昔からの生活の知恵を利用する方法（深いひさし，すだれ，打ち水，植栽，通風等）がよいのか？」といったことも園内環境を整えるうえで考える必要があるだろう。

2）物的環境を考える

　環境としての"人"を除くと，園内では，そのほとんどが物的環境ということになる。じつは，これらの"もの"のあり方は，保育の考え方・方法と深くつながっている。"もの"のあり方は，保育する側の考え方・思いの反映なのである。

　さて，園内の物的環境を考えると，大きく2つのタイプに分けることができる。1つは，一度物的環境として用意されると，変更が容易ではないタイプである。たとえば，建物，園庭，固定遊具，大木などである。これらは，長期間そのままであることが前提となる。これらは，園の創設者，経営者の考えが反映されるもので，一保育者として変更していくことは，残念ながら難しい。

　もう1つは，保育室や遊戯室内のもの，動かすことができるタイプのものである。こちらは，物的環境を保育の方法として利用するとき，現場の保育者が直接

● CHECK（＊）
近年，建築資材から放出される化学物質に過敏に反応し，吐き気・頭痛などの症状を起こす人が増えている。最初はシックハウス症候群として住宅の問題として取り上げられたが，学校建築においても問題となり，シックスクール症候群という独自の呼び名が用いられるようになってきている。

かかわって検討できる部分である。

（1）簡単に動かすことの難しい物的環境
①園　舎
　簡単に動かすことのできない物的環境といえば，その代表は園舎であろう。園舎が園内環境として用意されているというと，一瞬奇異な感じを受けるかもしれない。しかし，ここには，つくり手の考え方やその時代の"場"に対する意識が反映しているのである。そしてそのことは，保育，ひいては子どもの姿にも影響する。

　身近な例で，一般の住宅を考えてみよう。日本の古くからの民家のつくりは，ふすま1枚で区切られているのみで，部屋ははっきりと分けられていない。ところが，戦後，欧米から「プライバシー」という概念が入ってくると，はっきりと区切られた部屋が生まれてくる。現代の私たちにとって個人の部屋というのはあたりまえに捉えられる。家に対する意識，家族に対する考え方によって，部屋のつくりが変わり，そこに生きる人の暮らし方が変わってくるのである。

　このようなことは，園舎についてもいえる。そこでどういうことをするか，どのような場として考えるかによって，園舎のつくりは異なってくるのである。極端なことを言えば，園舎がない園というのも構想できなくはない。野外での生活・遊びに意味を見いだせば，建物をもたない集団保育の場もあり得るだろう*。しかし実際は，多くの園で園舎をもっている。法律上の問題もあるが，保育内容との関係で園舎に何らかの必要性を感じるから園舎があるのである。

●CHECK（＊）
ここでは触れないが，そういう実践について調べてみるのもおもしろいだろう。

　園舎はそこで，どんな保育をするのかということと関係がある。幼稚園・保育所の園舎の特徴はどういうところにあるのか。それは，小学校の校舎と比べてみるとわかりやすいだろう。

　小学校の校舎というと，どういうものをイメージするだろうか。南側に校庭があって，建物の南側に教室が一列に並んでおり，教室の北側には廊下がある。出入りする昇降口があり，そこには下駄箱がある。こんなイメージではないだろうか。小学校で中心的に行われることは「授業」である。決められた教育内容（より具体的にいえば教科書の内容）を教師が一斉に子どもに教授し，子どもはそれを学習するという方法である。それには，子どもがクラス単位で学べる教室が効率的である。むだのないように合理的に校舎をつくると，前述のようなイメージになるだろう。

　それでは，幼稚園・保育所の場合はどうだろうか。園は小学校とは異なり，「授業」を通して学ぶ場ではない。子どもが自ら環境にかかわって，生活し，遊ぶことを通して，さまざまなことを学んでいくという場である。そういう場として考えると，園には多様な空間が必要であり，自ずと小学校の建物とは違ってくるということがわかるだろう。

たとえば，テラスの存在である。園では南側の保育室の前にテラスがあることが多いのではないだろうか。そして，下駄箱もテラスにあって，保育室と外とが行き来しやすいようになっている。小学校は外に出られるようにはなっていても，テラスはないことが多い。小学校では教室から外へとテラスを通じて出入りするような必要性が高くないのである。いつでも自由に出入りできるようにするよりも，授業に集中できるような閉鎖的なつくりの方が都合がよいのかもしれない。

　それに対して，園では子どもは自由に遊ぶ。したがって，子どもの興味・関心に基づいて同じ時間にさまざまな場所で遊びが繰り広げられる。遊びが部屋からテラス・外へと広がっていくこともある。テラスという，"内"でも"外"でもない空間があることは，"内"と"外"のつながりをスムーズにする。ウッドデッキのような幅の広いゆとりのあるテラスがあれば，それ自体が遊びの場としてたいへん魅力的である。テラスを通じて部屋から外へと直接出入りできる構造は，開放的で，子どもの遊びに都合のよいつくりといえよう。

　ほかにも，保育室に屋根裏部屋のような場所やへこんだ空間をつくったり，園内のあちらこちらに一見むだにみえるようなスペースがあるのは，「子どもはそういう場所で好んで遊ぶ」という経験的な理解から生まれた，遊びを保障する工夫である。

　さらにいえば，園は，子どもが多くの他者と出会う最初の場であるため，子どもがなじみやすいように家庭的な雰囲気をもっていてほしい。床に絨毯(じゅうたん)が敷いてあったり，カーテンが家庭で使うようなデザインであったりということも考慮されなければならないだろう。園は，生活の場であり，遊びの場であるとすると，それにふさわしい建物のつくりになる必要があるということである。しかしながら，現実の園舎のなかには，小学校のつくりとほとんど変わらないようなものも少なくない。それは，その園舎を建てた時代の園に対する考え方・保育観を反映しているともいえよう。小学校と同じようなつくりの園舎を考えた人の頭のなかには，幼稚園・保育所という場で行われる保育が，小学校と同じようなやり方を幼児向けにしたものというイメージがあったか，建物と保育の考え方がまったく関係ないものだと捉えているかどちらかだろう。

②園庭・固定遊具

　園舎と同様のことが園庭についても考えられる。幼稚園・保育所では戸外の空間を，小学校のように「運動場」ではなく「園庭」「お庭」と呼ぶことが多い。それは，園の戸外空間がいわゆる「運動場」ではないからである。小学校の「運動場」，「グラウンド」とよばれる戸外空間は，基本的には体育の授業に使う場所だろう。皆で一斉に身体を動かしたり，走ったり，球技を行うためのスペースである。したがって，運動場は真ん中にトラックの線が引いてある広い空間で，周囲に鉄棒，うんていなどの体育教材があるというつくりが多いようである。それに対して，園庭は「遊びの場」ということになる。「遊びの場」であると考え

た場合，園庭には小学校の運動場のように，体育を行うほどの広い空間は必要ない。鬼ごっこや，縄跳びやだるまさんがころんだをやったりするには，それほど広いスペースはいらない。子どもが互いに確認しあえる適度な空間で十分なのである。地面が平らである必要もない。むしろ，木々がボツボツと生えていたり，裏山があったり，池があったり，高低差があるといった変化に富んだ空間の方が楽しいのではないだろうか。

　園庭に生えている木々も，四季折々で変化のあるものの方が楽しそうだ。たとえば，花が咲く，実がなる，紅葉する，葉が落ちる等である。木登りがしやすいような適度に刺激的な木もいいだろう。動植物とも豊かな自然，多様な変化に富んだ空間は，子どもの五感を刺激し，子どもにさまざまな気づきや遊びを喚起するのである。

　では，現実の多くの園の戸外空間はどうなっているだろうか？　残念ながら，すぐに思い浮かぶのは小学校の「運動場」のような配置の園庭なのではないだろうか。これは，おそらく「運動会」と関係があるだろう。遊び場として楽しい空間にしていくと，おそらく運動会の開けない園庭になるだろう。多くの園にとって，運動会は園をアピールする有力な機会でもある。もちろん，運動会は子どもにとっても楽しい行事であり，保護者にとっても子どもの晴れ舞台として期待も高いだろう。しかし，年に1回の行事が優先されて，ふだんの遊び場としての魅力が弱まってしまうことについては，再考の余地があるだろう。

　次に，園庭にある固定遊具を考えてみよう。固定遊具もまた，一度つくられると簡単に変えることは難しい。10年程度の期間は変わらない可能性が高い。したがって，どのような固定遊具があったらいいか，それはどこにどのように設置されたら子どもにとって魅力的かという点から十分に検討する必要がある。

　多くの園（とくに幼稚園）に必ずある固定遊具として，すべり台，ブランコ，砂場があげられる。これらの遊具は，「幼稚園設置基準」*にかつて（1995〈平成7〉年以前）載っていたからである。法律にあったという理由だけで，すべり台，ブランコ，砂場を用意したのだとしたら，考え直さなければならない。これらの遊具がどういう遊びのできる遊具なのか，そこでの遊びの楽しさはどこにあるのかといったことについて分析されたうえで，園内環境としてあってほしいのである。現在，これらが，子どもにとってどういう遊具になっているかを検討することが必要だろう。

　たとえば，すべり台の楽しさはどこにあるのだろうか。1つは純粋に高いところに上って，そこからすべり降りるという快感，楽しさがあるだろう。すべり台にはじめてかかわっていく子どもは，このような純粋に「滑りたい」という気持ちが強い。しかし，すべり台をすべり降りることを十分楽しめる子どもにとっては，遊びのなかですべり台をすべり降りることは違う意味をもつかもしれない。遊びの目当てがみつからず，とりあえず気持ちいいからすべるのかもしれないし，

● CHECK （*）
幼稚園を設置するうえでの施設・設備・人員などについての最低限の基準を示した法律。現在，園具・教具については，具体的な記述はなく，おおまかなくくりとなり，各園の工夫に任されている（大綱化）。

それまでやっていた遊びがひと区切りついたので，気分転換ですべるのかもしれない。もめごとがあって，すべり台へ行って気持ちを落ち着けようとしているのかもしれない。同じすべり台をすべるといっても，いろいろな使われ方が想像できるのではないか。また，年齢の高い子どもは，すべり台がおうちになったり，基地になったりといったように，"すべる機能"を楽しむのではなく，"見立て"として楽しむ，ということもあるだろう。

　このようなその遊び場の魅力をイメージできると，子どもがその場にかかわっていくときの遊びを捉える視点が生まれてくる。ブランコ・砂場についても同様に考えてみてほしい。現実の子どもの姿をみていてると気がつくことがいろいろとあると思う。

　これらの固定遊具を園庭のどの場所に設置するかということも，重要な課題である。保育者は「固定遊具の設置場所よって，遊びの種類や遊び方が変わってくる」ということも理解しておかなければならない。

　たとえば，ブランコが園舎から遠くに設置されているケースと，近くに設置されているケースでは，状況が大きく異なってくる。何台設置されているかということも考慮されるべきことだろう。たとえば，ブランコは台数が限られているため，取り合いになることが多いが，数を増やせばいいかというと，そうではない。逆にブランコは葛藤が起きる場所と捉えて，譲り合う，順番に使うということを考える機会として利用することもできるのである。

　また砂場は，子どもがたいへん好む遊び場であるが，この砂場の位置はどこがふさわしいのだろうか。園舎から遠く離れた場所がいいのだろうか，それとも園舎に近い方がよいのだろうか？　園よっては，他のクラスとは別に，年少児用の砂場を保育室のすぐ前に設けている園もある。これは，年上の子どもに遠慮することなく，じゃまされることなく砂場を楽しんでもらいたいという配慮であろう。しかし，このような配慮は，年少の子どもが年長の子どもから刺激を受けて遊びを発展させていくという機会（みて，まねる機会）を奪う可能性もある。

　砂遊びの可能性を広げるという意味で，「水を使うことを許可するかしないか？」といったことも，考慮の余地があるだろう。「もし水場をつくるとしたら砂場の近くがいいのか，多少離れた場所がいいのか？」「蛇口の数は？」1つひとつは小さなことかもしれないが，それぞれが子どもの遊びに影響してくる。かりに砂場と離れた場所に水場を設置したら，水を運んでくる間に，他の遊びをしている子どもと交わる機会も生まれるだろう。しかし，これは「遊びを広げる」「興味を拡散させてしまう」という相反する可能性を孕んでいるのである。そういった意味において，子どもの姿から，砂場の位置と水場の位置関係がどのような影響を与えているか知ることも必要だろう。

　以上，固定遊具の例として，すべり台，ブランコ，砂場をみてきたが，そのほかにも，園庭にどのような固定遊具があったら子どもの遊び場として魅力的か考

えてみてほしい。

　最後に，園庭・固定遊具等での遊びと安全性との関係について簡単に触れておきたい。安全性を十分考慮することは大切で必要なことであるが，まったくリスクのないものというのは，「子どもが挑戦したくなる」園内環境とならないのではないだろうか。このところ，従来使われていた遊具が危険だという理由で，公園などから撤去されることが増えている。たしかに安全性は大切だ。しかし，それにとらわれすぎて，子どもから「ちょっとハードルが高そうだがやってみよう」「できそうだ」「やってみたい！」というチャレンジする気持ちを奪ってしまったら意味がない。保育者は危険にいつでも対応できるような態勢をとっておく必要があるが，挑戦できる要素はどこかに残したいものである。

　以上，ここで取り上げたような物的環境は，保育者が直接変更することが難しいものである。しかし，子どもからみると等しく園内環境としてかかわっていく対象である。動かすことが難しいからといって，保育者が考慮の外においてしまってよいかというと，そうではない。それらを利用して保育を実際に行うのは1人ひとりの保育者なのである。これらの環境がどういう意図をもってできているのか，子どものどういう使い方を想定して，どういう保育をイメージしてできているのかを知る必要がある。そして，実際に子どもがかかわっていくときに起きるであろう問題を予測し，理解しておく必要がある。

（2）動かすことのできる物的環境

　動かすことのできる物的環境をどのように用意するかは，「環境」を利用して保育を進めていく際，いちばん重要な課題となる。これは，一般に「環境構成」，「環境設定」と呼ばれる。ここで，考える視点となるのは，1つは「何を用意するか」という"もの"の問題，もう1つは「どこに用意するか」という置き方と空間の問題である。

　ところで，前の項目でみたように，園舎が遊びを大切にするような保育を想定してつくられていないとしたら，そういう保育は不可能なのかというと，それほど単純ではない。園舎を簡単に建て直すことはできないが，その建物の背景にある考え方を知ったうえで，その問題点を改善していくような使い方ができれば，遊びにふさわしい園内環境をつくっていくことが可能なのではないだろうか。逆に遊びを大切にする思想のもとに建てられた園舎であっても，保育者がその建物の意味を知らずに使えば，宝の持ち腐れになる可能性ももっているのである。そういう点からも，保育者が園内の変更可能な物的環境について意識的になることはきわめて大切なことといえるだろう。

①"もの（遊具・教材・道具等）"の問題〜何を用意するか

　どのような"もの"を園に用意するのか。これは物的環境を保育者が考えると

きに重要な課題である。極端にいえば，園内に知育玩具と問題集しかなければ，子どもはそれを使って何かすることしかできない。つくるための材料や道具がなければ，"何か"をつくることはできない。保育者は，「何を用意し，何を用意しないか」を自分の判断のもとに行っている。園内でどのような遊びをしてほしいのかということと，何を用意するのかということは大きな関係がある。ない"もの"では遊べないのだ。

　保育者は，子どもの興味・関心をさぐり，ふさわしいと考える"もの"を用意する必要がある。そして，用意された"もの"には，保育者の思い・意図が隠れているのである。たとえば，保育室に遊具がいっさいなく，机と椅子が小学校のように前向きに並んでいたとすると，そこには，「保育室でやることは小学校と同じような授業をすることだ」という隠れたメッセージがあるだろう。保育室に何があるかをみれば，そこでどんなことをしてほしいと考えているかが，みえてくるだろう。

　「何を用意したらよいか」については，多くの園で独自の伝統をもっており，比較的意識的に検討されてきた。同じ園でも，クラスによって部屋にあるものは異なるだろうし，当然，園によっても異なるだろう。幼稚園関係では，1996（平成8）年に『幼稚園における園具・教具の整備の在り方について』という報告が出され，遊具の具体例が多く紹介されている。ただし，この報告の通りに用意すればよいということではなく，地域・園や子どもの実情に合わせて柔軟に各園で考えていくことが強調されていることをとくに付記しておきたい。

② "もの"の置き方と空間の問題～どこに，どのように用意するか

　同じ"もの"を用意するとしても，その「置き方」ひとつで，子どものかかわる姿は変わってくる。

　具体的な例で考えてみよう。保育室に製作用具と材料を用意することにする。まず，どのような用具・材料を用意するか検討する。かりに，何色かのペンと何種類かの紙に決まったとしよう。では，それらをどう「置く」のだろうか。まずは，単純なケースをあげてみよう。

A．保育室のピアノの上のペン立てにペンを置く。紙は引き出しの中に置く。
B．子どもそれぞれの「お道具箱」の中にペンを入れておく。紙は棚に置く。
C．ペンをワゴン等に入れ，子どもの目につく場所に置く。紙は引き出しの中に置く。

　さて，この3つの置き方で，どれが子どもが自ら環境にかかわって活動を展開しやすいだろうか？　A，B，Cはペンと紙が保育室にあるということでは，変わらない。しかし，子どもからみると同じ意味をもたないだろう。それぞれの置き方は，どのようなメッセージを発しているだろうか。

Aの場合は，ピアノの上にペンがある。通常，ピアノの上は，子どもにとって手の届かない場所である。子どもの目に入ったとしても，ペンを使うには保育者に頼んでとってもらうしかない。環境が伝えるメッセージは「ピアノの上にあるモノは子どもに届かないものであるので，使ってはいけない」，または，「使うときは保育者に声をかけてね」ということになるのではないだろうか。引き出しの中に入っている紙についても同様である。保育者に頼んで出してもらうということになる。これは，環境としては，保育室にあっても子どもにはないのと同じである。

　つづいて，Bの場合はどうだろう。子どもが何かを描こうと思ったときには，自分のロッカーから道具箱を持ってきて，保育者に棚から紙を出してもらい，描く場所を決めることになる。「○○をしたい」と思ってから実際に行うまで，ずいぶん時間がかかる。保育者がいなければ，探して呼んでこなければならない。保育者がみつからなかったり，すぐに手を離せない状況だったりすれば，やりたいと思っても実現しない。保育者を探しているうちに違うことに興味が向いてしまうかもしれない。これでは，「やってみたい」という思いが中途半端になり，それが繰り返されるうちに，描くこと自体に興味をもてなくなる可能性も出てくる。その意味において，Bは子どもの自主的・主体的行動の妨げになる環境の用意の仕方であるということもできる。

　最後にCはどうだろうか。ペンと紙が同じ場所で，子どもの手の届くところに提示されていると，いつでも使いたいときに使用することができる。いちいち保育者に出してもらうという手間がかからない。子どもが自分のやりたいことを実現しようと思ったときにすぐにとりかかれることは重要なことである。そして，ペンと紙が同時に提示されて，いつも子どもの目に触れるところに用意されているということは，やってみたいという気持ちを引き起こすことにもなる。ペンと紙がバラバラの場所にあるよりも，同じ場所に用意されている方が，それらを使ってできることをより強く示すことになる。保育者の伝えるメッセージは，「ここにあるペンと紙を使って何かできるよ」「自由に使っていいよ」ということになるだろう。子どもの自主性・主体性を大切にしようとする，よりふさわしい環境のあり方といえる。

　このように，3つの用意の仕方を比べてみると，どれも保育室にペンと紙があるということでは同じなのに，子どものかかわる姿に違いが出てくることが想像できる。いちいち保育者に頼んで何か準備してもらうのと，自分で行動を起こせるようになっているのでは，その後の自主的・主体的な態度の形成に大きな影響が出てくるのではないか。保育者は"もの"の置き方を通じて，無言のメッセージを伝えていくことができるのである。

　図3-1をみてみよう。「低めの棚」にペンと紙が置いてあるとして，（イ）（ロ）（ハ）では何が違うのだろうか？

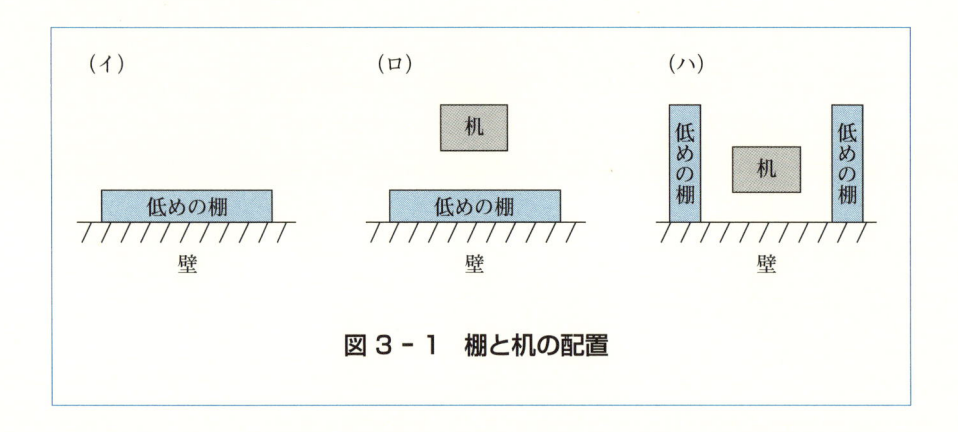

```
（イ）            （ロ）              （ハ）
                          ┌──┐        ┌─┐      ┌─┐
                          │机│        │低│┌──┐│低│
                          └──┘        │め│││め│
┌─────┐    ┌─────┐    │の│機│の│
│低めの棚 │    │低めの棚 │    │棚│└──┘│棚│
└─────┘    └─────┘    └─┘      └─┘
////////////    ////////////    ////////////
     壁              壁              壁
```

図 3-1　棚と机の配置

　（イ）では，壁に寄せた低めの棚にペンと紙がある。子どもに提示されているのはペンと紙のみで，どこで遊ぶかについては特別に配慮されていない。環境が伝えるメッセージは，「ここにペンと紙があるから，自由に使っていいよ」「どこでやるかは自分で考えて」である。

　（ロ）では，棚の前に机，つまり活動の場が用意されている。メッセージは，「ここにペンと紙があるから，自由に使っていいよ」「机も出しておいたから，ここで描いたら？」となる。

　では，（ハ）は（ロ）と何が違うのだろうか。棚があって，机が用意してあるという点では同じであるが，机の置き方が異なっている。環境が伝えてくるメッセージは2つとも変わらないと考えられるが，それでは一体何が違うのだろうか。じつは，提示した場の空間が違うのだ。

　再度，空間に焦点を当てて，（イ）（ロ）（ハ）を順に比べていこう。（イ）ではペンと紙という"もの"だけが用意されていて，「どこでなら描きやすいか」「落ち着いて活動に取り組めるか」という視点がない。単に「"もの"だけ用意すれば，あとは子どもがなんとかする」という考え方だ。しかし，子どもが落ち着いて活動に取り組める場所をうまくみつけられるとは限らない。人の通り道だったり，気が散りやすい場所だったりということがあるだろう。「必要になったら，机を出せばいい」と考えるのでは，いちいち保育者が目配りしていなくてはならず，先ほどの引き出しにしまってある紙と同じことになってしまう。活動の場についても配慮することは，物的環境を用意するときに大切な要素になる。

　次に（ロ）と（ハ）だが，机と棚の置き方の違いによって，空間が異なってくるということに注目したい。（ロ）の机の置き方は，部屋の中心に向かって場が直にさらされている。他の子どもがまわりを通るだろうし，場としての安定感に欠けるのではないだろうか。それに対して（ハ）は，2つの棚に挟まれた空間に机があり，より安定した，落ち着ける環境をつくり出していることがわかる。経験的にいって，人は壁を背にしたり，隅っこにいる方が落ち着くようだ。子どもの場合も，狭くて暗い場所にわざわざ入る姿がよく見受けられる。場（空間）を

提示するにしても，より落ち着きやすい，安定したものが望まれる。直接保育者の言葉で「このあたりでやったら？」と言うのではなく，環境に「ここは居心地がよく，落ち着いて取り組めるよ」と言わせる方が有効だと考えられる。落ち着いて遊びに取り組めば，遊びも持続しやすい。遊びの展開は，遊びが持続することから生まれてくるのである。

　ここでは，ペンと紙を例にあげ，単純化して考えてみた。ままごと遊びの用具をどう用意するかというのも，同じように検討することができると思う。単に何を用意するかということだけでなく，その置き方を考慮するという視点をぜひもってほしい。"もの"の用意の仕方，用意した"もの"を使う場とその空間のあり方も視野に入れて「環境構成」を考えることは，子どもの自主的・主体的な活動を生み出していく際に大切なこととなる。既存の物的環境のあり方を読み解いていくときにも役に立つだろう。

3）人的環境を考える

　人的環境も，「環境を通して行う保育」を考える場合，大切な要素となる。園内には多くの人がいる。園長先生，副園長，主任の保育者，担任の保育者，他のクラスの保育者，事務・用務の方，そして，自分のクラスの仲間，他のクラスの子ども等々である。これらの人的環境が子どもに与える影響は非常に大きい。人は，話しかけることなどによって，直接的なかかわりをもつことのできる存在であるが，幼児の方から働きかけてかかわっていく「環境」として考えた場合，間接的な刺激としての役割を考えなくてはいけない。人的環境すなわち，人の間接的な刺激としての役割とは，どういうことなのだろうか。

　たとえば，園内で何をして遊べばいいかわからない子ども（環境とどうかかわればよいかわからない子ども）がいたとする。一方，まわりの子どもたちは，一緒に楽しそうに遊んでいる。すると，何をしたらいいかわからない子は，目の前で繰り広げられている遊びを「おもしろそうだ」と感じたら，それを自分でやり始めることだろう。これは，他の子どもたちの遊びが，何をしたらいいかわからない子に伝わったということである。

　人的環境の働きというのは，モデルになるということである。子どもは「みて，まねる」（観察学習）ということを通して，さまざまなことを学んでいく。遊びも「みて，まねる」のである。まわりの人が何かを行う姿は，行動のモデルとなる。つまりすべてが「みて，まねる」対象となる。みたもののなかからおもしろいと感じたものを取り入れ，自分でやってみる。たとえば，用務の方が園内で熊手を使って落ち葉を集めている姿も，子どもには「みて，まねる」対象となる。熊手を使って落ち葉を集め，地面に何本もの筋をつけていくことは，その子どもにとって，かっこよくておもしろそうなことなのである。園長先生が釘を金槌で打って修理をしている姿も，おもしろそうな「みて，まねる」対象となる。そし

て，自分の遊びとしてやってみるという行動が生まれる。

　園内の友だちや保育者，職員はもちろん，園外でみかけたおもしろい人の姿やテレビの出演者もモデルとなるだろう。人が何かを行う姿は，さまざまな遊びの出どころとなる。とくに，子どもの大好きな保育者（とくに担任）は格好の「みて，まねる」対象である。一挙一動が子どもからの注目の的となる。人的環境としての保育者の存在感は非常に大きいのである。とすれば，保育者の日常の暮らし方，おおげさにいえば生き方も保育に反映されてしまうということになる。これは少々恐ろしいことではないだろうか。ふだんから外で身体を動かすことが好きな保育者なら，子どもも外でのダイナミックな遊びが好きになりやすいだろうし，ままごとが苦手な保育者なら子どももままごとへの興味が弱くなるだろう。

　これらのことは，裏返せば，保育者が意識的に楽しそうな姿を表現すれば，それを子どもに伝えていけるということである。保育者は自分自身の動きに思いを込めることができるのである。ともすると，保育者は子どもに"言葉"でかかわりがちである。「○○しない？」「○○はどう？」と言葉で伝えてしまうのは簡単である。しかし，子どもが自分で気がついて取り組んでいくことを大切にしようと考えたときは，簡単に言葉を使ってしまうのではなく，環境＝「動き」「姿」として子どもに思いを伝えていくことを考えてみてもよいのではないだろうか。それが，保育の方法として人的環境を使うということになる。

　最後に，保育者の人的環境の役割としてもうひとつ指摘しておきたい。それは，子どもの情緒的な安定の"よりどころ"となることである。「○○先生がいつも私たちを見守ってくれているのだ」という信頼関係を子どもとの間に築きあげないと，子どもは園という環境で自ら自由に振る舞うことができない。何よりも前にある大前提である。

4）園が醸し出す雰囲気を考える

　さまざまな園へ出かけると，それぞれに違う雰囲気を感じることができる。みなさんが実習生として，また就職の対象として園を見学に行っても，それは感じることができるだろう。「ほわーんとした感じ」「あたたかい感じ」「凛とした感じ」「ピリピリとした感じ」……。「うちはのびのびとさせています」という保育者の言葉とは裏腹に，子どもたちがのびのびしていない雰囲気の園もある。園舎のつくりや保育のスタイル，教職員の雰囲気，その地域の子どもの雰囲気などが合わさり醸し出すものなのだろうか。

　雰囲気とは，園の中だけで生活していると気づきにくい，中にいる者にとってはあたりまえのものである。意識的に変えることは難しいが，いわゆる雰囲気という環境のなかで子どもが生活するということを考えると，「いい雰囲気」の園であることにこしたことはない。園内環境の問題としてはつかみどころがなく，明確に指摘できるものでもないが，園には，"雰囲気"というものがあるという

ことを覚えておいてもらいたい。

03 保育者による環境構成法

　本節では，これまでの検討をもとに，保育者が子どもの主体的な活動（遊び）を保障できるような環境をいかに構成していくか，その方法の視点を考えていきたい。

1）物的環境をいかに構成するか
　子どもの主体的活動（遊び）を保障できるような環境を構成していくにはどうするか。まず，その前提として，子どもが情緒的に安定し，園で安心して生活できるという状況が必要である。この前提がなければ，どれほどよい環境を用意しても，子どもの自主的・主体的な姿は生まれてこない。
　そのうえで，遊びを保障するためには，「みて，まねる」機会が必要となる。子どもの遊びは，前述の通り「みて，まねる」という行為を通じて行われる。遊びを自分でうまくイメージできない子にとっては，まわりの子どもたちが楽しそうに遊びを展開している姿＝「みて，まねる」対象があることが大切なのである。なお，「みて，まねる」対象となる遊びは，子どもにとって身近な場所である保育室で展開されていることが多い。一定の場所で繰り返されるものであれば，まねしやすい。「あそこにいけば，あんなものがあって，あんな遊びができるんだ」というイメージをもて，遊びを知りやすくなるだろう。小川はこのような場をさして「遊びの拠点」と呼んだ*。「みて，まねる」子どもにとっては，保育室の何カ所かに「遊びの拠点」があるとよいだろう。逆にいうと，子ども間の「みて，まねる」を保障するためには，「遊びの拠点」を生み出すことが必要だということになる。

●CHECK（*）
小川博久『保育実践に学ぶ』
建帛社，p.223，1988

　では，どのようにすれば「遊びの拠点」を生み出すことができるだろうか。それには，先ほどの「環境構成」を考えたときの手法を利用するとよいのではないだろうか。つまり，
　①"もの"は，それを使った遊びが起こるであろう場所に用意する。
　②その場所は，そこで起こるであろう遊びの質（静的・動的）にふさわしい空間として用意する。
ことが求められる。なお，「遊びの質にふさわしい空間」とは，以下の点が求められる。
　①以前，遊びの行われた場所を念頭に，再び遊びが展開される場となるように設定する。
　②心理的に安定する場所を考える。

・静的な遊び（製作・ままごと等）については，部屋のすみ・3方を囲われた空間，壁際等を利用する。
・動的な遊び（大型積み木等）については，オープンスペースを利用する。
③部屋の出入口や流し台などを行き来する動線と，遊びの空間が接触しないようにする。
④1つの遊びの場が，他の遊びの場と孤立しないように，相互に相手の遊びを見合えるように設定する。
⑤設定する遊具などは種類別に分け，どこに何があるかわかりやすいように提示する。
⑥"もの"の位置を変えない。

このような考え方に基づいて，保育室の環境を構成すると，おそらく，保育室の中心がオープンスペースとなり，壁を背にして，「遊びの拠点」になりそうな空間を複数用意するかたちになるだろう（図3-2）。

なお，その際に必ず考えてほしいのは，"製作活動"ができる場である。製作の場はすべての遊びに使われるパブリックな空間である。目当てのみつからない子どもにとっては「あそこに行けば何かできる」という場であり，明確な見立てをもった子どもにとっても，その見立てを固定化するための"もの"をつくる場である。いろいろな子どもが集まってくる出会いの場にもなるのである。

これらの空間は，保育者が用意したものであっても，子どもが遊び場として使い込むことによって，子どもにとっての真の「遊びの拠点」となっていくと考えられる。

「遊びの拠点」をつくり出すメリットは，遊びのノウハウを知らない子どもにとって意味があるだけではない。遊びを展開している子どもにとっても，自分たちの遊びをよりはっきりとイメージできるようになるため，遊びが持続しやすくなるのである。また，「遊びの拠点」があることによって，遊びの群れが生じ，保育者にとっても子どもを理解・援助しやすくなるというメリットが生まれてくる。

ただ，このような環境構成をいつまでも続ける必要があるかというと，必ずしもそうとはいえない。子どもは，"もの"の使い方や人とのかかわり方を，実際に"もの"や人とかかわっていくなかで学んでいる。同じように，場所の使い方・空間の使い方も学んでいる。年齢の低いクラスのときからこのような拠点で遊びを展開してきていれば，自分たちで「遊びの拠点」をつくり出す力もついてくる。その際には，"もの"だけを用意しても大丈夫である。

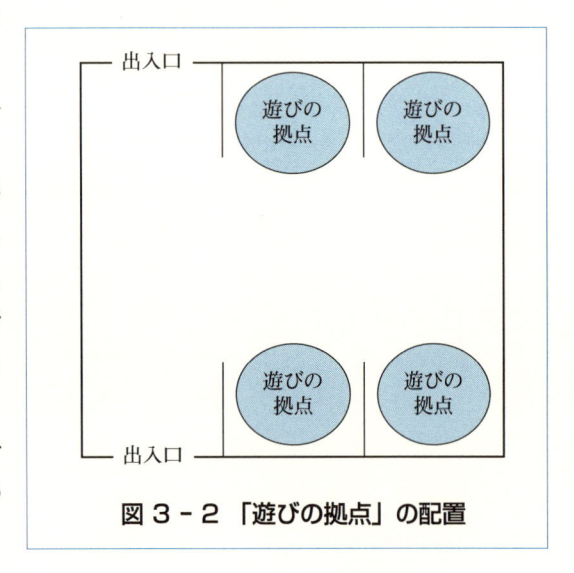

図3-2 「遊びの拠点」の配置

2）人的環境としてどう振る舞うか

　前述のように環境構成をし，そのまま放っておけば，子どもが主体的に環境にかかわり「遊びの拠点」が生まれるかというと，そうとも限らない。保育者によって「この場は○○をやる場所なのだ」という意識を子どもにもたせてやることも必要である。ただし，それは言葉で「あそこで遊んだら？」と誘いかけることではない。人的環境として，意識的に動くのである。保育者が，その場所でそこにある"もの"を使って楽しく遊んでいる姿をみせるのである。単に"もの"があるだけではなく，それを使って遊ぶ姿があってこそ，生きた環境となり，子どもの興味が引き起こされる可能性が高くなる。保育者は自分の動きを意識的に保育の方法として利用することを考えるべきである。

　これは，園内のさまざまな環境に対して，子どもに興味をもってほしいと考えたとき有効な方法となるだろう。子どもに，植物に興味をもってもらいたかったら？　動物に興味をもってもらいたかったら？　人的環境として働きかける方法を考えてみてほしい。

　「環境を通して行う保育」を実現するためには，「環境がどのようであるか」ということは大きな課題である。保育者が子どもに遊び方を教え，やらせていけばよいのであれば話はシンプルになるが，「環境を通して」遊びを育てていこうとすると，それは間接的な働きかけとなり，複雑な要素がたくさん入ってくる。何もかも「環境を通して」コントロールすることはできないが，「環境」のあり方に意味を見いだし，少しでも意識的に「環境」を保育の方法として，使いこなせるようにしていきたい。

【演習問題】
①実習等で行った幼稚園・保育所の園庭・園舎を平面図として描き，その特色を考えてみよう。さらに，子どもがどこでどういった遊びを展開しているかを書きこみ，園内環境と遊びの関係を考察しよう。
②実習等でかかわったクラスの保育室内の環境構成と，子どもの遊びの姿の関係を分析してみよう。
③実習園の保育室を例として，子どもの遊びが展開しやすい環境構成を自分なりに考えてみよう。
④「年長の子どもにコマまわしの楽しさを伝えて行きたい」と考えたときどうしたらいいだろうか。「環境」をうまく利用する方法を考えてみよう。

【引用・参考文献】

・小川博久『保育援助論』生活ジャーナル　2000
・小川博久『保育実践に学ぶ』建帛社　1988
・原口純子『保育環境論』フレーベル館　1998
・小川博久『施設環境　保育学大事典1』第一法規　1982
・森上史朗『これからの保育環境づくり』世界文化社　1998
・文部省『幼稚園教育要領』1998
・厚生省『保育所保育指針』1999
・文部科学省『幼稚園における園具・教具の整備の在り方について』1996
・文部科学省『幼稚園施設設備指針』2003

column 保育方法の最前線「シュタイナー教育」

　シュタイナー教育とは，オーストリア生まれのルドルフ・シュタイナー（Rudolf Steiner；1861～1925）が創始した教育です。哲学研究に関心をもっていたシュタイナーは，感覚的・物質的なものを超えた超感覚的，霊的な世界を人間および宇宙の根源と捉え，それを認識することを課題とした人智学を打ち立てました。この哲学をもとにした教育を進めようと，1919年，12年制の自由ヴァルドルフ学校を創立。これがシュタイナー学校の始まりとなりました。その後，シュタイナー学校，あるいはシュタイナー幼稚園は世界中に広がり，わが国でも創設されています。

ルドルフ・シュタイナー

　シュタイナー教育では，0～7歳までは感覚がめざましく発揮する時期，また身体の模倣活動によって学びがなされる時期と捉えられ，直接的な働きかけよりも，周りの大人が模範となり，子どもの学びをより豊かにすることが重視されています。そのため，シュタイナー学校の先生には，道徳的な思いをしっかりもち，かつ実行できることが求められます。同時に，この時期に国語や算数などの教科学習を先取りするような教育，あるいは子どもの自由を奪う保育者の強制は避けることが求められます。

　また，1つの教科だけを集中的に行うエポック授業とともに，シュタイナー教育特有の科目であるオイリュトミーも重視されます。オイリュトミーとは，芸術的な舞踏芸術とも呼べるもので，子どもが体を使って立ったり，座ったり，歩いたり，手を伸ばしたりします。また，音を身体全体で表現したりもします。こうした活動を通して，子どもが体の動きや意味を学んでいくと捉えられているのです。

【参考文献】
・R. シュタイナー（坂野雄二・落合幸子訳）『教育術』みすず書房，1986
・子安美知子『ミュンヘンの小学生―娘が学んだシュタイナー学校』中公新著，1975

CHAPTER 4
遊びの援助・指導

幼児期の生活は遊びを中心として展開されていきます。
遊びの意義や魅力，保育者のかかわり方について理解していきましょう。

01 遊びの保育的意義

1）遊びの意義とは何か？

　幼稚園や保育所における子どもの遊びについて，その意義を考えるにあたり，まずは遊びそのものがどのような意義をもつのかを考えてみたい。オランダの文化史家であるホイジンガ（Johan Huizinga；1872〜1945）は，その著書『ホモ・ルーデンス』において，遊びの概念について論究した。そのなかで，ホイジンガは，遊びの意義について，次のように述べている。
　「遊戯というものは，何かイメージを心のなかで操ることから始まる。つまり，現実を，いきいきと活動している生の各種の形式に置き換え，その置換作用に一種現実の形象化を行い，そこに現実のイメージを生み出すということが，遊戯の基礎になっている。このことがわかれば，われわれはまず何としても，それらイメージ，心象というもの，そしてその形象化するという行為（想像力）そのものの価値と意義を理解しようとするであろう。遊戯そのもののなかで，それらイメージが活動している働き方を観察し，またそれと同時に，遊戯を生活のなかの文化因子として把握しようとするであろう」*
　ホイジンガがいう遊びとは，まずは心のなかでイメージをめぐらすことであり，さらにこのかたちにあらわれていないイメージを，なんらかのかたちで表することなのである。つまり，人それぞれが固有にもつイメージの世界を形象化していく行為に，遊びの意義を見いだしているのである。では，人それぞれがイメージし，さらにそのイメージを形象化するための前提となるものは何か。ホイジンガの遊びの定義から考えてみたい。ホイジンガは，遊びを次のように定義している。
　「遊戯とはあるはっきり定められた時間，空間の範囲内で行われる自発的な行為，もしくは活動である。それは自発的に受け入れた規則に従っている。その規則は一度受け入れられた以上は絶対的拘束力をもっている。遊戯の目的は行為そのもののなかにある。それは，緊張と歓びの感情を伴い，またこれは〈日常生活〉とは〈別のものだ〉という意識に裏づけられている」**
　この遊びとは「自発的な行為，もしくは活動である」という定義と，先に述べたイメージの形象化は密接に関連している。なぜならば，人それぞれが固有にもつイメージ，そしてそれを具現化した行為は，他者から強いられてすることが難

● CHECK（*）
J. ホイジンガ，高橋英夫訳『ホモ・ルーデンス 人類文化と遊戯』中央公論社，p.17，1971を参照。

● CHECK（**）
J. ホイジンガ，高橋英夫訳『ホモ・ルーデンス 人類文化と遊戯』中央公論社，p.58，1971を参照。

しいからである。たとえば，ごっこ遊びにおける子どものイメージとそれを具現化する過程が，このことを物語っている。なぜなら，ごっこ遊びにおいて，子どもがあらわす言葉や身体の動きは，自らが心のなかで描いたイメージによって発せられたものなのである。そのイメージは，他者によって操作することは，極めて困難なのである。

　よって，遊びとは，自分の意志でやろうとする思いから起こる行為であり，その行為自体が目的となるのである。だからこそ，遊びの意義でもあるイメージの形象化へと結びつくのである。

　昨今，子どもの発達において，遊びが重要な役割を果たしているとの意味から，この捉え方自体は間違いではないが，文字遊び，数字遊び，運動遊びなど，単に，「〇〇遊び」と称し，その活動を大人が教えるというケースがしばしばみられる。さらに，このような活動も，遊びとしての意義を成していると誤解される場合もある。もちろん，このような「〇〇遊び」と称した活動も，それぞれの活動としての意義はあるかもしれない。しかし，大人によって教えられ行う活動であるならば，これは自発性を基盤とした活動ではなく，本来の遊びがもつ意味とは明らかに違ったものになってくるのである。

2）子どもの遊びの特徴とその意義

　では遊びとは，さらに，どのように特徴づけることができるのであろうか。小川博久は遊びについて，「遊びの自発性」「遊びの自己完結性」「遊びの自己報酬性」「遊びの自己活動性（自主性）」，この4点から，その性質を特徴づけている*。

　その第1にあげる「遊びの自発性」とは，遊びは，子どもが自分自身で選び，取り組む活動であるということである。子どもが身のまわりの環境に自ら働きかけることによって生まれる。つまり，遊びは与えられた活動ではないのである。

　第2の「遊びの自己完結性」については，遊びは，子ども自身が他の目的のためにやる活動ではなく，遊ぶこと自体が活動の目的であるということである。子どもは，遊びそのものを自分がやりたいからやるのである。

　第3にあげている「遊びの自己報酬性」については，遊びの活動自体が，結果的に楽しいとか喜びという感情に結びつくということである。子どもが，太鼓橋を渡る場面や木登りをしている場面において，その途中では，緊張し，怖いという感情を抱くことになるが，最終的にはそれは楽しい経験となることが多い。よって，楽しくなるまでのプロセスを含み込んだものが遊びなのである。

　第4の「遊びの自己活動性（自主性）」については，子どもにとって，遊びは，自らが進んで行動を起こし参加することで，その活動を楽しむことができるということを示している。

　小川は，このように4つの性質から，遊びを特徴づけているが，ただし子ども期の遊びを捉える場合，そのうえで次のことを考慮すべきであると指摘する。

● CHECK（*）
小川博久『21世紀の保育原理』同文書院，p.53，2005を参照。

「具体的な子どもの遊びでは，上のような特色が活動のなかにはっきりとかたちをみせることはないという点である。いいかえれば，上に述べた特色を目安にして，子どもの具体的行動から，これは遊びでこれは遊びではないといった判断はできにくいということである」*

幼児期の遊びのなかには，具体的な行動にあらわれていなくとも，内面的には先にあげた遊びの性質を含んでいる場合がある。たとえば，子どもが近くで行われている他の子どもの遊びに参加せず，じっとその様子をみている場面がよく観察される。じっと他の子どもの遊びをみている子どもは，その遊びに興味を抱き，自分もやってみたいと心のなかで思いをめぐらしているのである。つまり，ある場面では具体的な行動にあらわれなくとも，その内面において，この子どもの自発性が発揮されていることになる。よって，子どもの遊びを捉える場合，遊びとして具体的な行動が行われているか，いないかの読み取りだけではなく，その内面性も十分に考慮することが必要となってくる。

● CHECK（*）
小川博久『21世紀の保育原理』同文書院，p.53, 2005を参照

3）遊びにおける自己学習力の形成

さらに，幼児期の遊びを特徴づけ，その意義について考えるべきものがある。それは，子どもは遊びを通して学ぶ力を育んでいるということである。つまり，自己学習力の形成に，幼児期の遊びは重要な意義をもつと考える。

人間は，高度な文明をもつ動物であり，成長する過程のなかで，人類がこれまでに築いてきた知識や技能を学び，そのことによって社会と向きあえるようになっていく。人間は，遺伝子によって組み込まれた情報，いわゆる本能だけでは生きていくことはできないのである。つまり，人間は学び続けなければならない。さらに，その前提としての学ぶ力を身につけていかなければならないのである。

では学ぶ力は，いつ，どこで育んでいるのか。それこそがまさしく幼児期の遊びなのである。子どもの遊びの多くは，大人や他の子どもが遊ぶ姿をみて，興味を抱き，その行動をイメージしながらまねることによって始まる。つまり他者の行動をモデルとし，観察学習をすることによって，自らの行動としてふるまうようになるのである。しかも，この観察学習は，他の誰かから強いられて行うという学習ではない。他者の行動モデルから，自ら動機づけられ，興味を抱くことによって，はじめて可能となる学習である。つまり，この観察学習こそが，遊びを展開するための動機形成の原点となるのである。逆にいうならば，自発性を基盤とした遊びのなかでこそ，観察学習が可能となり，自己学習力を身につけることができるのである。よって，幼児期の遊びは，子ども自身が学ぶ力を育んでいくための重要な営みなのである。

4）幼稚園や保育所での遊びと保育者の存在

遊びとは，自分の意志でやろうとする思いから行われる行為であり，自発性が

その基盤となっている。その一方で、幼稚園や保育所で展開される子どもの遊びは、少し違った側面をもっていることも考えられる。なぜなら、それは幼稚園や保育所の遊びは、かつての地域社会でみられたような大人が介在しない子どものみの集団によって、展開された遊びではないからである。幼稚園や保育所での遊びには、そこでの生活を通して子どもの育ちを支えるという目的をもった保育者が、子どもが遊びを展開しようとする環境に存在しているのである。つまり、幼稚園や保育所での遊びは、保育者がその遊びの発生や展開になんらかの影響を与えているということが、その遊びを特徴づけているということもいえる。

では、幼稚園や保育所での子どもの遊びになんらかのかかわりをもつ保育者がその環境に存在することは、遊びの基盤となる自発性を損なうことになるのか。つまり、それは本来の遊びではなくなるということを意味することになるのか。それは違うということを、ここでは示しておきたい。そこで、自発的活動である子どもの遊びに対して、保育者の存在とはどのような意味をもつのか考えてみたい。

まずは、子どもが自発的に遊びを展開できる要因とは何か。それは第一に、子どもの身のまわりに、遊びのモデルとなる他者が遊ぶ姿が必要ということである。もちろん、玩具や遊具を配置することで、子ども自らが、その玩具や遊具に興味をもち、遊ぶこともあるだろう。しかし、それぞれの玩具や遊具がもつ特徴にもよるが、これらの物をみただけでは、子どもが遊びをイメージすることは極めて難しい。子どもは、玩具や遊具を用いて遊んでいる実際の行動モデルによって、動機づけられ、遊びはじめるのである。

たとえば、2歳頃の子どもが、他の子どもが自動車の玩具で遊んでいる様子をみて、その玩具を欲しがり、時に取りあいになるのは、単に玩具をみて動機づけられたのではなく、それを用いて遊ぶ姿をみて、自分もやってみたいと動機づけられたのである。

さらに、子どもが動機づけられるモデルとは、自分よりも遊びの技能がすぐれているものがなりやすい。そのような遊びのモデルには、年上の子どもの行動がなることが多いが、保育者が意図的に子どもが関心をもつようなモデルとなることも必要であろう。つまり、遊びのモデルを提示する保育者の存在は、子どもの自発的な遊びを引き出す働きをもつのである。

さらに、子どもの自発的な遊びの要因として、安心できる人間関係をあげたい。子どもは、入園当初、はじめて親から離れて、不安を抱えながら園生活を始める。このような状況において、子ども自身が身のまわりの環境に働きかける、そんな余裕などないのかもしれない。保育者がそのような子どもの気持ちを受けとめ、信頼関係を築くことによって、子どもは積極的に環境に働きかけるようになるのである。つまり、子どもは、安心できる保育者の存在を基盤に、自発的な遊びを展開するようになるのである。

5)「幼稚園教育要領」および「保育所保育指針」における遊びの位置づけ

　幼稚園や保育所での子どもの遊びを理解するために，ここでは「幼稚園教育要領」および「保育所保育指針」において，遊びがどう位置づけられているかを整理してみたい。

　「幼稚園教育要領」では，第1章総則の「幼児教育の基本」において，子どもの遊びは，「心身の調和のとれた発達の基礎を培う重要な学習」と記されている。また，「保育所保育指針」においても，第2章「子どもの発達」において，「子どもの遊びは，子どもの発達に密接に関連して現れるし，また逆にその遊びに発達が刺激され，助長される」と記されている。このように，「幼稚園教育要領」および「保育所保育指針」において，遊びは，子どもの発達において，重要な役割を果たすものと位置づけられているのである。

　さらに，「幼稚園教育要領」および「保育所保育指針」における遊びについて理解を深めるためには，総合的な指導との関係を考慮しなければならない。これについては，「幼稚園教育要領」の第1章総則において，「幼児の自発的な活動としての遊びは，心身の調和のとれた発達の基礎を培う重要な学習であることを考慮して，遊びを通しての指導を中心として第2章に示すねらいが総合的に達成されるようにすること」と記されている。「第2章に示すねらい」とは，5領域である「健康」「人間関係」「環境」「言葉」「表現」それぞれに示されているねらいを指している。つまり，幼稚園教育の目標を具体化した5領域のねらいは，子どもが展開する遊びを通して総合的に達成されるということである。よって，それぞれの領域から導き出され活動や指導を通して達成されるものではない。一方，「保育所保育指針」では，第2章「子どもの発達」において，「遊びは乳幼児の発達に必要な体験が相互に関連しあって総合的に営まれていることから，遊びを通しての総合的な保育をすることが必要である」と記されている。ここでも遊びは，発達の総合性と結びつけられ重視されているのである。

　つまり，遊びは，乳幼児の心身の発達におけるさまざまな要素を含み込んだ総合的な経験であると捉えることができる。遊びによって，子どもの諸々の能力は個別に発達するものではない。遊びによって総合的な発達が促されるのである。なぜならば，子どもがこれまでに培ってきた諸能力は，遊びのなかで相互に関連しながら発揮されるからである。

02　遊びの種類とその展開

　本節では幼稚園や保育所での保育において，よくみられる子どもの遊びを取り上げ，それぞれの遊びにおける保育者の援助のあり方について考えてみたい。

1）ごっこ遊びの展開と保育者の援助

　子どもはごっこ遊びにおいて，言葉や身体の動きによって，自分自身のイメージを表現している。このような遊びの展開において，子どもは仲間とイメージを共有したり，その共有したイメージを仲間と具現化することによって，おもしろさとしてそれぞれの子どもに実感される。しかし，仲間とイメージを共有し具現化することは，子どもにとってそれほど簡単になされるものではない。ごっこ遊びを始めたとしても，なかなか仲間とイメージを共有できず，個々の見立て・つもりに終始してしまうと，当初はそのおもしろさを実感としてもてても，ストーリーを展開することができず，おもしろさをもてなくなるのである。子どもは，本来，おもしろさを求めて遊ぶのであり，おもしろさへの探求ができなくなると，いつの間にか遊びをやめてしまうことになる。

　したがって，子どものごっこ遊びがより発展し充実していくためには，保育者がなんらの手立てによって子どもの遊びにかかわり，援助することが必要である。とくに，子どもがイメージをより明確にしながら，ごっこ遊びのストーリーを展開していくためには，保育者は子どもの言葉や身体の動きからそのイメージを理解し，それに添ったかかわりをすることが求められる。さらに，そのかかわりとは，子どもの日常生活から離れたごっこ遊びの世界へのかかわりであり，そこでの保育者は，そのごっこ遊びの世界を意図的に演じることとなる。

　では，ごっこ遊びにおける子どものイメージの世界，それを具現化した言葉や身体の動き，そしてその過程でみられる心の動きを，保育者として，どのように理解することが必要であろうか。さらに，これらの理解のうえで，ごっこ遊びをより発展させるための援助として，保育者はどうかかわるべきか，事例を通して考えていきたい。

（1）子どもがあらわすごっこ遊びの世界

　ごっこ遊びにおいて，子どもは，イメージを具現化する過程で，それがごっこ遊びの世界であることを自覚できるようになることによって，ごっこ遊びの表現を，より現実に近づけようとする。つまり，目的や見通しをもってごっこ遊びの世界を意図的に演じることができるようになるのである。

　以下に紹介する事例は，幼稚園での教育実習の事例である。4歳児クラスの子どもたちが，家族ごっこを展開する事例である。ここでの実習生は，ごっこ遊びのかかわりに不慣れなため，子どものごっこ遊びの世界に入り込めていないところもみられる。その結果，この時期の子どもが，イメージの世界をどう具現化しようとしているのかをうかがうことができる事例である。この事例を通して，まずはイメージの世界およびそれを表現しようとする子どもに，保育者はどうかかわるべきかを考えていきたい。

> ▶事例1 「家族ごっこ」（4歳児クラス・5月）
>
> 　私がみんなと折り紙をしていると，ユイちゃんという女の子が来て，「先生，お母さんごっこしよ」と言ってきた。私は「いいよ」と言って，折り紙をしているみんなに「ゆいちゃんとお母さんごっこしてくるね」と言った。すると，みんなが「いっしょにやる」と言いだした。そこで，ユイちゃんに「いい？」と聞くと「いいよ。じゃあ，私がお母さんだから，ツーくんはお父さん，テッちゃんはお兄ちゃん，ダイちゃんは2番目のお兄ちゃんね」と言って，ユイちゃんがそれぞれの役を全部決めて，家族ごっこが始まった。
>
> 　はじめは，ユイちゃんがつくったオモチャのご飯を，みんなで食べるふりをしていた。みんなのご飯が終わって，次はお風呂に行くということになった。私は大きなダンボールの箱が隅に置いてあったので，それに入るのだなと思いながらみていた。すると，子どもたちは，パンツ以外の服を全部脱ぎ，ダンボールの箱に入った。私が「すごいね。服もちゃんと脱ぐんだね」と言うと，「そうよ，だってお風呂に服を着て入ったらいけないのよ」とユイちゃんに言われてしまった。でもパンツはいていたので，「パンツはいいの？」と言うと，「パンツはいいの。だって，これはお風呂じゃなくて，箱だもん。先生もそんなこと知ってるでしょ」と言われ，笑われてしまった。

　この事例では，この時期の子どもが，ごっこ遊びのなかで，日常生活で体験する出来事を表現しようとする際に，より現実に近づけようとする姿がうかがわれる。お風呂に入るふりをしようとするときに，パンツ以外の衣服を脱ぐことは，実際の様子に近づけるためで，これによりお風呂に入るというイメージを仲間と共有でき，この遊びが楽しくなるのであろう。実習生の「服もちゃんと脱ぐんだね」という言葉がけに対し，「そうよ，だってお風呂に服を着て入ったらいけないのよ」と答えるところに，ごっこ遊びの世界を実際の様子に近づけようとするこだわりが感じられる。また，ごっこ遊びの世界に添うかかわりではなかったが，実習生の「パンツはいいの？」という言葉がけに対する子どもの反応が，とても興味深い。子どもは，これに対して，「パンツはいいの。だって，これはお風呂じゃなくて，箱だもん」と答えている。つまり，子どもは，ごっこ遊びの世界を演じていることを自覚して遊んでいることが読み取れる。

　このようにごっこ遊びの世界に入り込んでいる子どもに対して，保育者もこのごっこ遊びの世界を理解しながら，意図的に演じることが必要であろう。保育者が，ごっこ遊びの世界を演じきることで，子どもと楽しさを共有することができるのである。

（2）子どものイメージの世界を理解し演じる

　4～5歳頃の子どもは，ごっこ遊びにおいて，家族，病院，お店，レストラン

など，身近な社会生活でみられるさまざまな人間関係のあり様を，それぞれが役割を担いながら演じている。その前段階のごっこ遊びでは，お母さん役の子どもが多くいるなど，それぞれが好きな役を演じていても，遊びとして楽しめていた。しかし，経験を重ねることによって，そのような遊びでは，ストーリーを展開しづらいため，遊びが停滞してしまう。そこで，演じようとするごっこ遊びの世界で必要と思われる役をそれぞれが担い，それぞれの役どうしのかかわりから，ストーリーが展開する様子がみられるようになってくる。たとえば，病院ごっこで，医者の役，患者（子ども）の役，お母さんの役がいることによって，経験や観察された内容から，それぞれが役に応じた関係を演じる。それによって，病院でのストーリーが展開しやすくなるのである。

　このようなごっこ遊びにおいて，保育者は，子どもが演じようとするごっこ遊びのイメージを理解し，そのイメージに添うようなかかわりをすることが求められる。子どもは自らその世界を演じようとしても，個々には，それぞれのイメージがまだはっきりしていなかったり，お互いのイメージを共有することが難しい場合が多々あるからである。保育者が，役に応じた関係を演じることで，子どもは自分自身が演じる役のイメージをより明確にし，自らの発想による役づくりを活発に行っていくのである。

　以下に紹介する事例は，4歳児クラスで展開された幼稚園ごっこの様子である。子どもが自ら始めた幼稚園ごっこを保育者とのかかわりを通して，いきいきと演じる姿がうかがえる。この事例を通して，子どものごっこ遊びの世界を演じる保育者の援助のあり方について考えてみたい。

> ▶事例2　「幼稚園ごっこ」（4歳児クラス・6月）
> 　園庭で，女の子4人と男の子1人と一緒にだんご虫を探していると，ユウカちゃんが「先生，幼稚園ごっこしよう」と言った。ユウカちゃんは「私が先生やるから，先生はお母さんね」と言って，みんなの役を決め，次に場所を探した。ドアのあるところを選び，カバンは紙でつくったものを製作コーナーから持ってきて，幼稚園ごっこが始まった。
> 　私が2人の女の子と手をつなぎ，ユウカちゃんの待っている園へ向かって歩きだした。手をつないでいたサキちゃんが「お母さん，早く迎えにきてね」と言った。私が「うん，早く迎えにいくよ」と言うと，サキちゃんはにこにこ顔で，「あっ，先生」と，ユウカちゃんの姿をみていた。そして，私の手を離し，2人の女の子は，ユウカちゃん先生のところに走っていき，とびついた。ユウカちゃんは1人ずつ抱きあげ，ぐるぐるしながら，「おはようございます」「今日は，お母さんときたの？」と声をかけていた。ユウカちゃんは私の方を向き「お母さん，いってらっしゃい」と言った。
> 　次に，ユウカちゃんから「隣のクラスの先生の役をして」と言われ，隣のクラ

スをつくった。「入れて」とやってきた男の子4人に私のクラスの子になってもらい、遊びが再び始まった。少しの間、園児役の子どもたちが遊んでいると、ユウカちゃんが「お片づけするよ」と言った。みんなは「はーい」と言って、お片づけを始めた。ユウカちゃんは「リョウ君、いつまでも遊んでいたら、みんながお弁当食べられないよ」と言い、リョウ君にお片づけをするように言っていた。

次に、お弁当を食べることになり、急にみんながさーっといなくなった。しばらくして、手に砂や葉や花でつくったお弁当をもち帰ってきた。みんなで、お弁当を食べ、お帰りの歌をうたった。ユウカちゃんは「もうすぐお母さんがきてくれるよ」とみんなに言い、私の方をみた。私はすぐに、むこうの方へ走っていき、ゆっくり歩きながら、ユウカちゃんやみんなの方へ行った。すると「お母さん」と園児役の子どもたちが走って、私に抱きついた。みんなはユウカちゃんに「さようなら」と言った。

この事例において、子どもが主体的に進めていこうとする幼稚園ごっこに対し、保育者は、子どもの言葉や身体の動きから、この遊びの展開に必要な役を理解し、それを演じきっている。保育者が役になりきり、子どもたちとかかわることで、子どもも自分のイメージを豊かにしていることがうかがわれる。さらに、子どもどうしそれぞれの役の関係も明確となり、この遊びのイメージがしっかり共有されてきているのである。

子どもは、保育者と演じあうことで、自分の表現を十分に受けとめてもらうことができるのである。たとえば、この事例の前半で、保育者がお母さん役になって、園児役になった子どもを幼稚園に連れて行く場面がある。園児役の子どもの「お母さん、早く迎えにきてね」という投げかけに対し、保育者は、「うん、早く迎えにいくよ」とその園児のお母さん役になりきっている。このごっこ遊びの世界に入り込んだ対話が、子どもにとって自分のイメージを受けとめてもらったという喜びになっているのである。一方で、子どもどうしの関係だけでは、時には、お互いのイメージを受けとめあうことができず、自分が抱いたイメージを積極的に表現することができなくなってしまうこともある。だからこそ、子どもの表現を、その相手として演じ、受けとめる保育者の存在が重要であり、その関係を基盤に、子どもはごっこ遊びにおいて、役になりきることを楽しむことができるのである。

(3) ごっこ遊びにみられる子どもの心の育ち

子どもは、ごっこ遊びにおいて、それぞれの役を担い演じることによって、ストーリーが展開され、より遊びを楽しめるようになってくる。それぞれの役の選択は、ごっこ遊びのテーマに応じて、やりたい役を自分で考え、決めていくことが多い。ただし、5歳頃のごっこ遊びでは、その遊びに参加するすべての子ども

が，もともとやってみたいと思っていた役を演じているわけではない。遊び集団のリーダーとなっている子どもから，その役になるようすすめられたり，本当はこの役をしたいのだけれど自ら引き受けて別の役をするという場面もみられる。この時期の子どもが，本来やってみたい役とは別の役を引き受けることができるのは，その遊びを展開させ，仲間と一緒に遊びを楽しみたいという思いが強くなるからである。また，その前提として，このような状況を受け入れることができる心の育ちがあるからなのである。ただし，子どもは，ただ単に受け入れているばかりではない。葛藤がありながらも，その状況を受け入れている場合もあるだろう。保育者は，このような子どもの心の育ちをていねいに受けとめることが必要である。

以下の事例から，ごっこ遊びにみられる心の育ち，その心の育ちを受けとめる保育者のかかわりについて考えてみたい。

> ▶事例3 「レストランごっこ」（5歳児クラス・5月）
>
> マキコちゃんが登園すると，私に，「先生ここ座って。お客さんになって」と言ったので，「うん，いいよ」と言って，テーブルのところに座った。すると，「メニューは何にしますか？」と言うので，「何がおすすめですか？」と尋ねると，「えーっと，お子様ランチかな」とマキコちゃんは言った。そこで，「じゃあ，お子様ランチをください」と言うと，「わかりました。お待ちください」と言って，マキコちゃんはままごとコーナーへつくりにいった。
>
> そのうちに，マナミちゃん，ハルカちゃん，ミクちゃんたちが登園し，「私も入れてー」と言ってきた。そこで，レストランごっこをみんなですることになった。マキコちゃんのつくったお子様ランチは，粘土でつくったクッキーや，ボタンなどでつくったごはんだった。「おいしいー」と言って食べるふりをすると，うれしそうにしていた。はじめのうちは，お客さんとお店の人に半分ずつに分かれて，交替しながら，仲良くレストランごっこをしていたのだが，だんだんとマナミちゃん，ハルカちゃん，ミクちゃんたちが，私と同じ役をやりたいと言い出すようになった。さらに，ハルカちゃんが，私にずっとくっついていたため，同じ役をやっていたマナミちゃんに，「なんで，マナミちゃんはいっつもそうなの？ わがままばかり言って」と言われ，ますますもめることになってしまった。マキコちゃんが1人，お店の人になってしまったので，「じゃあお姉ちゃん，お店の人になる」と私が言うと，「私も」「私も」とお客の人がいなくなってしまった。そこで，「じゃあ，お店の人が多いから，お客さんになるね」と言うと，「私もお客さん」「先生とがいい」の繰り返しだった。私が，どうしようかと困っていると，マキコちゃんが「マキコ1人でお客さんするからいいよ。赤ちゃん（人形）もいるし」と言った。それはいけないなと思いながらも，結局，マキコちゃん1人でお客さんをして，みんなが（私も）お店の人をした。

そうしているうちに、お片づけの時間になり、みんなで片づけていると、マキコちゃんが私のところに来て、今にも泣きそうな小さな声で、「マキコも先生と一緒にやりたかった」とうつむいて言った。私はそのとき、マキコちゃんが、ずっとずっと我慢していたことに気づいた。どうしてもっとマキコちゃんの気持ちを考えなかったのだろう、と思った。そして、「そうよね、マキコちゃん、1回もお姉ちゃんとしたことがなかったもんね。みんなが言っていたから、我慢してくれたんだね。ありがとう。でも今はもうお片づけだから、明日でもかまわない？」と言うと、マキコちゃんは黙ったままうなずいた。
　次の日の朝、マキコちゃんが登園すると、早速一緒にお店の人をした。昨日のように、みんなも加わって、またもめることもあったけれど、マキコちゃんは楽しそうに、「お姉ちゃんは、卵ごはんつくって」などと言っていた。私も約束を守ることができて、うれしかった。

　この事例から、仲間とのレストランごっこを継続するために子ども自身が心の揺れを抑えながら、足りない役を引き受けるという5歳児らしい心の育ちを読み取ることができる。一方で、保育者は、いざこざとなったこの状況にどうかかわればいいのか戸惑っていたため、その場では、我慢してやりたい役をあきらめ、この遊びの継続に必要な役を引き受けた子どもの心の揺れには気づいていなかった。この事例では、後から、子どもが保育者に、自分の気持ちを伝えてきたため、それを理解することができた。その結果として、この子どもの心の育ちを理解し、気持ちを受けとめることができたのである。
　では、この事例の子どもが我慢しながら足りない役を引き受けた場面において、保育者がその子どもの心の揺れに気づいた場合、どのようなかかわりが考えられるだろうか。本当は保育者と同じ役をしたいという子どもの気持ちに応じて、同じ役をすることが適したかかわりと言えるのだろうか。一概には言いきれないが、保育者は、同じ役をしたいという気持ちに気づいたとしても、ここでは見守るというかかわりも必要ではないか。ここでは、子どもが仲間との遊びを継続するため、あえて足りない役を引き受けてくれた子どもの心の育ちを理解することが大切なのである。この理解によって、実際のかかわりとして、遊びの後に「マキコちゃんがお客さんの役をしてくれたから、みんなで遊びを楽しむことができたよ。ありがとう」と言葉をかけることもできるだろう。また、事例のように、別の機会に、一緒に同じ役をすることもできるだろう。我慢していた子どもが、我慢するだけで終わらせるのではなく、保育者が、違った場面で子どもの気持ちを受けとめるかかわりをすることで、この子どもにとって、遊びへの意欲を高めることにつながっていくのである。
　保育者は、遊びのなかでみられる子どもの行動からだけではなく、子どもの内面にある心の育ちを受けとめながら、援助していくことが必要なのである。

2）鬼ごっこの展開と保育者の援助

　鬼ごっこは，適度な緊張感を伴う「追う―追われる」の関係があることが，この遊びのおもしろさの基本となっている。適度な緊張関係とは，たとえば，追いかけ鬼ごっこにおいて，オニ役にかなりの走力があり，逃げる側がすぐに捕まえられてしまうような状況や，逆にオニがほとんど捕まえることのできない状況では，この遊びのおもしろさである緊張感は生まれない。つまり，オニに追われ，捕まるかそれとも逃げられるかといったぎりぎりの距離感が生じたときに，スリル感が高まり，この遊びはおもしろくなっていくのである。

　子どもと保育者との鬼ごっこの場面で，オニ役になった保育者は，捕まえようとする子どもを追いかけている。しかし，鬼ごっこに参加している他の子どもは，オニが捕まえようとする目標になっていないため，追われるというスリル感をもてない。そのような状況で，子どもは安心して逃げまわっているのではなく，あえてオニである保育者に近づき，オニの目標になろうとする。子どもは，鬼ごっこのなかで，追われるというスリルを楽しみたいのである。

　保育者が子どもと鬼ごっこを楽しもうとする場合，いかにしてこの緊張感を伴う「追う―追われる」の関係をつくるかを考えなければならない。保育者がオニ役になったときには，逃げる子どもとの距離感から，追いかける速さをコントロールすることも必要である。また，かくれんぼをしているときに，遠くから，かくれている子どもの姿を見つけたとしても，見つけていないふりをして近づき，「○○ちゃんはどこにかくれているのかな？」と声をかけることで，かくれている子どもはスリルを楽しむことができるのである。

　昨今，子どもの鬼ごっこにおいて，自分がオニ役になると，その鬼ごっこに消極的になり，時にはやめてしまうという子どもの姿がしばしばみられる。つまり，オニの役を担うことが難しくなっているのである。オニ役が自ら抜けることで，その鬼ごっこが成立しなくなってしまうこともある。では，このような状況において，保育者はどのような役割を果たすことができるのであろうか。オニ役をやめようとする子どもに対し，オニ役の責任を果たすよう伝えたとしても，遊びに戻りその子どもが鬼ごっこを楽しむことは難しい。では，子どもがオニ役を担えるようにするには，どのような援助が必要であるのか。これについては，地域の子どもの遊び集団であった異年齢集団における，子どもがオニ役を担うまでのプロセスから考えてみたい。

　異年齢集団において，そこで鬼ごっこを展開しようとした場合，年齢差による技能や運動能力の差があったため，とくにその集団のなかで年齢の低い子どもは，もし捕まったとしてもオニにならなくともよいという立場でいることが多かった。なぜならば，年齢の低い子どもがオニになった場合，オニがその他の子どもを捕まえることが困難になってしまい，追う者と追われる者のバランスのとれた緊張関係が崩れ，その鬼ごっこ自体がつまらなくなってしまうのである。したが

って，異年齢集団においては，技能や運動能力の劣った年少の子どもには，捕まったとしてもオニの役をしなくともよいという了解があったのである。このような立場でいることで，子どもは，鬼ごっこに参加しながら，逃げることを楽しみ，そしてそのなかで，年長者がオニ役を担い行動する姿をみて，オニという役割を学んでいたのである。筆者の経験においても，幼児期に兄に連れられて年長者と鬼ごっこをしたとき，参加当初の段階では，年長者から「オニにならなくいいよ」と言われ，無邪気に逃げることを楽しんでいた。しかし，慣れてくるにしたがい，ただ逃げる役だけをしているのが，つまらなくなってくる。このようなプロセスを経て，オニ役を決めるジャンケンにはじめて入れてもらえたときは，緊張しながらも内心とてもうれしかったことを覚えている。つまり，かつての異年齢集団で，子どもは多少不安に思いながらも，オニ役をすることは，その遊びにおいて一人前と認められることでもあったため，その役を担っていけたのである。

現在，子どもの生活のなかで，異年齢集団で遊ぶ機会は，ほとんどなくなってきている。幼稚園や保育所での鬼ごっこで，子どもがオニ役をやめてしまうケースがみられるのは，先に述べたようなプロセスを経てオニ役になるという経験をもてていないからである。そこで，あらためて，子どもの鬼ごっこに保育者がどうかかわるべきかを考えてみたい。子どもがオニ役を担うことができるようになるには，まずは鬼ごっこに参加しながら，逃げる役を楽しむ機会を多くもつことが必要である。さらに，逃げることを楽しみながら，実際に追いかけてくるオニ役の行動をみて，学習する機会が必要なのである。よって，保育者は，オニ役の経験が少ない子どもと鬼ごっこをする場合，オニの役を引き受けていくことが必要である。子どもは，オニ役である保育者をモデルにして，その役割を学習するのである。また，保育者がする活動的なオニの行動は，子どもにとって，魅力的なモデルなのである。それによって，オニになることを動機づけられ，オニになる機会が生じたときに，引き受けることができるようになってくるのである。

以下に紹介する事例は，保育者がオニ役になり，子どもと鬼ごっこを展開する様子が示されている。事例を通して，子どもの鬼ごっこを援助する保育者の役割について考えてみたい。

▶事例4　「鬼ごっこ」（4歳児クラス・5月）
　セイヤくんとリョウくんが，「先生，鬼ごっこしよう」と遊具のところから私を誘ってきた。私は「はーい，今から行きます」と言って，急いで2人のところへ走っていった。そこにはセイヤくん，リョウくんの他に，タカくん，マンキチくんもいた。私は急いで走り，みんなのいる場所に着くと，セイヤくんは「先生，オニー」と言い，みんなは一斉に逃げ始めた。みんなはどうやら遊具に集まり，私が来る前から話しあっていたらしい。
　私は「えっ，もう始まりなの？」という気持ちのまま，みんなを追いかけ始め

た。リョウくんは、自分の足に自信があったのか、私の近くに寄ってきては「捕まえてみろ」と言ってみたり、セイヤくんは「先生、ここだよー」と、遊具のいちばん高いところから「来られるもんなら来てみろ」と余裕の顔で、私とかけひきをしていた。そんな5人とのかけひきのなか、私はみんなにそれぞれタッチした。しかし、私がタッチしたのにもかかわらず、「僕、今バリアしてたから、オニじゃないもん」と言って、誰1人としてオニになる様子はなく、私がしばらくの間、オニをしていた。

私は、この様子だとこの鬼ごっこを楽しめなくなるのではと判断して、少し子どもを困らせるように言ってみた。「みんなが、オニになってくれないのなら、私、鬼ごっこやめる。だって何回タッチしても代わってくれないんだもん」と言った。この言葉を聞いたみんなの表情は、それまでとは変わり、鬼ごっこは、そこで一旦止まってしまった。みんなはそれぞれに自分の思いを言った。タカくんは「先生、だってバリアしてたら、オニにならないんだよ。俺らはバリア99まであるんだよ」、マンキチくんは「もーいいよ、早くやろうよ」、リョウくんはちょっといじけている様子。

みんなが戸惑っているとき、セイヤくんが「先生、いいよ、僕がオニになる。先生だけバリアいっぱいいっぱいもってていいよ」と言い、みんなにも「先生だけバリアありだから、みんなはないからな」と言った。みんなは、それを納得したのか、セイヤくんがオニになり、鬼ごっこはまた始まった。

鬼ごっこは、それからはスムーズに流れ、セイヤくんが鬼になってからは、オニは次々に交代するようになり、色つき鬼まで発展していった。

事例の前半部において、保育者がオニ役を引き受けてくれたことで、子どもは逃げることを思いきり楽しむことができている。保育者が数回捕まえても、子どもたちがオニの役になりたがらないのは、逃げるスリルを楽しみながら、逃げる方法や捕まえられない方法をそれぞれが工夫し、その方法を実際に試してみたかったからである。この事例の子どもたちは、オニ役を担うよりも、まだ逃げる役を楽しみたいのである。

事例の後半では、保育者は、子どもたちが捕まってもオニにならないことが続くため、オニから逃げることの緊張感がなくなり、いつか遊びが停滞してしまうとの見通しをもっている。そこで、あえて子どもたちが、この遊びをどうすればいいのか考えさせる機会をもった。鬼ごっこにおいて、ある程度集団内で了解されたルールがあるなかで、そのルールを逸脱することが続くと、オニと逃げる側の緊張関係が崩れてしまう。その結果、おもしろさが失われてしまい、いつのまにか遊びが終わってしまうのである。一方、ルールの逸脱は、新しいルールや状況の変化を生み出す可能性をもっている。この事例においても、保育者の投げかけにより、子どもたちが遊びを振り返り、それによって、それぞれがオニ役を担

うという変化が生まれ，遊びの継続が可能になった。この時点で，子どもがオニをするようになったのは，その前段階として，逃げる役を十分に楽しみ，またそれを認めてくれた保育者がいたからなのである。

03 子どもの遊びを育てる保育者の役割

　子どもは，自らが興味をもった環境にかかわり，主体的に遊びを展開する。しかし，子どもが主体的に遊びに取り組んだとしても，子どもの力だけでは，活動の仕方や見通しを見失い，楽しさや充実感を味わえずに遊びをやめてしまうことがある。子どもが充実した遊びを展開していくためには，保育者の援助が必要なのである。では，子どもの遊びを育てるために，保育者にはどのような役割が必要とされているのであろうか。以下に，その基本となる役割をまとめてみたい。

　まず第1は，子どもの遊びの基盤となるのは自発性であるという点から，子どもが自ら行おうとする遊びを尊重し，保育者は，子どもの遊びの援助者であることを自覚してかかわることが必要である。子どもが自ら行おうとする遊びには，保育者の側からみた場合，保育者の意図や予測とはかけ離れていたり，そのときには，子どもがしている遊びの意味を見いだせなかったりすることもある。しかし，子ども自らが興味をもって取り組んでいるのであれば，ありのままの遊びの姿を受けとめることが必要である。

　第2は，子どもの遊びの実態を把握することである。保育者は，この遊びのおもしろさはどこにあるのか，子どものこだわりは何なのか，どのような筋道で遊びを展開しようとしているのかなどを把握することが必要である。一方，子どもの遊びに寄り添い，その遊びを理解しようとするとき，「なぜ，○○になったのだろうか」と不思議に思うことや気になることも出てくる。このような場合は，その遊び集団から少し離れ，一歩引いたところから子どもを観察してみる。それによって，今までに気づかなかった子どもの人間関係やその子どものこだわりがみえてくることがある。このように遊びの実態を把握することは，子どもが，どのような場面で，どのような援助を必要としているのかを見極めることとなり，より適切な援助につながるのである。

　第3は，子どもが主体的に遊びに取り組めるような環境を用意することである。子どもが興味・関心をもつような玩具や道具など用意し，子どもが自由に触ったり，それを使って遊べるように配置する。ただし，玩具や道具を配置しただけでは，子どもにそれら物的環境を用いた遊びのイメージは起こりにくい。保育者自身が積極的に物的環境にかかわることで，その姿がモデルとなり，子どもの玩具や道具へのかかわりを動機づけるのである。このような人的環境をも視野に入れながら，環境を整えていくことが必要である。

第4は，子どもと情緒的に安定した人間関係を構築することである。子どもは，保育者との間に，情緒的に安定した関係が築かれることによって，それを土台にして，身のまわりの環境に積極的に働きかけるようになる。そのためには，子どもの興味や関心に共感しながら，子どもとともに遊びを楽しみ，信頼関係を築いていくことが必要である。

【演習問題】
①遊びの意義やその特徴について，具体的な遊びを例に話しあってみよう。
②幼稚園や保育所での子どもの遊びの意義と保育者の役割について，検討してみよう。
③ごっこ遊びの展開における保育者の援助のあり方について，考察してみよう。
④鬼ごっこの展開における保育者の援助のあり方について，考察してみよう。
⑤子どもの遊びを育てる保育者の援助について，話しあってみよう。

【引用・参考文献】
・J. ホイジンガ『ホモ・ルーデンス　人類文化と遊戯』高橋英夫（訳），中央公論社，1971
・小川博久『21世紀の保育原理』同文書院，2005

CHAPTER 4 ●遊びの援助・指導

column　保育方法の最前線「フレネ教育」

　フレネ教育とは，小学校教師を経て国際的な教育運動の指導者となったセレスタン・フレネ（Célestin Freinet；1896〜1966）が創始した教育です。第一次世界大戦に参戦し，胸やのどに重傷を負ったフレネは，療養後，公立小学校に復帰しますが，声をはりあげて指示・命令をする一斉指導になじめず，新たな方法を模索します。そして，当初から子どもを尊重する姿勢が強かったフレネは，子どもの興味・関心を尊重した自由な教育を追求します。そして，1935年には独力でフレネ学校を創設し，その理想の実現を図りました。

セレスタン・フレネ

　フレネ学校は3〜5歳，6〜8歳，9〜11歳の計3クラスで運営されており，いわゆる異年齢による生活を基盤に教育が進められています。「子どもの生活，興味，自由な表現」を重視し，さまざまな道具，手仕事を通した芸術的表現や知的学習，個別教育，協同学習などの方法を取り入れています。なかでも学校印刷所運動はユニークです。これは，教室に印刷機を備えつけ，子どもたちが綴った文を印刷し，それを「自由な教科書」として使うことを意図したものです。また全校児で企画・運営する学校共同組合の活動は，幼児期から仲間と協力し，主体的に生活をまかなうことを体験する機会となっています。

　幼児組の生活は，自由遊びと個別学習活動（アトリエ活動）が主となります。このうち，個別学習活動は季節，年齢などさまざまな要因を考慮し，柔軟に編成されています。具体的には絵画，デッサン，粘土，大工仕事，切り抜き遊び，本読み，音楽・ダンス，文字練習，計算，手紙，変装・仮装，人形遊び，積み木，ままごとなどの項目が提示され，室内（アトリエ）にも活動別のコーナーが設けられています。これらの活動を自由に選択し，環境に自ら働きかけることを通して，個別の力を伸ばすことが期待されています。

【参考文献】
・C.フレネ『仕事の教育』宮ヶ谷徳三（訳），明治図書，1986
・若狭蔵之助『〈フレネへの道〉生活に向かって学校を開く』青木書店，1994

CHAPTER 5

基本的生活習慣の自立と当番・係活動の指導

生活習慣の形成や，集団生活を自主的に進めるための活動を整理してみます。
園生活の土台をつくる活動の意義や指導法について理解していきましょう。

　本章では，幼稚園や保育所における子どもの基本的生活習慣の自立や，当番活動・係活動を通した子どもの学びに対して，保育者の指導はどのように行われるか，という点に関して概説する。まず，この点についての「幼稚園教育要領」や「保育所保育指針」における記述を確認した後，適宜事例を紹介しながら，保育者が留意すべき点や，当番活動や係活動およびそれらに対する保育者の援助が子どもの発達に及ぼす影響について説明する。

01　自立を促す保育のあり方

　基本的生活習慣*とは一般的に，「食事」「排泄」「睡眠」「清潔」「着脱」の5つを指すことが多い。
　「食事」においては，食前食後の「いただきます」「ごちそうさま」が言える，箸が正しく使える，食器を正しく持てる，好き嫌いなく食べることができる，などのことを子どもが自立的に行えることが目ざされる。「排泄」においては，自分で排泄の意思を訴えることができ，トイレで保育者（養育者）の手を借りずに用を足すことができることが目ざされる。「睡眠」においては，自ら規則正しいリズム，正しい時間で睡眠をとり，十分な休息をすることが求められる。「清潔」では，食事の前の手洗いやうがい，外遊びの後の手洗いやうがい，トイレでの排泄後の手洗いなどが代表的なものである。さらに，不衛生なこと（汚いこと）に対する子どもなりの理解ができ，周囲の環境が衛生的であること（きれいなこと）が生活をするうえで望ましいと理解できるようになることが目ざされる。最後に「着脱」であるが，衣服の着脱が自分でできることももちろん重要であるが，気温に見合った服装（夏には半袖のシャツを着，冬には長袖のシャツを着るなど）を選択できることも重要である。
　以上，基本的生活習慣に関して個別にみてきたが，いずれも幼稚園や保育所におけるあらゆる活動の底流に流れているものであり，上記の5つの項目の獲得が不十分であることは，子どもが家庭生活や園生活を自立的に行うにあたって支障をきたすものであるといえよう。それゆえ，保育者は園において子どもが基本的生活習慣を身につけることができるよう，適切な援助を行うことが必要となる。

● CHECK（*）
家庭のもつ機能として，宗教的機能，生産的機能，医療的機能，教育的機能，愛情的機能の5つがあげられる。しかし，現在はこれらの機能が低下しているという指摘がある。基本的生活習慣の自立は，かつては教育的機能の1つとして家庭内で行われるものという捉え方が一般的であったが，現在では，第三者（幼稚園，保育所など）のサポートが必要な状況になっている。

1）「幼稚園教育要領」における基本的生活習慣に関する記述

「幼稚園教育要領」には、以下のように基本的生活習慣に関する記述をみることができる。

> 【第1章　総則；2　幼稚園教育の目標】
> ・健康，安全で幸福な生活のための基本的な生活習慣・態度を育て，健全な心身の基礎を培うようにすること。
>
> 【第2章　ねらい及び内容；健康；1　ねらい】
> ・健康，安全な生活に必要な習慣や態度を身に付ける。
>
> 【第2章　ねらい及び内容；健康；2　内容】
> ・身の回りを清潔にし，衣服の着脱，食事，排泄など生活に必要な活動を自分でする。
>
> 【第2章　ねらい及び内容；健康；3　内容の取扱い】
> ・基本的な生活習慣の形成に当たっては，幼児の自立心を育て，幼児が他の幼児とかかわりながら主体的な活動を展開する中で，生活に必要な習慣を身に付けるようにすること。
>
> 【第2章　ねらい及び内容；人間関係；3　内容の取扱い】
> ・道徳性の芽生えを培うに当たっては，基本的な生活習慣の形成を図るとともに，幼児が他の幼児とのかかわりの中で他人の存在に気付き，相手を尊重する気持ちをもって行動できるようにし，また，自然や身近な動植物に親しむことなどを通して豊かな心情が育つようにすること。

幼稚園の場合，入園までにある程度，家庭で基本的生活習慣に関するしつけがなされていることも考えられるが，上述のように「幼稚園教育要領」では，幼稚園教育の目標の1つとして基本的生活習慣の育成をあげている。とくに，領域「健康」の部分では基本的生活習慣の形成に関して細かい記述がみられるが，注目したい点は「3　内容の取扱い」にみられる記述である。そこには，「幼児の自立心」「幼児が他の幼児とかかわりながら主体的な活動を展開する中で，生活に必要な習慣を身に付けるようにすること」という文言がある。つまり，基本的生活習慣の形成は子どもの自立と大きな関係をもち，それは他児とのかかわりのなかで子ども自らが身につけていくものと捉えられているのである。換言すれば，基本的生活習慣の形成は，誰かに一方的に教えてもらうものではなく，幼稚園における集団生活を通して子どもが主体的にその形成を図っていくもの*，ということになる。とすれば，領域「人間関係」の部分にも，基本的生活習慣にかかわる記述がみられるのは必然といえよう。

● CHECK（*）
現在の保育の基本姿勢である。幼稚園や保育所は意図的・計画的に子どもの発達を促す働きかけをするが，それはあくまでも子どもの主体的な取り組みを保障するものでなくてはならない。基本的生活習慣の指導も同様である。

2）「保育所保育指針」における基本的生活習慣に関する記述

「保育所保育指針」には，以下のように基本的生活習慣に関する記述をみることができる。

【第1章　総則；1　保育の原理；（1）保育の目標】
・健康，安全など生活に必要な基本的な習慣や態度を養い，心身の健康の基礎を培うこと。

【第7章　3歳児の保育内容；3　ねらい】
・食事，排泄，睡眠，衣服の着脱などの生活に必要な基本的な習慣が身につくようにする。

【第7章　3歳児の保育内容；4　内容；「健康」】
・楽しい雰囲気の中で，様々な食べ物を進んで食べようとする。
・便所には適宜一人で行き，排尿，排便を自分でする。
・保育士に寄り添ってもらいながら，午睡などの休息を十分にとる。
・保育士の手助けを受けながら，衣服を自分で着脱する。
・保育士の手助けにより，自分で手洗いや鼻をかむなどして清潔を保つ。

【第7章　3歳児の保育内容；5　配慮事項；「健康」】
・身の回りのことは一応自分でできるようになるが，自分でしようとする気持ちを大切にしながら，適切な援助をするように配慮する。
・食事は，摂取量に個人差が生じたり，偏食が出やすいので，一人一人の心身の状態を把握し，楽しい雰囲気の中でとれるように配慮する。

【第8章　4歳児の保育内容；3　ねらい】
・自分でできることに喜びを持ちながら，健康，安全など生活に必要な基本的な習慣を次第に身につける。

【第8章　4歳児の保育内容；4　内容；「健康」】
・食べ慣れないものや嫌いなものでも少しずつ食べようとする。
・排泄やその後の始末などは，ほとんど自分でする。
・嫌がるときもあるが，保育士が言葉をかけることなどにより午睡や休息をする。
・衣服などの着脱を順序よくしたり，そのときの気候や活動に合わせて適宜調節をする。
・自分で鼻をかんだり，顔や手を洗うなど，体を清潔にする。

【第8章　4歳児の保育内容；5　配慮事項；「健康」】
・健康，安全など生活に必要な基本的な習慣は，一人一人の子どもと保育士の親密な関係に基づいて，日常生活の直接的な体験の中で身につくように配慮する。

【第9章　5歳児の保育内容；3　ねらい】
・自分でできることの範囲を広げながら，健康，安全など生活に必要な基本的習慣や態度を身につける。

【第9章　5歳児の保育内容；4　内容；「健康」】
・排泄の後始末を上手にする。
・午睡や休息を自分から進んでする。
・自分で衣服を着脱し，必要に応じて衣服を調節する。
・うがい，手洗いの意味が分かり，体や身の回りを清潔にする。

【第9章　5歳児の保育内容；5　配慮事項；「健康」】
・健康，安全など生活に必要な基本的な習慣や態度が身につき，自分の体を大切にしようとする気持ちが育ち，自主的に行動することができるように配慮する。

【第10章　6歳児の保育内容；3　ねらい】
・体や病気について関心を持ち，健康な生活に必要な基本的な習慣や態度を身につける。
・安全に必要な基本的な習慣や態度を身につけ，そのわけを理解して行動する。

【第10章　6歳児の保育内容；4　内容；「健康」】
・体と食物との関係について関心を持つ。
・自分の排泄の後始末だけでなく，人に迷惑をかけないように便所の使い方が上手になる。
・休息するわけが分かり，運動や食事の後は静かに休む。
・自分で衣服を着脱し，必要に応じて調節する。
・清潔にしておくことが，病気の予防と関係があることが分かり，体や衣服，持ち物などを清潔にする。

【第10章　6歳児の保育内容；5　配慮事項；「健康」】
・健康，安全など生活に必要な基本的な習慣や態度を身につけることの大切さを理解し，適切な行動を選択することができるように配慮する。

　「保育所保育指針」が「幼稚園教育要領」と整合性をもたせることを考えて内容構成されていることは周知のことだが，「第1章　総則」にある保育の目標の記述が領域「健康」にかかわる内容であることは一目瞭然である。また，「保育所保育指針」は子どもの発達過程別にねらい，内容，保育士の配慮事項が示されているが，3歳以上児の保育内容には，基本的生活習慣形成についての記述が領域「健康」と関連づけながらすべての年齢において示されている。しかも，その記述1つひとつをみると，ほとんどが，子ども自らが主体的に獲得するものであるという文脈で書かれていることがわかる。
　では3歳未満児はどうかというと，保育者が子どもの基本的生活習慣形成に向けて積極的に働きかける内容が示されており，たとえば以下のような記述がある。

【第6章　2歳児の保育内容；3　ねらい】
・楽しんで食事，間食をとることができるようにする。

> - 午睡など適切に休息の機会をつくり，心身の疲れを癒して，集団生活による緊張を緩和する。
> - 安心できる保育士との関係の下で，食事，排泄などの簡単な身の回りの活動を自分でしようとする。

　このような表記上の違いがみられる理由として，保育所保育に，養護と教育の一体性*という特性があることが考えられる。保育所保育における養護とは，「保育所保育指針」では子どもが保育所において安定した生活と充実した活動ができるようにするために，「保育士が行わなければならない事項」とされている。つまり，保育者が主体となって子どもに働きかける行為が養護行為なのである（もちろん，子どもの活動を明確に養護部分と教育部分に分けることはできない。両者は保育者が子どもとかかわる際の視点の違いと考えるべきである）。

　3歳未満児の場合，その発達の特性上，主体的に基本的生活習慣形成に向けて行動することは難しい。そのため保育者がイニシアチブをとって子どもにかかわることが不可欠なのである。しかし，年齢が上がるにつれて（2足歩行が可能になる，言葉によるコミュニケーションが可能になるなど），子どもは自ら周囲の環境と関係をつくりながらさまざまなことを学ぶことができるようになる。そのような状態になれば，保育者が積極的，直接的に子どもに働きかけるケースは少なくなる。つまり，3歳未満児における，保育者の積極的関与が次第に子どもの主体的な学びを援助するというかたちに変わっていくのである。

● CHECK（*）
後述するように，養護と教育という観点は，幼稚園教育でも必要である。0歳児から保育を行っている保育所では，養護のウェイトが（とくに3歳児未満について）幼稚園に比べて高くなると理解しておきたい。

3）子どもの自立と基本的生活習慣形成について

　これまで，「幼稚園教育要領」と「保育所保育指針」において，子どもの基本的生活習慣形成に関してどのように説明されているか，概観してきた。では，子どもが基本的生活習慣を確立することは，なぜ自立と関係が深いのだろうか。

　幼稚園教育や保育所保育が最終的に目ざすことは，園での生活や遊びを通して，子どもが自立的に判断し，選択し，行動できるようになること，といってよいだろう。そのときに必要条件となるものの1つに，「子どもが園内の生活のなかで"勝手がわかる状態"になっていること」がある。"勝手がわかる状態"というのは，園内の環境が頭のなかに入っている（どこに何があるか，どこに誰がいるかなどがわかっている）状態である。この場合，子どもは誰かの指示を受けなくても（たとえばトイレに行きたいとき，保育者に「トイレはどこ？」と聞かなくても自分の判断でトイレに行くことができる）自立的に行動することができる。

　基本的生活習慣の形成は，"勝手がわかる状態"になることと，同時進行（場合によってその前の段階）でなければならない。なぜなら，先ほどのトイレの例で説明すると，トイレの場所はわかっていても，排泄の仕方に関して十分わかっていない子どもは，保育者に「どうすればよいの？」と聞くことになり，自立的

な排泄行為としては不十分だからである。

4）基本的生活習慣形成の方法について

すでに述べたように，保育所における3歳未満児の場合，基本的生活習慣の形成に対して保育者は直接的・積極的にかかわる必要がある。けれども，発達段階上，保育者の積極的関与の比率が少なくなってきたら，子ども自らが基本的生活習慣に関して，主体的に学べる環境をつくることが必要になる。具体的にいえば，基本的生活習慣に関する学びの学習モデルを幼稚園や保育所がいかに設定するかがカギになるのである。基本的生活習慣は，日々の園生活を通して学びとるものと捉えるのである。

（1）園生活全体で捉える

先ほど，保育所保育の特性として，「養護と教育の一体性」という表現を用いたが，この表現はなにも保育所保育限定のものではない。つまり，幼稚園でも同様のこと（養護と教育が一体となった保育）を行っているのである。保育実践は養護の活動と教育の活動の2つに明確に分けることはできない。たとえば，基本的生活習慣5項目の1つである「食事」を取り上げてみよう。幼稚園や保育所における給食は一見すると，養護的側面（保育者主導で子どもの健康面をケアする行為）が強調されてみえるが，実際は食事中に子どもは周囲の友だちや，保育者の食事の場面における姿をみて，「食べる」ことに関してさまざまなことを学んでいる。それゆえ保育者は，漫然と子どもと同じテーブルで食事するのではなく，子どもの学びについて意識することが重要である。同じようなことは他の場面でもみられる。たとえば，外遊び後の手洗いやうがい，トイレの後の手洗いなども，園で毎日繰り返されるあたりまえのことと，簡単に処理するのでなく，1つひとつの行為に対して基本的生活習慣形成の視点，子どもの自立の視点から適切なかかわりを考えることを保育者は習慣化すべきである。

（2）保育の形態と基本的生活習慣

自由保育か一斉保育のどちらが望ましいかという議論は，ただそれだけでは意味をもたない。何をねらいとした活動であるかによって両者は使い分けられるべきだからである。たとえば，遊びを中心とした活動を通して子どもの発達を支援するという観点に立てば，遊びの特徴*（自発性，自己報酬性，自己完結性）を考え，自由保育が中心となるのは当然であろう。では，基本的生活習慣形成の観点から考えると保育の形態はどのようなかたちが望ましいのだろうか。

前述したように，子どもは園生活のあらゆるところで基本的生活習慣に関して学んでいる。その点では，保育の形態を問題にするのはナンセンスかもしれない。しかし，幼稚園であれ保育所であれ，園には毎日決められたスケジュールがある

●CHECK（*）
遊びの定義に関しては，ホイジンガの説明が有名である。また，遊びの要素を4つ（競争・模擬・偶然・めまい）に分類したカイヨワの名前も押さえておきたい。

（登園時間・給食の時間・午睡の時間・降園時間など）。とくに給食や午睡は，例外的なケースを除けばほとんどの保育現場で，ほぼ一斉保育のかたちをとって行われている。この状態をして，子どもの主体性を無視して一斉的に子どもを支配していると捉えることは正確ではない。食べたくない子にむりやり食事をさせるのはいかがなものか，寝たくない子をむりやり布団に押し込むのはどうなのかなど，という批判の声もあるかもしれない（もちろん，それらが行き過ぎたケースの場合は別問題である）が，子どもが成長して社会に溶け込んでいくために，あるいは子どもの心身両面の健康を考えるときに，規則正しい生活リズムを覚えることは重要である。だとすれば，基本的生活習慣にかかわるもので，かつ保育者が子どもの生活リズムの学びをねらいとして考えたときに，保育活動が一斉的なものになるのは当然，という見方も成立するだろう。

02 当番・係活動の展開と指導

当番や係活動*というと，子どもが主体的に選択して活動するものというより，園生活においてなかば義務的な活動（やらなければいけないこと）として捉えられることが少なくない。保育実践は子ども自身の興味や関心を重視することを基本としているため，当番・係活動がマイナスのイメージで捉えられてしまうことがあるのだろうが，だからといって，当番や係活動を課すことが子どもの発達にとって意味をもたないことにはならない。

> CHECK（＊）
> 向山洋一は，当番活動＝毎日同じ手順で繰り返される活動，係活動＝当番活動よりも担当者の創意工夫が生かされる機会を含んだ活動と説明している。

1）当番・係活動のもつ意味

「幼稚園教育要領」には，以下のような記述がある。

> 【第2章　ねらい及び内容；人間関係；1　ねらい】
> ・幼稚園生活を楽しみ，自分の力で行動することの充実感を味わう。
> ・進んで身近な人とかかわり，愛情や信頼感をもつ。
> ・社会生活における望ましい習慣や態度を身に付ける。

上記の項目のうち，「幼稚園生活を楽しみ，自分の力で行動することの充実感を味わう」は主に「遊び」を通して味わうことをねらったものであろう。しかし，"自分の力で行動することの充実感"はなにも遊びによってのみもたらされるものではない。あたりまえのことだが，子どもは年齢を重ねるにつれて基本的生活習慣の形成がなされてくる。つまり，自分の身の回りのことはほとんど保育者の手を借りなくてもできるようになる。すでにできることに対して保育者がサポートすると，「自分でできるよ！」という言葉を発して保育者の援助の手を拒否す

ることも珍しくない。そこには「いつまでも赤ちゃん扱いしないで」というメッセージが込められていることは容易に察しがつく。

当番・係活動はその種類が何であれ、子どもにとって「責任ある仕事」である。その仕事をきちんとこなすことは、幼稚園や保育所の友だちや保育者が気持ちよく園生活を送ることに貢献する。領域「人間関係」の一部を前述した理由はここにある。自分が与えられた当番・係活動を全うすることが、他者のためになるということを知ることは、社会性の発達にも寄与するだろう。また、責任ある仕事をすることは、遊びから得られる充実感とは別の充実感を得ることにつながると思われる。そして、ここで得られた充実感は、子どもが自身の成長を知る機会にもなるだろう。「僕(私)はここまでできるんだ」という思いとともに。

2) 当番・係活動と遊び

保育現場における、当番・係活動には、給食当番(食器並べや保育者のお手伝いなど)・園で飼っている動物の世話・園で育てている植物の世話などさまざまなものがある。そして、子どもは当番活動をいったん引き受けたら、責任ある仕事を与えられた喜びと同時に、簡単なことではリタイアできないという緊張感も味わうことになる。子どもにとって遊びは、原則的に楽しいものとして捉えられている(もちろん、部分的に遊びのなかには緊張感を伴う要素も含まれるが)。また、遊びの内容に飽きてきたら、他の遊びに乗り換える自由ももっている。このような性格をもった遊びと比べ、当番・係活動は子どもを、引くに引けない、のっぴきならない状況に追い込む性格をもちあわせているのである。

言うまでもなく、幼稚園や保育所の保育は遊び、つまり子どもの主体的な活動を中心として行われる。ではこの原則に従うことと、当番・係活動に子どもがかかわることは矛盾しないのであろうか。結論を先どりすれば、両者は矛盾しないと考えられる。先に、基本的生活習慣の形成は子どもの自立に貢献し、また基本的生活習慣の指導は、生活リズムという枠内において保育者主導で行われることもあり得ると述べた。同じように当番・係活動も、最終的には子どもが自立的に行動できるようになる(大人になったという気分を味わう、といういい方もできるかもしれない)ことに貢献すると思われる。このように、子どもが「自立的」に行動できること、大人になった気分を味わうことは、遊びを自立的なものにすることに関係するとは考えられないだろうか。

ごっこ遊びは、大人社会の様子が反映されるといわれている。実際の家庭の様子がままごと遊びのなかで再現されることは珍しくない。その場合、モデルとなるのは母親や父親の家庭での姿である。つまり、子どもは家庭での親の生活ぶり(親の仕事ぶり)を遊びのなかで再現しているのである。しばしば、ままごとで女の子が家族のために食事をつくっている場面をみることができる。この場合は、遊びという自由度の高い(イヤになったらやめられる)活動のなかでの再現であ

るが，当番・係活動の場合，その自由度は少なくなる。けれども，反面その当番・係活動（たとえば配膳の手伝い）の"本気度"はままごと遊びよりもはるかに高くなる。むろん，子どもの行う当番・係活動であるから，最終責任を負うのは保育者である。しかし，子どもは，（最終責任を保育者が負うことは仮にわかっていたとしても），「僕（私）がしっかりやらないとみんなが困るから」というなかば使命感をもって活動を行う。つまり，遊びと本当の仕事の境界線に身を置きながら行う活動が当番・係活動だということができるだろう。そして，当番・係活動（"本気度"の高い活動）を経験することが，後の遊びの活性化に繋がることは十分予想することができる。また，視点を変えれば，遊びのなかで，当番・係活動のシミュレーションが行われているという見方もできるだろう。

3）当番・係活動が集団に与える影響

　幼稚園や保育所は子どもが「生活」をするところである。そして，その生活のなかで子どもたちは，周囲の環境とかかわりながらさまざまことを学んでいく。人が何かを学ぶとき，誰かに意図的に「教えてもらう」ことを通して学ぶことがある。小学校以上の学校教育における授業などはその典型といえるだろう。もちろん，幼稚園や保育所でも必要に応じて保育者が子どもに対して「教える」ことはある。しかし，学びの中心となるのは周囲の環境（人・モノ・場）のなかから，興味のあるものに目をつけ，まねて身につけていく観察学習といってよいだろう。ここでは，当番・係活動は子どもに観察学習の機会を提供するものであることを述べていきたい。1つの例をあげよう。

　ある幼稚園では，飼育している小動物の世話は主として年長児（5歳児）が行うことになっている。毎朝，エサをかえたり，飼育小屋の掃除をしたりして，小動物が快適に過ごすことができるような環境をつくるための仕事を年長児がするのである。もちろん，年中児や年少児がお手伝いをすることはあるが，原則的には年長児が責任をもって世話をするのが幼稚園の決まりである。そして，年長児が卒園する数カ月前に，年中児に小動物の世話の仕方を指導することもこの幼稚園の決まりごとになっている。年長児になってから約1年間積み上げてきた小動物の世話についてのノウハウを後輩である年中児に伝授するのである。

　この事例から何がわかるだろうか。意外に思われるかもしれないが，注目してほしいのは，「年中児や年少児がお手伝いをすることはある」という部分である。レイヴ（Jean Lave）とウェンガー（Etienne Wenger）が提唱した学習理論に正統的周辺参加論*というものがある。この学習理論では，徒弟制における師匠ー弟子間に生起する学習に注目し，熟達者（師匠）の世界に未熟者（弟子）が入り込み，熟達者の周囲で，一見本質とは無関係にみえる周辺的なこと（鞄持ちや家の掃除など）をすることを通して未熟者は学習し，それを繰り返すことで，徐々に本質的な部分（熟達者）に近づいていく過程に着目している。

● CHECK（*）
「観察学習」を提唱したバンデューラの名前も押さえておきたい。バンデューラは，日常の生活文脈のなかで見てまねる行為を通して学習は成立すると考えた。

かつて，地域で自然発生的にみられた子どもの遊び集団のなかに，"みそっかす"と呼ばれる子どもたちがいた。小さな弟や妹の世話を親から命じられた子どもが，同年齢の友だちとの遊びに弟や妹を連れてきて，一緒に遊ぶのである。けれども，自分たち（同年齢の友だち）に比べて発達が不十分な弟や妹が，同じように遊び仲間として成り立つはずがない。そこで，弟や妹は"みそっかす"として遊びに参加することになる。"みそっかす"は遊びのメンバーであるが，正式メンバーではない，なんともあいまいな存在として遊びに参加する。たとえば，缶蹴りをするときに，"みそっかす"の子どもはたとえオニに発見されても，オニになることはない。鬼ごっこやドッジボールをするときも同じである。ドッジボールをしていて，"みそっかす"の子にボールが当たっても「あの子は"おみそ"だから」と言われ，コートの外に出る必要はないし，そのことを遊びのメンバー全員が了解している。
　だからといって"みそっかす"の子は仲間はずれにされているわけではない。自分たちのレベルで夢中になって遊んでいる年上のお兄さんやお姉さんの世界に身を置きながら（年長児は遊びを小さな子どものレベルに合わせてはくれない），彼（女）らの行動をみて，知らず知らず，オニにみつからない方法やこつを覚えていくのである。
　話を当番・係活動に戻そう。先に「年中児や年少児がお手伝いをすることはある」という部分に注目してほしいと述べた。このお手伝いはまさに，正統的周辺参加論の枠組みで説明することができる。飼育小屋で仕事をしている年長児は，小動物の命を守るという重大な役割を果たすために真剣に作業に取り組んでいる。場合によっては，年中児，年少児の姿は頭に入っていないかもしれないし，小さな子たちを「じゃまだなぁ」と思っているかもしれない。
　係になった年長児たちは，それほど一心不乱に，自らの責任を果たそうとしているのである。年中児と年少児は，その姿をみながら，小動物の世話という世界（厳しい世界・たいへんな世界・真剣にやらなければいけない世界など捉え方はさまざまであろうが）全体を感じていく。そこには，「まだまだ自分たちには無理だな」「お兄ちゃんたち格好いいな」「僕（私）にもできそうかな」などいろいろ思いが年中児，年少児にはあるに違いない。そして，そういう体験や思いをベースにしながら，最終的に年長児から小動物の世話の仕方についてのレクチャーを受けることになる。徒弟制の世界でいえば，ようやく，師匠から技に関する直接的な指導が始まるのである。
　唐突に，正統的周辺参加論なる学習理論をもち出して違和感を感じた読者もいるだろう。また，当番・係活動以外の場面でも，正統的周辺参加論は十分に成立すると感じた読者も少なくないだろう。実際，例にあげたように，子どもの遊びのなかでしばしばこの学習理論が見いだされことはある。にもかかわらず，当番・係活動に関するこの章で正統的周辺参加論を紹介したのには理由がある。

最大の理由は，徒弟制の世界でいえば師匠に相当する年長児が，仕事として責任感を感じ真剣に取り組んでいるということである。すでに述べたように，遊びであれば基本的に「飽きたらやめる，遊びを変える」ということが許される。ところが，当番・係活動の場合，それは許されない。当番の内容が小動物の世話などである場合，いい加減な仕事をしていたら，動植物の命にかかわる。とすれば，当然，子どもの取り組みは遊びモードから真剣モードに切り替えられる。そして，この真剣モードがもたらす緊張感が，後輩の年中児，年少児にも伝わるのである。先輩の年長児の姿をみて，後輩たちは「自分もやってみたい」と思うものの，「これは中途半端な気持ちではできない」と，まずは周辺から眺める，あるいは簡単なお手伝いをすることから小動物の世話の世界にかかわっていく。そして，長い時間をかけて，次第に個々の子どものなかで小動物の世話の概要がつかめた頃に，年長児による指導が始まり，その理解が深まるのである。

4）当番・係活動の指導

　今さら述べるまでもなく，現代の保育における基本姿勢は子どもを主体とし，保育者は子どもの興味関心にのっとりながらねらいを設定し，ねらい達成のために環境を通して適切な援助を行うことにある。この姿勢を具体的な指導において実現化するときに，「遊び」は極めて有効な活動となる。なぜなら，ホイジンガ（Johan Huizinga；1872～1945）が指摘するように，遊びには子どもの自発性や自主性が多く含まれているからである。

　ところが，当番・係活動の場合は，遊びと違い，"なかば強制的にやらなければならない"性格を色濃くもっている。前述したように，当番・係活動は子どもが責任をもって物事に取り組み，その結果，達成感や充実感，または「少し大人になった気分」を味わう，というメリットをもった活動である。とすれば，このメリットを生かしながら，かつ子どもの主体性重視，という保育の基本姿勢を両立させることが必要となる。そのために保育者はどのような援助の手立てを考えればよいのだろうか。

　この課題を考えるときに，先ほど触れた「正統的周辺参加論」は非常に参考になる。前項で徒弟制における"師匠"の役割を年長の子どもが担うという文脈で話を進めた。しかし，もっと広い目でみれば，保育現場における"師匠"的存在は，保育者である。つまり，保育者が園内で師匠的存在を担うことによって，そこから，子どもの主体性を損なわない当番・係活動がみえてくるのではないかと考えてみるのはどうだろう。

　幼稚園であれ，保育所であれ，入園（所）してきた子どもにとって，保育者との間に信頼関係（この先生と一緒にいれば安心，この先生は僕〈私〉たちを守ってくれる）が築かれることは，その後の園生活を順調なもの，楽しいものにするうえで必須のことといってよい。もちろん，入園当初は保育者のまわりで遊んで

いた子どもたちは，次第に保育者から離れて，自分たちだけで遊びを展開していく。けれども，物理的な距離は離れていても，保育者が保育室内（園内）にいるという安心感が，集団の遊びの前提になっているのである。

　また，保育者は園内において，子どもにとって学習モデルとしても機能している。たとえば，男性保育者が子どもとサッカーをしている場面を想像してほしい。体力的にも技術的にも明らかに子どもより勝っている保育者の方が，正確にボールを操り，ゴールを決めることができるのは自明のことである。保育者によっては子どものレベルに合わせて，ときには子どもがボールを奪いやすい行動をとったり，弱いボールを蹴ったりすることもあるだろう。もちろん，場合によってはこのような行動をとることも必要かもしれない。けれども，大人の力をみせつけ，本気で子どもとかかわることは，保育者が学習モデルとして機能するうえで重要なことである。「先生にはかなわないな。同じようにやろうと思ってもできないや。すごいな先生は」と子どもが思うこと*は，子どもの主体的な学習（少しでも先生に近づきたい）を生起させるきっかけになるのである。

● CHECK（＊）
威光模倣と呼ばれる。

　むろん，保育者が学習モデルとなる機会は上述のような運動をしているときだけではない。毎日の生活のなかで，保育者自身が自覚していなくても，1つひとつの行為が子どもにとって学習モデルになっているケースは少なくない。むしろ，保育者が自覚的に働きかけていないときの方が学習モデルになっているのかもしれない。なぜなら，そのとき保育者は，「保育者」としてではなく1人の「成人」して大人の行動をとっているからである。子どもにとって，大人が普通にこなすことを，同じように行うことはほぼ不可能である。けれども，前述したように，保育者と子ども間の信頼関係が確立していれば，同じようにできないことはわかりつつも，子どもは保育者の行為を視線で追う。まさに，"みそっかす"のように保育者が仕事をしている周囲に身を置きながら，保育者の行為をみてまねようとするのである。

　当番・係活動の多くは，保育者が（大人が）受けもってしまってもなんら不思議でないものである。給食のときの声かけ（いただきます，ごちそうさま），食器の後片づけ，動植物の世話などは，むしろ，保育者が担った方が効率的に行うことができる。にもかかわらず，なぜ子どもにその活動を任せるのだろうか。ここでは，だからこそ，子どもに当番・係活動任せることに意味があると考えたい。大好きな先生がしていることを，自分もやってみたいという気持ちがベースにあれば，子どもの主体性を損なうことは少なくなる。

　最初の段階では，ミスすることも多いだろう（食器を落としたり，動物小屋をきれいに掃除できなかったり……）。しかし，師匠的存在である保育者のやっていた行為に少しでも近づくよう試行錯誤を繰り返しながら，子どもは仕事のスキルを上げていく。そして，年長児がある程度の仕事をこなせるようになれば，彼ら（彼女ら）はいわば，師匠の一番弟子のようになり，その一番弟子を年中，年

少の子どもたちがモデルとして，再び主体性に基づいた，当番・係活動を通した学習が生まれていけば，保育者は師匠の座からいったん引き，子どもの活動を客観的にみて，適切なサポートの手だてをじっくりと考えることができる。

　これまで，子どもの主体性の確保と当番・係活動の両立という観点から，正統的周辺参加論を参考にしながら述べてきたが，最後にもっとも大事なことを述べなければならない。それは，保育者自身が，子どもにとって"師匠的存在"足り得るか，ということである。先ほど例としてあげたサッカーの場合は，「体力勝負」のような部分が多いので，力任せに子どもをねじ伏せることはできるかもしれない。けれども，多くの当番・係活動は幼稚園・保育所における日常的生活に密着した仕事であることが多い。ということは，保育者自身が，生活者として自立していることが不可欠である。本章は，子どもの基本的生活習慣の自立について述べることを目的とした章であるが，保育者自身が自立していなければ指導どころではなくなるし，場合によっては子どもの育ちに悪い影響を与えることさえあることを保育者1人ひとりが自覚する必要がある。

03 飼育・栽培活動の取り組み

1）自然空間と遊び

　建築学者の仙田満は，子どもの遊びが自然発生的に生まれ，かつその遊びが大人の手を借りずにある程度の時間持続する空間を「遊びの原空間」*と名づけ，以下の6つの空間（スペース）を紹介した。

①自然スペース
②広場スペース
③道スペース
④遊具スペース
⑤アジトスペース
⑥アナーキースペース

　それぞれのスペースについての説明はスペースの都合上割愛するが，本章で注目したいのは①自然スペースである。自然環境豊かな場所（海，山，川，森林など）に子どもを連れていくと，子どもは大人（保育者）が直接かかわらなくても遊びはじめ，大人が遊びを制止するまで十分遊び込む，ということは珍しくない。言い換えれば，自然という環境が子どもの遊びの活性化に貢献するのである。この場合，保育者の援助は最小限で済み，保育者に子どもの姿をじっくりみる時間的余裕も与えてくれる。

　ところが，都市化の進行に伴い，園の周囲に自然環境が豊富にあるケースは，とりわけ大都市圏ではほとんどないといってもよい。とすれば，なんらかの方法

● CHECK（*）
保育者が子どもの主体性を保障しつつ指導を行うためには，計画的な環境構成が不可欠である。「遊びの原空間」は，この環境構成をするうえで，大きなヒントを与えてくれる。

で園児が自然と触れあう機会を設ける必要が出てくる。だから、飼育・栽培活動を保育活動のなかに位置づけるべき、というのはあまりに短絡的である。その前に、今現在、園内あるいは園の周囲に子どもが自然とかかわる機会が本当にないのか、点検してみることは重要だろう。

近くに海や山がないということは、幼稚園・保育所が自然環境にまったく恵まれていないことを意味しない。たとえば、天候の変化や気温の変化、四季の変化などを、あたりまえのこととしていないだろうか。雨や雪、四季によって木々の姿が変わることなどは自然環境として十分意味づけ可能である。また、園外散歩に出かけたときに、ペットとして飼われている動物や、きれいに手入れをされた個人住宅の庭などが、通り道にないかなどを点検することも意味があるだろう。

以下に、保育実習において、実習生が自然環境に関して意味づけをした実習日誌の一部を紹介する。

> ▶事例1 突然の"あられ"から
> 　C保育園は、団地に囲まれている園であり、周囲に緑は少ない。大きな公園に行くにもしばらく歩く必要があり、結果、外遊びは園庭が中心である。ある日、園庭で外遊びをしている最中にあられが降ってきた。保育者は少し相談した後、子どもたちが部屋に入るのを少し先延ばしし、あられと触れあう機会をつくった。
> 　あられを観察しようとした子どもたちは、手にのったあられはすぐ溶けてしまって観察できないこと、地面に落ちたあられで試しても溶けてしまうことを発見する。そのうち、友だちの服にあられがたくさんついていることをみつけ、かたちを観察する。どんなかたちかということにひと通り興味をもつと、次は「なんで溶ける場所と溶けない場所があるんだろう」ということに疑問をもち、地面に触り「ちょっとあったかい」などと話しあっていた。
>
> ▶事例2 蝶とのかかわりから
> 　玄関前に花壇があり、そこには植木や四季折々の花が植えられている。4・5歳の男の子の間ではそこに集まる小さな蝶を手でつまんで捕まえる遊びがはやっていた。花の蜜を吸っている蝶に静かに近づき、羽の部分をつまみ、捕っては離し捕っては離しを繰り返し、何匹捕まえられるかを競っていた。その間に、指についた鱗粉（りんぷん）をみて「うぎゃー、きたなーい！　なんか粉ついた」「大丈夫だよ。だって魔法の粉だもん」「ねえ、この粉のおかげで飛べるんだもんね」などと話していた。
> 　また、子どもが実習生の耳元で「いいこと教えてあげる」とうれしそうに話し、手を引いて花に近づくと、「はい」と小さな黄色い花を差し出した。「おいしいよ」その子は花の蜜を吸いながら子どもどうし顔を見合わせていた。「ちょうちょうさんのごはん、おいしいね」子どもたちが次々に蜜を吸っていくと、5歳児のG君が「今日はもうおしまい。ちょうちょうさんのご飯がなくなっちゃうだろ」と他の子

どもを制していた。

　上記の2例にみられる自然環境は，日本のどの地域でも普通にみられるもの（あられが降ることは珍しいかもしれないが）である。と同時に，普通であるからこそ，意味づけせずに見過ごす可能性もある事例，ということもできるだろう。

　事例1では，降ってきたあられと子どもがかかわる機会を保育者がつくり出している。自然現象のなかでもめったに遭遇することのないあられに対し，子どもはさまざまなかかわりをし，多様な学びをしていることが読み取れる。指導計画にはおそらく書かれていないであろう，突然の自然現象に保育者が臨機応変に意味づけをしたことによって，自然環境に関する子どもの主体的な学びが喚起されたといってよいだろう。そして，保育者が子どもの学びを支える姿勢（認める姿勢）をとったことによって，学びの幅が広がったという見方もできる。もし保育者が，「洋服が濡れるから早く保育室に入りなさい」という考えで対応していたら，あられから得る学びはほとんどできなかったであろう。いかに保育者の適時的な判断＊が重要であるかがわかる事例である。

　事例2は，「植物に対する興味や関心を子どもにもってほしい」と保育者が願って玄関前に設置した花壇にやってきた蝶と子どものかかわりについて紹介したものである。この事例では，はやっている蝶とのかかわり遊びを保育者が認めるなかで，子どもは蝶の身体的特徴を実際に蝶に触れることを通して学んでいる。また，蝶の食べ物を子ども自身が実際に吸うことによって，昆虫の食べものについても体験を通して理解し，さらに，どんな小さな生き物であっても，「食べる」という行為が命を保つために必要であることも学んでいる。「今日はもうおしまい。ちょうちょうさんのご飯がなくなっちゃうだろ」という発言はそのことを端的に示しているといえるだろう。

● CHECK（＊）
ヘルバルトは，状況に応じて的確な判断，行動ができる能力を「タクト（教育的心術）」と呼んだ。

2）飼育・栽培活動の取り組み

　「幼稚園教育要領」における領域「環境」についての説明に，子どもと動植物とのかかわりに関する記述がみられる。

【第2章　ねらい及び内容；環境；2　内容】
・身近な動植物に親しみをもって接し，生命の尊さに気付き，いたわったり，大切にしたりする。

【第2章　ねらい及び内容；環境；3　内容の取扱い】
・身近な事象や動植物に対する感動を伝え合い，共感し合うことなどを通して自分からかかわろうとする意欲を育てるとともに，様々なかかわり方を通してそれらに対する親しみや畏敬の念，生命を大切にする気持ち，公共心，探究心などが養われるようにすること。

また,「保育所保育指針」には子どもと動植物とのかかわりに関して以下のような記述がみられる。

> 【第7章　3歳児の保育内容；3　ねらい】
> ・身近な動植物や自然事象に親しみ,自然に触れ十分に遊ぶことを楽しむ。
> 【第7章　3歳児の保育内容；4　内容；「環境」】
> ・身近な動植物をはじめ自然事象をよく見たり,触れたりなどして驚き,親しみを持つ。
> 【第8章　4歳児の保育内容；4　内容；「環境」】
> ・身近な動植物の世話を楽しんで行い,愛情を持つ。
> 【第8章　4歳児の保育内容；5　配慮事項；「環境」】
> ・動植物の飼育や栽培の手伝いを通して,それらへの興味や関心を持つようにし,その成長・変化などに感動し,愛護する気持ちを育てるようにする。
> 【第9章　5歳児の保育内容；4　内容；「環境」】
> ・身近な動植物に関心を持ち,いたわり,世話をする。
> 【第9章　5歳児の保育内容；5　配慮事項；「環境」】
> ・飼育・栽培を通して,動植物がどのようにして生きているのか,育つのか興味を持ち,生命が持つ不思議さに気づくようにする。
> ・動植物と自分たちの生活との関わりに目を向け,それらに感謝やいたわりの気持ちを育てていくようにする。
> 【第10章　6歳児の保育内容；4　内容；「環境」】
> ・身近な動植物に親しみ,いたわったり,進んで世話をしたりする。
> 【第10章　6歳児の保育内容；5　配慮事項；「環境」】
> ・動植物との触れ合いや飼育・栽培などを通して,自分たちの生活との関わりに気づき,感謝の気持ちや生命を尊重する心が育つようにする。

　上記の内容をみると,幼稚園・保育所ともに,とくに年中児や年長児に対して,動植物とのかかわりに関する記述がみられる。このような記述が「幼稚園教育要領」や「保育所保育指針」に示されているということは,動物の飼育や植物の栽培は,子どもの発達にとって意味あることに他ならない。ここではその意味について「生きること」「死ぬこと」という観点から少し述べてみたい。

　現代社会は情報化社会*であり,都市化や核家族化,少子化が進行した社会であるということは言い尽くされた感もあるが,このような社会の特徴が子どもの発達に影響を与えないはずがない。昨今,生命の大切さについての理解が十分にできていないのではないかと思われるような悲しい事件が相次いでいる。もちろん,哲学者のレベルで生や死を問うことを子どもに要求してもそれは無理なことである。ただし,子どもが日常生活のなかで,生や死に触れる機会をもち,子ど

●CHECK（*）
情報を先取りすることによって,できる限り無駄を省き,効率性や合理性が優先される社会のこと。保育者は,自分自身が情報化社会に生きていることに対して,自覚的になることが重要である。なぜなら,保育実践はこの情報化社会の特徴と性格を異にする部分（必ずしも効率性や合理性が優先事項にならない）があるからである。

もなりの理解を保育者（大人）が必要に応じて支えることは必要だろう。核家族化の進行は，子どもが家庭のなかで，身近な人間の死に直面する機会を減らしている。また，少子化の進行は，子どもが家庭のなかで新しい命が生まれることに触れる機会も少なくしてしまった。また，地域社会が地域共同体として機能していた頃は，隣近所で誰かが亡くなったり，赤ちゃんが生まれたりすれば，その情報は地域に広まり，家族でない人の生や死であっても，「他人事」ではなく，身近なものとして受けとめていた。

　現代ではどうであろうか。情報化社会のなかに生きる子どもたちのなかで，パソコンやゲーム機器を巧みに操る子どもの存在はもはや珍しいことではない。このような子どもたちは，ゲームなどを通して擬似的に生や死を扱うことに慣れっこになっている。けれども，実体験を通して新たな命の誕生を喜んだり，身近な人間の死を悲しむ経験は決して多いとはいえないだろう。このことが，子どもが将来青年になったときの問題行動に直結するかどうかは，多様な意見，立場が存在するし，その因果関係について不明確な部分もあるので，ここでは直接結びつけることは控えたい。ただし，生や死は現実に起こることであり，命あるものはいずれ死ぬということ，そして，だからこそ自分の命がいかに大切か，自分のまわりにいる人たちの命がいかに大切か，ということを実感を伴って学ぶ機会を幼児期にもつことは間違いなく重要であろう。実際に，ある幼稚園であった出来事を紹介したい。

▶事例3　スズメの命と直面する

　（当番活動で）園庭で栽培している植物の世話をしていた子どもが，花の陰にうずくまっている1羽のスズメをみつけた。子どもはそのスズメを両手で抱えて，担任の保育者のところへ持っていき，「先生，スズメが死んでたよ」と報告しつつスズメを保育者に手渡した。保育者は「まだこのスズメは死んでないよ。生きているよ」と言いながら，子どもの手をとりスズメの腹を触らせた。「ホントだ。まだ生きてる」と子どもは答えた。羽が汚れ，目を閉じて鳴きもしないスズメを子どもは死んでいると思ったのだが，腹を触ってみると呼吸をしているのがわかり，まだ生きていることに子どもは気づいたのである。保育者と子どものやりとりをみて，周囲の子どもたちも集まってきた。残念ながら，スズメの息が次第に弱くなり，最期のときを迎えると，ある子どもが保育者からスズメを受け取った。その子どもは「先生，お庭に埋めてきてもいい？」と保育者に聞き，園庭の隅にスズメの墓をつくり始めた。神妙な顔をしていた周囲の子どもたちは「かわいそう」「ホントに死んじゃったの？」などと言いながら墓づくりを手伝ったり，その様子を眺めていた。

　小動物を飼育する，あるいは植物を栽培するということは，命あるもの（動物

や植物）はいずれは死ぬ（枯れる），という現実に直面することでもある。そして，その小動物や植物への愛情が深ければ深いほど，命が途絶えたときの悲しみが大きいことを子どもは学ぶ。合わせて，できる限り命を途絶えさせることがないように，小動物にエサをあげたり，飼育小屋を清潔に保ったり，植物に毎日水をあげたりすることが必要だということを子どもは知るのである。単に，当番だから，義務だから，世話をしないと先生に怒られるから，という理由で動植物の世話をしていたのでは，子どもがこのような学びをすることは難しい。また，命の大切さや，身近な人（動植物も含めて）の死は悲しいものであることを，言葉を通して抽象的に説明しても，子どもが十分に理解することは難しい。保育者は，幼稚園や保育所での生活のなかで起きる，小動物や植物の現実的な生や死を通して，子どもの理解がより深まるよう援助することが求められるだろう。

【演習問題】
①基本的生活習慣の自立に関して保育者は家庭とどのように連携していけばよいか話しあってみよう。
②当番・係活動に子どもが積極的，主体的に参加するために保育者が留意すべき点は何か，話しあってみよう。
③幼稚園や保育所で動植物を飼育，栽培することが子どもの育ちに与える影響について話しあってみよう。

【引用・参考文献】
・厚生省『保育所保育指針』フレーベル館，1999
・文部省『幼稚園教育要領』大蔵省印刷局，1998
・仙田 満『あそび環境のデザイン』鹿島出版社，1987
・仙田 満『こどものための遊び空間対訳』市ヶ谷出版社，1998
・J. レイヴ・E. ウェンガー『状況に埋め込まれた学習』佐伯 胖（訳），産業図書，1993
・小川博久『保育援助論』生活ジャーナル，2000

CHAPTER 5 ●基本的生活習慣の自立と当番・係活動の指導

column 保育方法の最前線「コダーイ・システム」

　コダーイ・システムとは，ハンガリーの作曲家ゾルダン・コダーイ（Zoltan Kodaly；1882〜1967）によって提唱され，弟子たちによって開発された音楽教育法です。音楽を学ぶことが，よりよい人間形成にも役立つと考えていたコダーイは，民謡研究の成果を踏まえ，音楽教育の出発点として自国の音楽に触れることを重視しました。コダーイ・システムではこれを基盤に，近隣諸国の民謡を経て，最後はバッハやベートーベンなど普遍的なクラシック音楽を理解することをめざします。このうち乳幼児期は自

ゾルダン・コダーイ

国の音楽，つまりハンガリーのわらべうたを教材として指導する時期と位置づけられました。わらべうたが子どもの言葉や生活から生まれ，伝承されてきたものであること，音域の面でも，乳幼児期の子どもにとって無理のないものであることを考えれば，自然な取り組みといえるでしょう。

　わが国には1960年代後半からその理論が紹介され，比較的，保育所を中心に実践されてきました。わらべうたの導入は，明治期以来，西洋音楽一辺倒であった音楽教育を見直す機会となりました。音楽と生活，あるいは乳幼児期であれば音楽と遊びが密接につながっていることも気づかせてくれました。また，声が誰でも持っている美しい楽器であることを再発見することにもつながりました。

　なお現在，コダーイ・システムに取り組む園は，わらべうただけでなく，ハンガリーの保育そのものを積極的に導入しています。具体的には伝承遊びやテーマ遊びといった乳幼児期の発達を踏まえた遊びや，詩や素話といった文学などです。つまり，単なる音楽教育としての取り組みにとどまらず，保育全般にわたってハンガリーの保育を手本とした実践が展開されているのです。

【参考文献】
・M. ヴェラ『ハンガリー保育園・幼稚園の遊び』コダーイ芸術教育研究所（訳），明治図書，1987
・コダーイ芸術教育研究所『保育園・幼稚園の音楽―わらべうたの指導』明治図書，1975

CHAPTER 6
総合的な活動の指導と展開

子どもの生活や活動，とくにクラスで取り組む大きな活動はさまざまな力を育てます。保育を総合的な観点から捉え，実践していく方法について理解していきましょう。

　"総合的な活動"というと，考えようによっては「保育はすべて総合的だといえなくもない」と思う人もいるだろう。しかし，指導や展開方法によっては総合的な活動にならない場合もある。子どもに主体性がなく，自分の，あるいは，自分たちの園生活だという自覚が弱いと，いろいろな活動をこなしてはいるが，それらを通して得られる統一感や，達成感には迫っていけない。それだけに保育者が"総合的"ということについて，しっかり意味と内容を把握し，はっきり方向性をもち，しかも，臨機応変に子どもに働きかけていくことが大切になってくる。

　遊びや活動の総合的な展開は，個から集団へ，集団から個へ，あるいは量的や空間的に広がったり，質的に深まったり，友だち関係が密になったりすることが多々ある。日頃からこういった"総合"の働きなどにも目を向けた指導，展開を心がけることが大切である。以後，事例をもとにしながら，総合的な指導や展開について，いろいろな切り口から考えてみたいと思う。

01 遊びと活動の関係

1）遊　び

　保育者は，遊びの意味，種類・技能，遊びの人間関係などを踏まえ，子どもの活動を支え育てていかねばならない。遊びは子どもの生活の中心であり，子どものもっとも自発的な活動だからである。子どもは遊びを通して，集団生活のルール，他者の存在，自律の必要性，言葉づかいやイマジネーション，論理性，感性などを身につけていく。もちろんそこには，仲間はずし，誹謗，中傷，いじわるといったマイナスの要素も含まれる。

　いずれにせよ，遊びは子どもの成長・発達に重要な意味をもっている。このことは現在でもなお幾多の遊びに関する研究がなされ，実践が検討されていることからもうかがえる。遊びに関しての深く掘り下げた記述は，それらに譲るとして，ここでは実践に基づいた遊びについてみていきたい。

（1）遊びと環境

　「遊びは子どものもっとも自発的な活動」と前述したが，かりに保育者が遊び

の提案をしたとしても（きっかけが保育者であっても），いざ遊びが始まれば子どもが主体となって展開していくのが本来の遊びである。そのため，保育者はまず，遊びの"環境"を整える必要がある。環境とは，「遊びの空間」「モノ」「人（仲間・先輩後輩・保育者・大人）」「時間」などである。遊び場所があり，遊ぶ道具が揃っていて，遊び相手がいて，時間がたっぷりあるような状況に置かれると，子どもは主体的に遊び始めるのである。

とはいえ，遊びの"環境づくり"は，たとえば，個人への働きかけを想定したものとクラス全員が一緒に遊ぶことを想定したものとが異なるように，非常にきめ細かい配慮と見通しが必要となる。遊びの環境づくりは子どもの姿に適応したものであることが大切であり，こういった環境をつくり出すのが保育者の役割の1つだといえよう。

(2) 遊びと学び

また，遊びは集団生活を送るのに必要な事柄を学ぶ題材の宝庫だといえる。子どもが主体的に取り組むということは，「真剣に遊ぶ」ということであり，当然そこでは，いろいろなぶつかりあいやトラブルが起こる。たとえば，モノの取りあいではお互いに必要性を強く抱いているだけに，簡単には相手に譲れず，にらみあい，とっくみあいになる。そういった経験のなかで，子どもは相手の思いを知ったり，意志の強さに驚いたりして，友だちを再認識していく。あるいは，自分たちでなんとか問題を解決することで，今まで疎遠だった友だちが親友になったり，友だちづきあいに自信をもてるようになっていく。また，トラブルをめぐってクラス全体で話しあいをすることによって，言葉を使って考えたり，相手にわかるように主張したり，クラスのルールをつくったりすることを覚えていく。その他，たとえば「砂場に大きな落とし穴をつくって，誰かを穴に落とす」という目的のもとに，子どもが数人集まって，議論や相談を繰り返して落とし穴を完成させるという過程は，みんなで知恵を出しあってことを成就させるという経験，つまり集団思考の経験を得ることにつながる。

いずれにせよ，集団での遊びは子どもに多くの問題を提起してくる。そしてそれを乗り越えることで，子どもは人間関係とそこに生じるさまざまなことを学ぶのである。同時に，遊びは個人のアイデアや技能の成長にも大きくかかわる。たとえば保育の現場では，空き箱で自動車をつくっている子どもが，「どうしても動く車輪をつけたい」という強い思いから，失敗を重ねた末，竹ひごやストローなどを使って，動く車輪の取りつけに成功するといった姿も見受けられるが，子どもは，こういった遊びの過程から，「工夫する」ということを学びとっていく。

このように，遊びは子ども集団に対しても，子ども個人に対しても有効な題材を提供してくれるものである。

2) 活 動

　「活動」といったとき，思い浮かべるのは"子どもが何かに取り組んでいる姿"である。それが自主的な動きであれ，保育者の指導の下での動きであれ，子どもの動きを総称して「活動」という。しかし，ここでの「活動」は"音楽活動"や"造形活動"，"劇活動"などのように，保育者がある程度保育の見通しをもって子どもの動きにかかわっている場合に限定して考えてみたい。

(1) 「遊び」から「活動」へ

　子どもが日頃楽しんでいる個々の遊びのなかから保育者が1つを選択し，それを「活動」へと発展させてクラス全員で取り組むことがある。

　たとえば，"ドロケイ"がある。「遊び」における"ドロケイ"の基本的なルールは，

　①泥棒（ドロ）は赤い帽子をかぶって，警察（ケイ）から逃げる

　②ケイは白い帽子をかぶって，ドロを追いかけてタッチする（捕まえる）

　③捕まったドロは警察署（アスレチックの下）に入れられる

　④捕まったドロは，捕まっていないドロのタッチで助けられる

である。この遊びの，＜ドロ対ケイ＞＝＜紅白＞の対抗意識，追いかける・逃げるという緊張感，相手の目を盗んで仲間を助けるスリルなどを生かして，紅白対抗のかけっこを提案していく。

　クラスを紅白に分け，対抗戦かけっこを繰り返していくうちに子どもに飽きがきて，応援にも身が入らないような状況になってくると，今度はドロケイでの"タッチ"の要素を取り入れた提案（タッチリレー）をする。この「遊び」から「活動」への指導のポイントは，

　①クラス大半の子どもが参加している（知っている）遊びであること

　②大半の子が魅力に感じているだろうポイント（対抗意識，スリル，快感など）を活動のなかに取り込むこと

　③遊びの中だるみを予測し，腹案を用意すること

などがあげられる。

　保育者は，子どもが遊んでいる場面をみる際，子どもたちは遊びのどのポイントを楽しんでいるか，どこに魅力を感じているのか，どんな壁にぶつかっているのか，友だちがいないのか友だちの遊びを観察しているだけなのか，というように，個々の様子と遊びの全体像の双方に留意することが大切である。子どもと一緒に遊びながらも，上記のようなポイントで，子どもや遊びを観察することにより，遊びを発展させたり，次の活動に生かしたりしていくことが大切である。

(2) 「活動」から「遊び」へ

　保育者が提案した題材としての「活動」が，その後「遊び」へと発展していく

ケースもある。そこで保育者は，活動を展開する際は，終了後，その活動がどのように遊びに発展していくか事前に予測しておく必要がある。

たとえば，小鳥の擬音楽器による"カッコウワルツ"の合奏活動を例に考えてみる。

> ▶事例1　カッコウワルツから
> 　園では，小鳥の擬音楽器（はと笛，水笛，うずら笛，カッコウ笛，ふくろう笛）による"カッコウワルツ"の合奏活動を予定していた。そこで，
> 　①小鳥になりきって動きや，表現を楽しむ
> 　②楽器の扱いに興味をもち，音による表現を楽しむ
> といったあたりから遊びが生まれてくるという予測を立て，楽器だけでなく，お面や身に着ける羽，プリンカップを利用したくちばしなどの小道具をつくったり，小鳥になっていろいろな天候のなかを飛びまわる身体表現，全員が目を閉じて森をイメージしながらの合奏といった方向へ活動を展開させた。また，約3～4週間の活動展開中は，遊びのときに希望者が自由に楽器を吹いたり，小鳥の小道具を自由に使えるような環境を常に用意しておいた。
> 　その結果，わずかではあるが楽器や小鳥に興味をもった子どもが集まって，思い思いの取り組みをするようになった。さらに合奏活動が終了しても，遊びのときになると楽器を持ち出して笛を吹きながら小鳥になって遊んでいる姿もみられた。また，小道具も自由に使えるようにしておいたところ，常に数人の子どもが小鳥になって飛び回ったり，笛を吹いたりするようになった。
> 　そのうち保育室のおうちごっこと合体するようになり，"小鳥の家族"という設定で遊ぶようになり，"小鳥の言葉"と称して笛だけを吹きながらごっこ遊びをするようになった。その後，小鳥の小道具を身につけて"家族ごっこ"を長い期間遊んでいた（年長児，1学期後半の頃）。

この事例において保育者が意識したポイントは，
①活動の終了後，引き続き希望者が合奏活動で使った物を自由に使えるような環境をつくったこと
②子どもの合奏で遊びたいという意欲にきちんと応えたこと
③活動のなかで終了後の遊びを予測した活動を位置づけていたこと
である。

「遊び」と「活動」にかかわりをもたせるには，どこかにつながりをもたせる必要がある。それがどこなのかをきちんと見極めないと，子どもの興味・関心とずれてしまい，結局保育者に引っ張られた活動，子どもの側からすると"やらされた"受け身の活動になってしまうだろう。

遊びは子どものもっとも自発的な活動であるから，活動もまた子どもが主体的

でなくてはならない。子どもが自発的にまた，主体的に遊びや活動に取り組むために，保育者は将来への見通しを立て，現実の子どもをしっかりみることが大切なのである。

具体的には，1人ひとりの子どもがどこに行き詰まっているのか，それが物的なところなのか技能的なところなのか，仲間関係なのか，保育者との問題なのか……などを1つひとつ検証していく。集団に対しても，たとえば，数人の仲良しグループや生活グループ，あるいはクラス全体に対して，どうなっているのだろうかという目を常に向けていることが必要となる。

こういった日々の観察や子ども理解が指導のベースにあれば，子どもにとってなんら"やらされている感"のない提案や指導が可能になるのである。

02 総合的な活動の展開

1）遊びの展開と保育者の援助

総合的な活動の展開をみていく前に，まず，子どもの「遊び」を保育者がいかに展開させていくかをみていきたい。先に述べたように，子どもにとって遊びとは，主体的で自主的なものである。したがって，保育者は子どもが主体的に主導権を握れるように展開させていく必要がある。そこでの保育者の役割は総合的な視野で遊びを理解し支え，見守っていくだけである。

以下事例で，新入園児（4歳）における遊びの展開をみていくことにする。

> ▶事例2　遊びの流れ──新入園児
> 【4月末】
> 　園庭で1人つっ立ったまままわりを眺めているA男がいた。そこで保育者が近づいて「先生と一緒に遊ぼうか？　何をして遊びたい？」と働きかけた。A男には特別やりたい遊びがないようなので，保育者から「戦いごっこ，しようか？」と誘いかけた。2人で「腕が剣ね」と確認してから，腕で斬りあうような戦いごっこを始めた。
> 　しばらくすると，2～3人の子が「何してるの？」と言いながらやってきたので，「戦いごっこ，やる？」と誘うと，遊びに入ってきた。
> 　こうして保育者とこのときの数人の子どもとが中心になって，毎日"戦いごっこ"が園庭で行われるようになった。
> 　入園当初と比べると，この頃の子どもはだいぶ園生活に慣れてくるものの，まだ何をしたらよいかわからないことが多い。このケースでは，保育者はA男に対して体を動かすことを働きかける方が早く園生活になじめると考えた。その後も，保育者は意識してA男を誘い込むようにした。その結果，保育者の誘いがなくて

も友だちと一緒に"戦いごっこ"をするようになった。そして，1人で所在なげにしていることはなくなった。

【5月中旬】

子どもたちの間で"ヒーローごっこ"がはやりだし，「ぼく，○○マン！」「おれ，△△レンジャー！」と，ヒーローになったつもりで園庭を走り回る姿がみられるようになった。

あるとき，B男が泣いているので様子をみにいくと，ヒーローごっこをしていた4〜5人が，B男を交えてなにやらもめている様子。子どもの話をまとめると，"○○マンごっこ"をしたいB男と"△△レンジャーごっこ"をしたいほかの子どもとで，トラブルになっているとのこと。結局保育者が仲介に入り，○○マンと△△レンジャーとが一緒に活躍する展開に落ち着いた。

4歳児のこの時期は，入園間もない頃に比べ子どもは群れをなして遊んでいることが多くなるが，1人ひとりの気持ちはまだバラバラである。しかも，自己主張や他者との調整も十分にできない。保育者は，これらのことを踏まえて対応することが求められている。

【6　月】

6月に入って，ヒーローごっこをしていた1人の子どもがブロックで偶然"武器"（剣）のようなものをつくり，それを持って室内を走りまわった。それをみたほかの子どもも，我もわれもとブロックで武器をつくるようになった。

以前，新聞紙を丸めて筒状にした"剣"を振り回す子どもがあらわれたことがあったが，その際は，子どもたちは剣を振り回しているうちに徐々に本気になり，険しい雰囲気になってくることが多くなったため，新聞紙の剣は使用中止にした。一方，今回のブロックでつくった武器は実用的でなく，シンボルのようなもので，子どもたちは持ち歩いて喜んでいた。この違いは子どもなりに理解しているようだった。

【7　月】

7月に入ってからは，遊びの空間も園庭だけでなく室内にまで広がり，子どもたちは幼稚園中を遊び場にしていった。

一方，武器を持って走り回るヒーローごっことは別に，武器づくりだけに興味をもち，精巧な剣，アイデアの豊富な剣，さらに武器から別のロボット，車をつくったり，ブロックでより精巧な組み立てを目ざすといった遊びがみられるようになった。

以上の事例を時系列に整理すると，〈保育者からの遊びの提案〉→〈集団での遊び〉→〈軋轢の発生〉→〈遊び道具の作成〉→〈遊び空間の広がり〉→〈興味の多様化〉といった一連の展開をみることができる。

当然のことながら，子どもは遊びの流れや，発展を意識しているわけではない。

そこで，遊びを展開していくうえでは，事例のように，要所での保育者の援助が重要となってくるのである。

適切な援助を行うためには，個々の子どもの精神的・肉体的発達を理解し，日々子どもたちの様子を観察しておくことが必要である。そしてなによりも，前述のとおり，子どもが〈主体的に〉主導権を握れるようにする細心の注意が求められるのである。

2）総合的な活動と保育者の援助

「総合的な活動」とは，子ども自身が導き出したり，保育者が提案し子どもの自己課題意識によって主体的に取り組んでいくような活動の1つひとつを，保育者が意図的に関連をもたせたり，それとなく方向づけたりして，まとまったものにしていくことを想定している。そこでは，保育者はそれぞれの活動をまとめていくビジョンをもち，そこに向かって指導，助言していくことが求められる。

以下の事例3〜7は，11月の動物園遠足を手がかりに，4歳児の活動が展開されていく様子である。

> ▶事例3　遠足前の活動
>
> 　動物園遠足に行く前の10月20〜21日に，空き箱（小，中型）を組みあわせてつくる"空き箱制作"を提案した。空き箱を使って自由に作品をつくることは以前に経験しているので，目新しい活動ではない。ただし今回は「好きな動物をつくろう」というテーマのある提案をしてみた。
> 　導入では動物の外見上の特徴を強調して取り上げ，その部分を表現するように展開した。たとえば，「ゾウは，鼻が長いね」とか，「キリンはどこが長いかな？」，「ペンギンっておもしろいよ。牛乳パックに手と足をつけると，ほら，ヨチヨチ歩きだろう？」，「うさぎはどうしたら，うさぎにみえるかな？」などと，それぞれの動物の特徴表現を話題にしながら展開していった。
> 　活動中，空き箱に黒色画用紙をひげのように切り込みを入れてから，頭部に貼って"ライオンのたて髪"を表現していたC男が，おどけて自分の口に"たて髪"を当てて，まわりの子どもを笑わせていた。

後の活動に生かされた事例である。事前に「この動きを後で活用しよう」という見通しをもったり，以前の活動を思い出して「あのときの動きを使おう」と応用したりというように，活動の展開においては，先行経験を生かすことが重要となってくる。また，日頃からこういった視点で子どもの動きをみていくことも大切である。なお，この2日間の空き箱による動物づくりと動物園遠足との関連については，子どもたちには伏せておいた。

▶事例 4　遠足直前・直後の活動

　11月11日は，動物園遠足である。その前日には，「明日は遠足だよ。みんなはどんな動物を知っているかな？」と問いかけたり，「テレビでみたんだけど，オランウータンが空の高いところを綱渡りするかもしれないよ」，「先生はこんな地図持って行くね」（動物園の案内図をみせる），「お弁当忘れないようにね，それから，おにぎり持って行く人は"さるかに合戦"のように取られないように気をつけようね」などと明日の遠足に対する期待感を高めるようにした。

　当日は列を組んで歩くというよりは，保育者を中心に羊の群れが固まって移動するように，なんとなく寄り添いながら，動物をみて回った。みんなより先へ先へと行く子，気に入った動物の前でじっと見入っている子，保育者の手を握って離れようとしない子など，その行動はさまざま。それでも，クラス全員が列を組んでみてまわるより，1人ひとりにしてみれば自分が納得いくまでみることができただろうと考えた。

　遠足の翌日には，集会で「遠足，楽しかったね。動物いっぱいみたね」と話題を遠足の思い出に移し，「ちょっとみて（壁面いっぱいの"動物園の絵地図"を示す）。この門から入ったよね，最初にライオンバスに乗ったね（ライオンの写真を絵地図に貼る）。次は何をみたんだっけ？」と尋ねた。すると子どもは口々に遠足の経験を叫ぶように発表する。「ゾウ」と答えが返ってくると，ゾウの写真を貼る。そして，「次は何みたんだっけ？」というように，歩いた順に動物を壁面の絵地図に貼っていき，"みてまわった動物園"を完成させた（図6-1）。このようなかたちで動物園遠足の経験を視覚的にまとめ，しばらくの間，子どもの目に入るようにしておいた。

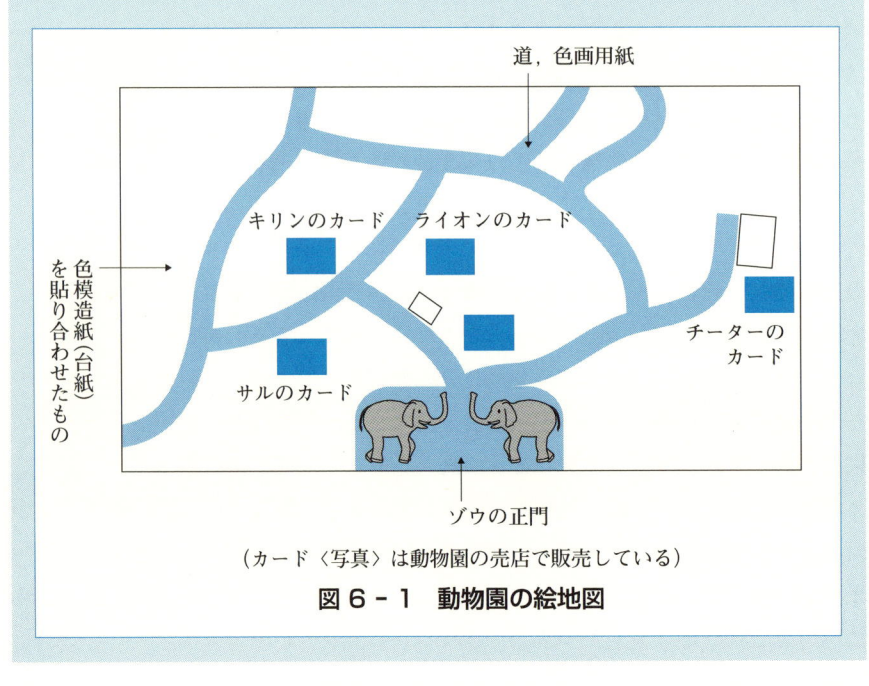

（カード〈写真〉は動物園の売店で販売している）

図 6 - 1　動物園の絵地図

活動を発展させていくにあたっては，子どもたちの意識をいかにそこへ向かわせるかがカギを握る。事例では，遠足の前後にその話題に触れ，子どもたちの注意を引きつけて，その後の活動へとつなげている。

▶事例5　遠足後の活動─動物ごっこ①
　11月15日，数人の子どもが保育室内で"家族ごっこ"をしていた。その時点では犬，猫といった動物の役はなかったが，先の見通しに基づいて保育者から「先生，犬ね！」と言いながら遊びに加わっていった。その後も保育者は「先生，やさしいライオンになるね」と言ってライオン役で遊びを続けたが，遊びに変化が起きないので，少しオーバー気味にライオンを表現してみた。
　すると子どもから「ライオンのおうちつくろう」と言ってきたので，さっそくもともとの家族ごっことは違う，別の遊びとして大積木で囲うような檻（家）をつくった。しばらくは保育者がリードしながらライオンになって動き回ったり，餌を食べるまねをしたりしていた。すると，「ぼく，チーター！」「ぼくはゾウ！」「わたしはウサギ！　ウサギの家はここね」などと，子どもたちの間に動物になって遊ぶ動きがでてきた。
　ここでは，身体表現としてしっかり動きを支えることが大切だと判断し，保育者が率先して動物の動きを身体で表現した。すると子どもも，それぞれ自分なりに動物になったつもりで遊びまわるようになった。

事例のように，保育者は子どもと一緒に遊びながらも，子どもの表現を支えていくことがある。そこでは，子どもと同じように遊んでいても，保育者としての指導性をさまざまなかたちで発揮することが大切である。

▶事例6　遠足後の活動─動物ごっこ②
　もともとの家族ごっことは別の遊びとして動物遊びが発展してきたので，保育者はもとの家族ごっことのつながりをつくろうと考えた。
　そこで，保育者がライオンになりきった様子で「ライオンの餌，届けてください」と携帯電話で連絡する表現をした。すると，すぐに家族ごっこのメンバーが応えて，色画用紙を刻んだ"餌"をプリンカップの容器に入れて配達してきた。その後動物の家と家族ごっこの家との間で，電話で注文する─配達する，という遊びに発展していった。
　さらに，動物の家でも空き箱やプリンカップの容器，色画用紙などを持ち込んで"餌"をつくったり，大積木やコルク積木などで家をつくったりする動きが活発になった。

事例6における"家族ごっこ"と"動物ごっこ"の位置関係は，図6-2のよ

図6-2 家族ごっこと動物ごっこの一関係
（上から見た保育室）

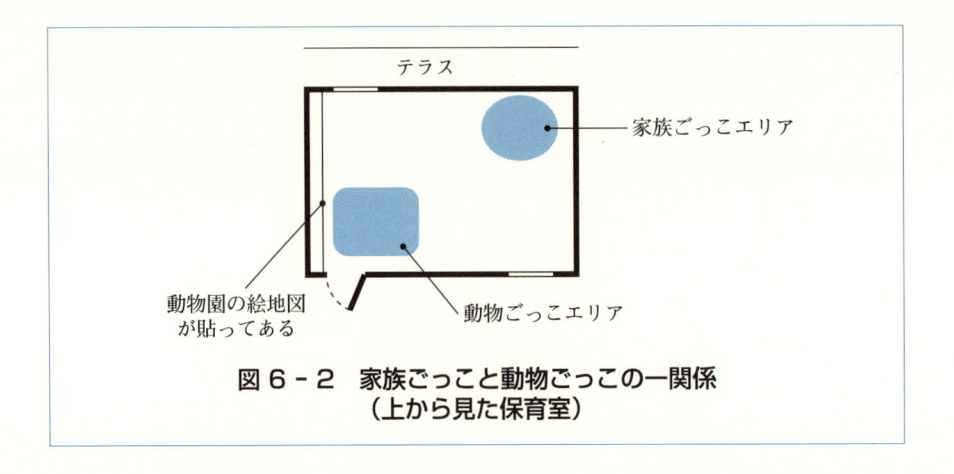

うであったと考えられる。

▶事例7　遠足後の活動—動物ごっこ③
　一部の子どもたちによる一連の動物ごっこがクラス全体に知れわたった頃（11月16日），保育者はクラス全体に向かって「この間，楽しそうに動物になっている子がいたね。みんなで動物園ごっこをしようか？」と投げかけた。すると，子どもたちからは「うん！」という反応。ある程度遊びがみえているので，保育者の「よし，やろう！」というかけ声で全員が一斉に動き出した。
　そこでは今までの経験がさまざまなところでみられた。大積木やコルク積木，自分たちの椅子を並べて囲いをつくり，そのなかにキッチンをつくって，空き箱やカップ類，ままごと道具を持ち込んだり，色画用紙，お手玉，などが餌として準備された。また，ライオンのたて髪から，ライオンの口ひげが工夫されたり，プリンカップにストローのひげをつけ，マスクのように輪ゴムで耳に取りつける小道具もつくられたりした（図6-3）。

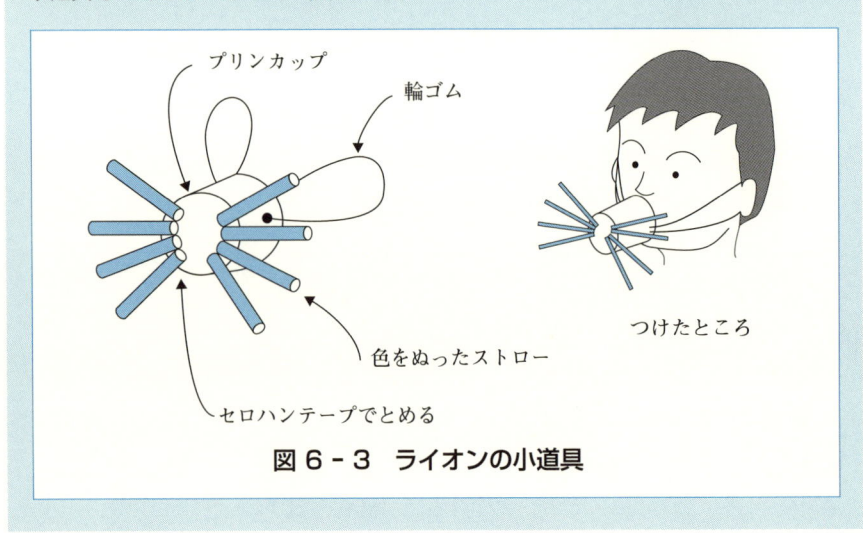

図6-3　ライオンの小道具

> 保育室全体を動物園ということにしたので，部屋の入口が正門という設定で，"キップ"を受け渡す窓口（机）ができ，お金と入場券とをやり取りする子どももあらわれた。遊びの中頃以降になると，動物になった次の瞬間にお客さんになっているといった子も多くなってきた。

　事例は，11月16日の9時30分頃～10時50分頃までの間の活動である。10時30分頃を境に別の遊びに移る子がみられるようになった。それまでは全員参加状態だった。なお，16日以降，"動物園ごっこ"はほとんどみられなくなった。その一方"家族ごっこ"は常に誰かが，コーナーに入って遊んでいた。

3）総合的な活動における目標

　子どもたちに「目標」を提示することで，総合的な活動が効果的に展開していくことがある。子どもたちはその目標に向かって，どうしたらよいかを主体的・組織的に考えて，取り組んでいく。

　以下の事例は，5歳児が合宿（9月22～23日）に行くにあたって，事前の準備の活動を振り返ったものである。1つひとつの活動にはそれぞれねらいがあるが，それらはすべて"合宿"という「目標」に向かっている。もちろん，ほとんどの活動は保育者が提案したり，問題提起をしたものであるが，その後の展開の過程で子ども1人ひとりが主体的に，そして組織的に取り組んでいる姿がうかがえる。

> ▶事例8　遠　足
> 　合宿は，東京の西，多摩川と秋川の合流点付近にある滝山丘陵の"滝山城址"で行う。滝山城址は昔の城跡で土塁だけがその面影を残している。起伏に富んだ地形で，崖登り，崖滑り，木登り，林の探検など，自然遊びにはこと欠かないところである。この合宿の先行経験として，春（5月）の遠足（4歳・5歳）の行き先を滝山城址とし，親子で遊びまわる経験をもたせている。

　子どもたちは，4歳のときと5歳のときの遠足により，合宿の時点ではすでに2回ほど現地に足を運んでいることとなる。そのため，親子ともども，現地の様子はある程度つかんでおり，「どんな場所だろう？」という不安より，そこでの活動内容への期待感の方が強く，この先行経験は子どもたちが共通イメージをもつのに大いに役立っているといえる。

> ▶事例9　仕事（係）の分担
> 　9月6日，4歳児・5歳児をプレイルームに集め，昨年の合宿のスライドをみる時間を設けた。4歳児にとっては来年のことであり，そもそも"合宿"の意味がわからず，あまり興味がわかないようだったが，5歳児は自分たちに差し迫ったことで

あり，昨年お土産をもらったり，動物の世話を任されたりという経験もあるので，真剣にみている子が多かった。

スライド上映の終了後，5歳児を保育室に集め，映像の印象が鮮明なうちに"絵カード"を使いながら，合宿の2日間の活動（生活）の流れを説明した（写真）。「駅に集まって，バスに乗って，どこにいくんだっけ？」「西武滝山台！」「じゃ，お弁当食べたら，何ていうおうちに行くんだっけ？」「滝山荘！」などと，問答形式で流れを確認しながら，活動（生活）を絵カードを使って壁面に掲示していった。このとき，おやつと食事は次の活動の伏線としてとくにていねいに説明し，みんなの関心を高めるようにした。

9月7日，朝の集会後，壁面に貼ってある前日の絵カードを示しながら，「合宿は"旅行"とは違うんだよ。どこが違うかというと，食事の準備はお客さんが自分でするんだって。お布団も自分たちで敷くんだって。どうする？」と話すと，「うん，できるよ！」「僕たちでやるよ！」という返事が返ってきた。

どんな仕事が考えられるか発言させたところ，宿舎ではどんな生活になるか予測がつかないためか「お風呂をわかす！」などという意見が出たりした。そこで，子どもができそうな仕事と，宿舎の人にやってもらう仕事の仕分けを，絵カードを使って保育者のリードで行った。

仕事の仕分けを行ったうえで，「パンツや寝巻きをたたんだり，しまったりは誰がするの？」「自分でする！」「ふとんは誰が敷いたらいいかな？」「ふとん係！」「たいへんだから，みんなで敷く！」「夕ご飯は誰が支度したらいいかな？」「みんな！」「こぼすかもしれないよ？」「押しあいになっちゃうかも？」「じゃ，係にしようか！」などと話しあい，さらに子どもが行う仕事を次のように仕分けた。

・1人ひとりが自分の責任で行うもの
・みんなで一緒に行うもの
・みんなの代わりに係になった人が行うもの

ただし，係をつくって行う仕事の確認をしたところ，食事・おやつ関係の仕事だけになり，役割分担は生活グループの相談に任せた。

合宿生活などの活動において，それがどのようなものかよくわからない状態で，子どもに"仕事（係）の分担"など仕事の内容を考えさせることは無理な要求になりやすい。そのため，まずは子どもに，実践（この場合合宿）のイメージをもたせることが大切となる。本事例では，保育者はスライドやカードを用いて，合

宿に対する具体的なイメージを子どもたちにもたせている。

なお，こういった相談では子どもが提案する"仕事"が本当にみんなに必要なものかどうかを考えるように働きかけないと，各自好きな，やりたい仕事ばかりの発言になってしまう。保育者は子どもに考えさせる部分と，保育者が提案していく部分とをきちんと区別し，考える事柄を整理することが大切である。

> ▶事例10　グループの印づくり
> 　グループの印づくりは，導入として，この活動の必要性を子どもたちに理解させることから開始した。
> 　「合宿にはシャツやパンツ，寝巻きを持っていくね。それから，汚れた下着やズボンをしまう"合宿袋"も用意するんだよ。でも，泊まる場所（宿舎）には1人ひとりのロッカーがないんだ。"合宿袋"は広い廊下の端にグループごとにまとめて，置いておかないといけないんだ。もし，友だちのと混ざったらわからなくなっちゃうね。なにかいい方法ないかな？」と保育者から話しかける。すると，子どもからは「名前を書けばいい」とか「きちんとたたむ」といった意見に混じって，「グループの印をつける」という発言があった。
> 　意見を詳しく聞いたところ，「印のところに荷物を置けばいい」というものだった。他の子どもにも説明したが，賛成はおよそ半数で，残り半数程度がよく理解していない状況に思えた。しかし，印の必要性は実際に混乱を経験しないと理解できないだろうと思い，今回は話を先に進めることにした。
> 　グループの印づくりは生活グループの色（グループ名はすべて色名である。例＝赤グループ）を基本に，数色の似通った色画用紙をちぎって4ッ切りの台紙に貼る。そして，最終的にメンバーが書いた名前のカードを貼りつける。グループごとに貼りこむ色や，ちぎりの大きさ，バランス，名札の位置などを相談しながら作業を進めていった。

　このような活動の必要性は子どもからは生まれてこない。なぜなら宿舎での生活を知らないからで，保育者の長年の経験から判断して，子どもがスムーズに（不必要な混乱をせずに）身の回りの処理ができるように，子どもたちの考えを導いていくことが求められる。なお，この事例のように，1つのテーマのもとにグループで相談しながらことを進めていく場合，子どもなりに必要性を感じなければ，活発な活動になっていかない。理想は実際に荷物の混乱状態を経験したうえで対策を相談するのが望ましい。

> ▶事例11　虫かごづくり
> 　9月9日，子どもたちに虫に興味をもたせるため，近くの神社前の草原にお弁当を持って園外保育にでかけた。あまり虫はいなかったが，それでもクラス全体で，

数種類，数匹のバッタを捕まえることができた。早速，まわりにいた子どもを呼んで，持参したポケット図鑑で名前を調べたり，様子を観察したりした。
　このとき，あえて虫かごを持って行かず，ビニール袋にバッタを入れ，「みせて」と言ってきた子どもには，目の前でわざと，難儀してビニール袋から出すようにしてみせた。
　園に戻り，降園前の集会で，園外保育についての話題を展開していくなかで，「合宿でも虫を捕まえることができるけれど，今日のビニール袋ではたいへんだ」という話をし，なんとかならないものかと子どもたちに相談をもちかけた。
　子どもたちからは，すぐに「虫かごをつくればいい」という提案が出てきたが，どうやってつくるかという話題になると，合宿に持っていくようなコンパクトな虫かごのアイデアが出てこなかった。そこで，保育者は，トイレットペーパーの芯とビニール袋だけを使った虫かごを家庭で考えてくるように，子どもたちに投げかけた。

　事例では，保育者はビニール袋からの出し入れのたいへんさから，虫かごづくりへの発想につなげようとしている。子どもたちも，ビニールの袋では出し入れがたいへんだということは理解したようだった。
　しかし，子どもたちは，既製品の虫かごのイメージから離れられなかったため，保育者は「トイレットペーパーの芯とビニール袋だけを使って」という条件を提示している。翌日，家の人と相談して，ビニール袋の入り口にトイレットペーパーの芯を使ったアイデアで，虫かごをつくってきた子がいた。保育園では，そのアイデアを使って，みんなで虫かごをつくっている。
　このように，保育者は子どもたちにいきなりテーマを与えるのではなく，常に実践に即して物事を考えられるように課題を提示していくことが求められる。

▶事例12　絵地図づくり

　9月10日，昨日の園外保育で通った園から神社までの道順を，子どもと一緒に思い出しながら地図をつくることにした。
　「園の門から，右に行ったっけ，まっすぐに行ったっけ？」「こう行ったね」と言いながらボードに記していく。「ここにコンビニがあったね。この角には信号もあったね」などと，目印も確認しながら絵地図風に仕上げていった。
　絵地図ができあがると，保育者は「これをみれば，どうやって神社や広場に行ったかわかるね。じつは，こんな"地図"もあるんだよ」と言って，各自に合宿地付近の地図を1人ひとりに配り，じっくりみられるようにした。
　すると一斉に，「バスを降りるところ」「おべんとう」「一本橋！」「忍者階段」などと，地図（絵地図）に書いてある説明箇所を読み始めた。なかには「合宿だ！」と，気づいた子どももいた。

ボードとはまったく違う絵だが,地図の仕組みはたった今話題になったものだけに,すぐわかったようで,興味深く見入っていた。

保育者は子どもに配った合宿地付近の絵地図を拡大して,ボードに貼り,地図を指しながら「ここで,お弁当を食べてから,虫取りに行こう。去年はここでトノサマバッタ捕まえたんだよ」などと,各自のイメージを膨らませるように話を進めていった。

子どもたちは地図を"迷路"に見立てて楽しんだり,友だちどうしで地図上の位置を教えあったりと,思い思いにみていた。活気はあったが騒々しかった。

絵地図づくりは,正確さを要求するのではなく,その地図から「実際の場所はどんなかな?」というイメージがもてるようにしていくことが重要である。そして保育者には,その手がかりを与えているのだという姿勢が求められる。

▶事例13　飼育動物

偶然,子どもの方から「モルちゃんは(合宿中)どうするの?」という声が聞こえたのをきっかけに,園で世話をしている動物(モルモット,ウサギ,チャボ,ウコッケイ)の扱いを子どもたちに考えさせることにした。

9月16日の集会のとき,「B子ちゃんが『モルちゃんたちは合宿中どうするの?』って言ってるんだけど,みんなはどうしたらいいと思う?」と問いかけた。

「かわりばんこに,幼稚園に来て飼育当番すればいい」(夏休み中の飼育当番のイメージで発言している)「でも,みんなは合宿に行ってるんだよ。来られないよ」などと相談していると,「ばら組(4歳児クラス)の先生がやればいい」「先生はみんな合宿に行っちゃうんだよ」「じゃ,ばら組の子がやればいい」「そうだ」ということになった。

「ばら組,『いいよ』っていってくれるかな? それに,世話の仕方わからないかもしれないよ。どうする?」「教えてあげる。絵に描いて」「じゃ,そうしようか。世話の仕方がわかる絵を描いて,それを持ってお願いに行こうよ」。

そこで,動物の世話をしている場面の絵を描き,全員で4歳児の部屋に行き「合宿に行っている間,動物の世話をしてください」と頼んで引き受けてもらった。

この事例は,5歳児にとっては動物の"留守対策"である。一方,4歳児にとっては留守中,動物の世話を任されたという自信と,5歳児の合宿に自分たちもかかわっているのだという自覚につながり,さらに,来年の期待にもつながる意味のある活動となる。このように5歳児の合宿ではあるが,園全体にまでかかわりを広げていく働きかけは意味があり,大切な視点である。

なお,4歳児は最初はキョトンとしていたが,担任の補足を聞いたり,絵をもらって,うれしそうな顔つきになった。5歳児は一生懸命に絵の説明をしていた。

> ▶**事例14　荷づくり**
>
> 　9月17日，いよいよ合宿当日が近づいて来たので，荷物の話題を取り上げた。
> 　まず個人の荷物を話題にした。子どもたちは，自分のことだけに比較的真剣に聞いていた。絵カードを使って，カバンと合宿袋に入れるもの，さらに仕分けの仕方などを説明していった。子どもにとって想像もつかない状況なので，半数程度の子はよく理解できていないようにみえたが，家庭で母と子が一緒になって荷造りをすることで期待感が高まってくれたらという思いで取り組んだ。
> 　次に，みんなで使う物を話題にした。「食事のとき，テーブルクロスは幼稚園のものを持っていこうか？　ほかに食事のとき何がいるかな？」というように保育者のリードで準備するものを確認していく。そして，「画用紙，鉛筆，紙芝居，大切なものは，先生が用意するね」「みんなは，おもちゃ，食事のとき使うものを用意してね」「タオル，石けん，ビニール袋なんかはお母さんに用意してもらおうね」というように，荷物の準備や袋詰めなどを一斉に手分けして行った。
> 　9月21日，合宿前日，家庭から荷物を持って登園し，先発トラックに自分の荷物やみんなで使う荷物を積み込み，事前に宿舎に搬入するトラックを見送ることで，合宿気分は一気に高まった。

　子どもたちは，テーマを与えると一生懸命考えようとするが，それが経験したことのないものであると，思うように考えが進まない。事例でも，現地での生活の予測がたたないので，何を持っていったらよいかが皆目見当がつかないようであった。保育者は，現地での活動を子どもたちが具体的にイメージできるようにリードしていくことが大切である。

　以上の事例8〜14でみてきたとおり，いくつかの活動を通して"合宿に行こう"という目標に迫ろうとする場合，1人ひとりのイメージがあまりにも大きく違っていると，盛り上がりや達成感に欠けたものになってしまう恐れがある。保育者は，そうならないように，視覚に訴えたり，子どもの共通経験を活用したりする展開や働きかけを心がける必要がある。
　なお，合宿生活は，日頃の園生活の延長線上に位置づくものである。たとえば，日頃の園生活で身辺整理がうまくできていないと，合宿生活もルーズなものになるし，また，生活グループ内での協力経験が弱いと，合宿での役割分担や協力の姿がみられなく保育者がてんてこ舞いの合宿になるなど，日頃の園生活の様子が反映される活動だといえる。
　ちなみに，この"合宿に行く"ことを目標とした一連の取り組みは，事例であげた"まとまりのある"活動の他に，朝の集会で気軽に合宿に関係した歌（「行こうたきやま」等）を歌ったり，こまめに虫の話題を取り上げたり，自然を生かした遊び（木鬼，色鬼，葉っぱを使った遊び，など）を紹介したり，全員で"自

然広場"で遊んだりというちょっとした活動の積み重ねが支えている部分も多々あった。

03 行事の進め方

　行事は日頃の園生活に区切り・メリハリをつけたり，子どもの目標であったりするものである。したがって，行事は，子どもが主体的に取り組めるものであることが大切である。

　とはいうものの，行事は園の都合，大人の側からの要請で行われるという側面をもっているのも事実である。年間予定表に4月当初から記入されており，あまり子どもの気持ちとは関係なく日にちが決まっている，いわゆる"園行事"もその1つである。

　そこでは，「○月×日に遠足」という当初の予定に合わせ，バスや現地の事情を汲んで，事前に準備をしなければならず，大人の都合や園の事情が優先される。そのため，保育者は行事の捉えと，指導法をよく考えないと，日頃の園生活では味わえない機会を逸することになってしまう。

　そこで，行事を子どもにとって意味のあるものとするには，いかに展開すべきか，以下で考えてみたい。

1）子どもから生まれる行事

　"行事"というと大人側が一方的に予定を立てて，その通りに行うケースが多いようだが，子どもの側から言い出し，つくられる行事も考えられる。

　たとえば，子どもたちが絵をかいたときに，壁面に子ども全員の絵を貼って「みんな，よく描けたね」などと話題にすると，降園後，再び保護者を保育室に連れてきて自分が描いた絵を指差して説明している光景をみることがある。

　"壁面に絵を貼る"ということ自体は，"行事"とはいえないだろう。しかし，子どもの「お母さんにみせたい！」という気持ちを呼び起こし，日頃保育室には来ないお母さんを連れてきてみてもらう，という一連の行動は，この子どもにとっては小さな"行事"といえるかもしれない。

　また，劇活動などをしていて，ある程度うまくまとまってくると，子どもは自信をもつようになり，「年少組にみせてあげようか？」「お母さんにみせてあげようよ」などという声が出てくることがある。その声は，活動にある程度の見通しがつき，1つの区切りをつけたいという思いからくるものでもある。そこで保育者も一緒になって，「それいい考えだね」「年少さんや，お母さん呼んじゃおうよ」「賛成！」と"劇の日"を決め，その日を目ざして劇の仕上げにはりきって取り組んでいく。このような実践も，子どもと保育者とでつくった"行事"と

いえるだろう。

　以上のように，当初から組まれている予定ばかりを行事として捉えるのではなく，子どもの側から生じた活動も行事の1つと捉えて対応していく柔軟な姿勢が，行事を子どもにとって意味のあるものとさせる重要な要素となるのである。

2）展開上の留意点
　それでは，具体的にどのように行事を展開していけばよいのだろうか。ポイントを以下に列記する。

（1）行事の意図を伝える
　行事を行ううえで大切なのは，これから行われる行事が「何のために」「どのような意味で」行われるのかを子どもなりに理解できるように伝えることである。
　たとえば，各種式典なども，意味を理解したうえで参加させることが，たいへん重要となってくる。とくに幼稚園と小学校と合同の創立記念など，式典中の説明だけでは幼児たちには理解しづらいと考えた場合は，事前に機会を設けてわかるように話す。
　また，4歳児にとっての5歳児の修了式などは，自分との関係が理解しづらいので，事前に園を修了するということはどういうことなのかをわかりやすく話しておくことが大切である。

（2）全体像がわかるようにする
　運動会や，音楽会などの大きな行事になると，子どもには行事の全体像が見えづらくなってくる。
　そこで，プログラムなどを活用して，「今，お母さんたちは，歌と合奏の練習をしているんだって」「先生たちは，秘密練習してるんだ」「みんなは歌と何しようか？」などと，それぞれの様子を話し，他の人たちが何をしているかということから，行事の全体像をつかませるようにする。

（3）事前の準備活動に参加する
　行事の準備活動に参加させることで，子どもたちは，その活動を通して全体像をつかみやすくなる。
　その際，行事の全行程の準備活動に参加できるのなら，それに越したことはないが，準備することが多すぎて処理しきれないようなときは，全体の準備のなかで自分たちに関係のある部分だけにでも，参加させるようにする。
　たとえば，運動会なら，自分たちが競技する種目だけを相談・決定したり，そこで使う道具を準備したりするなど，自分たちと直接かかわりのある準備を受けもつようにする。

いずれにしても，そこに参加する子どもをお客さんにせず，「自分たちの行事である」という自覚をもって参加できるように，事前に具体的な働きかけをしていくことが大切である。もちろん，行事そのものは，子どもを中心にし，楽しく，しかも，子どもにとって意味のあるものでなくてはいけない。

04 求められる保育者の姿勢

　1つの活動から，子どもは多くのことを経験するが，その経験の量・質はともに活動と子どもとの間にいる保育者によって異なってくるといえよう。保育者は，子どもの言葉や動き，興味や関心の方向などをたよりに，どの方向に活動を進めていけばよいかを判断することが求められるのである。子どもと会話している間も，「この子は，私の話をどのくらい理解しているのだろう？」「今の言い方は，少し難しすぎたかな？」「別の言い方をしてみよう」などと考えながら話す——。瞬時に子どもの様子を読み取り，分析し，次の手（働きかけ）を考える，といった一連の作業を行いながら，活動を展開していくことが重要なのである。

　また，保育者には日頃からいろいろな分野に興味をもち，常に教材研究につなげるような姿勢が求められる。保育者自身のさまざまな関心が，指導案にはない"ひらめき"や思いがけないヒント，子どもに対する働きかけの切り口を発見することにつながるからである。総合的な活動を展開するには，十分な計画はもちろん，このような日頃の地道な研究の積み重ねが不可欠といえよう。

　総合的な活動に限らず，保育者の働きかけには，「これが正解」というものがあるケースはまれであるため，"実践"は，いろいろな視点（切り口）から検討・反省されることが求められる。より有意義なものとするためには，実践者の個人的な反省だけでなく，第三者（他の保育者等）の判断も交えるようにするとよいだろう。また，こういった検討会を気軽にもてる保育者集団であることが望まれる。

　保育における活動は，保育者個人の努力がベースとなるが，その努力する保育者が集まって知恵を出しあい，試行錯誤することで，よりよい方向へと向かっていくのである。

【演習問題】
①総合的な活動展開において，ともすると内向的な子どもが参加しづらくなる原因を考えてみよう。
②子どもにとって，遊びや活動を発展させるのに必要と思われる室内環境について検討しよう。

③子どもが主体的に取り組んだ行事と，受身的（やらせ式）に取り組んできた行事とでは，それぞれどのような長所・短所があるか説明してみよう。
④遊びのなかで，友だち関係のトラブルが起こる，いろいろなケースを想定して保育者のとるべき対応について，話しあってみよう。
⑤子どもの生活からみて，なぜ総合的であることが大切なのか，幼児の人間関係を中心に書き出してみよう。

【引用・参考文献】
・大場牧夫 他『「総合」とは何だろう―これからの保育⑥』1978

column 保育方法の最前線「カウンセリング・マインド」

　「カウンセリング・マインド」とは，わが国独特の造語です。意味するところは，「カウンセリング的な見方，感じ方」といったところでしょうか。

　もちろん，カウンセリングもいろいろな考えがあります。このうち，保育に生かすべき方法として注目されているのが，カール・ロジャース（Carl Ransom Rogers；1902～1987）が提唱した来談者（クライエント）を中心にカウンセリングを進める方法，つまり来談者中心療法（クライエント中心療法）です。ロジャースは，医療的な観点から指示的な行為を繰り返す従来のカウンセリングでは心の問題は解決できないと考え，この方法に取り組みました。具体的には，援助関係となるようにカウンセラーが「自己一致」「無条件の肯定的配慮」「共感的理解」といった姿勢をもつことが強調されました。この方法により，来談者自身が解決の方策を見いだしていくという，従来の取り組みに発想転換を迫るものでした。

カール・ロジャース

　こうした成果をもとに，保育におけるカウンセリング・マインドでは，心のつながりを大切にする，相手の立場に立ってともに考える，ありのままの姿をあたたかく受けとめ見守る，心の動きに応答することなどが強調されています。ややもすると，「先生＝教える人」と考え，肩に力が入り，子どもとの関係が上下関係，一方通行になっている保育者も多いことでしょう。その結果，無気力，また受け身的な子どもたちも増えている場合もみられます。カウンセリング・マインドの導入は，そのことを見直す機会となることでしょう。

　なお，来談者中心療法を進めるカウンセラーには，体験的に訓練を積むことも求められています。それだけ，こうした態度をとることは難しいわけです。言葉だけの導入にとどまらず，保育者の自己成長も同時に期待したいものです。

【参考文献】
・佐治守夫・飯長喜一郎 編『ロジャース　クライエント中心療法』有斐閣，1983
・氏原寛・東山紘久『幼児保育とカウンセリングマインド』ミネルヴァ書房，1995

CHAPTER 7

知的好奇心の育成と幼保小連携

幼児期には自分で考え，行動する力も求められます。知的好奇心を育むポイントや，小学校生活とのスムーズな接続の仕方について理解していきましょう。

　幼稚園・保育所に過ごす子どもたちは，やがて小学校に入学する。就学を目前に控えた子どもたちは自身の成長を喜び，小学校への期待をふくらませるのであり，保育者は，その期待感を育て，子どもたちの生活が小学校生活に滞りなく移行するよう配慮する必要がある。本章では，小学校への連続を視野に入れ，小学校における学習に意欲的に臨む態度の基礎を養うために，幼稚園・保育所に過ごす子どもたちの知的好奇心を育成する方策について論じたい。

　小学校においては，多くの場合，教師による一斉教授の授業形態をとっている。近年，小学校1年生の教室において，何人かの子どもが教師の話を聞かずに出歩くなどして授業を妨害し，授業が成り立たないことが問題とされるようになった。これに伴って，幼稚園・保育所に対してその責任を問う発言が相次いだ。小学校の指導体制について検証する必要があると考えるが，子どもたちを送り出す幼稚園・保育所の立場としても，この課題に向きあいたい。

　また，幼稚園・保育所と小学校の連携事業についても取り上げ，幼稚園・保育所から小学校に進む子どもたちを支えるための大人たちの協力体制についても考えたい。

01 「一斉保育」の現状と課題

1）「自由保育」と「一斉保育」

　わが国における小学校では，文部科学省が定める小学校学習指導要領に基づき，学年ごとに学習内容が定められている*。学習指導要領に準拠した教科書を用い，私立学校など一部の例外を除けば，全国どこの小学校でも同様の授業実践が行われている。一方，幼稚園においては文部科学省が定める「幼稚園教育要領」，保育所においては厚生労働省が定める「保育所保育指針」によって保育内容の基準が示されているが，実際のところ，各所における保育の内容やその形態などは，まさに千差万別である。

　保育形態にかかわる議論において，「自由保育」や「一斉保育」という言葉を耳にすることがある。「自由保育」においては，子どもの意志を尊重し，子どもの自由な活動を許容して設定された保育形態が意味されている。この際，保育者

● CHECK（*）
中学校における学習内容は中学校学習指導要領において示され，同様に高等学校における学習内容は高等学校学習指導要領において示されている。

の意図を提示することについては，限定されるものとして理解されていることが多い。一方「一斉保育」においては，クラス全員が集い，保育者の計画に沿った活動が行われる保育形態が意味されている＊。この場合，子どもはその行動を律して保育者の指示に従う態度が求められることから，幼い子どもの自由な行動様式を妨げる点が問題にされることがある。

さて，1989（平成元）年から翌年にかけて，「幼稚園教育要領」と「保育所保育指針」の大幅な改訂がなされた＊＊。そして，講習会や出版物において，改訂の主要な点として，子どもの自発性を尊重すべきであることが繰り返し強調された。子どもの自発性の尊重がことさらに強調されるなか，行政から推奨される保育形態は「自由保育」であると理解し，保育者主導で保育を行う「一斉保育」は，まったく許されない時代遅れの保育として受けとめた関係者は少なからずいたように思われる。強調点ばかりがひとり歩きしたことで，一部の関係者において「自由保育」礼賛はもとより，その拒絶といった極端な態度がみられた。その後，「幼稚園教育要領」と「保育所保育指針」がうたう保育者の役割をめぐって，理論的な混乱が指摘されるようになった。子どもがやろうとすることを妨げてはいけないのであれば，そこに保育者が存在する理由は何か，といった問題が問われるようになった。

こうした反省に基づき，1998（平成10）年から翌年にかけて行われた「幼稚園教育要領」と「保育所保育指針」の改訂においては，保育者は子どもの自発性を尊重しながら，「さまざまな役割」を担うものとして位置づけられた。この点には，ことさらに子どもの自由を強調する単純な議論に一定の距離を置こうとする意図を読み取ることができる。そして，保育者が子どもを導く役割を担うことについては当然として，その方法について掘り下げて論じることが求められるようになった。

「自由保育」と「一斉保育」とを対置させて議論するとき，そこでは子どもの意志と保育者の意志とが対置されている。しかし，子どもの意志と保育者の意志とを対立するものと決め付けるのでなく，方法によっては一致していくものであると考えることは可能である。子どもは，好んでいる活動を繰り返し行おうとすることから，そのための時間的なゆとりは大切である。その一方で，子どもは新たな知識や技術を得ることを欲してもいるのであり，より人生経験の豊富な保育者にそのための援助を期待している。保育者は，子どもたちが獲得することによって利益を得ると考える習慣・知識・技術などの内容を，吟味のうえ精選する必要がある。

保育者は，選んだ内容を子どもたちに伝えようとする際，多様な方法を選択する余地がある。興味をもった子どもに限定して伝えるのでよいのならば，環境設定をしておき，その活動に興味をもった子どもが行動を起こすのを見守る。その後，子どもどうしでの伝播を期待することもある。そして，その伝播がクラス全

● CHECK（＊）
「一斉保育」においては，園全体・学年全体の集いなど，クラスの枠を超えた活動もあると思われるが，論を整理するため，同年齢1クラスの形態に絞って論じる。

● CHECK（＊＊）
この改訂において，3歳以上の幼児の保育内容は，「幼稚園教育要領」「保育所保育指針」ともに5つの領域に整理して示された。この5つの領域は共通に「健康」「人間関係」「環境」「言葉」「表現」である。改訂以前は，6つの領域がともに掲げられていたが，その領域の名称に若干の違いがあった。ちなみに，「幼稚園教育要領」では，「健康」「社会」「自然」「言語」「リズム」「絵画製作」で，「保育所保育指針」では，「健康」「社会」「自然」「言語」「音楽」「造形」とされていた。「幼稚園教育要領」と「保育所保育指針」において共通の5領域が掲げられたことは，幼稚園と保育所との歩み寄りと理解でき，ひいては管轄省庁である文部省（当時）と厚生省（当時）との歩み寄りを期待させるものであった。

CHAPTER 7 ●知的好奇心の育成と幼保小連携

員にくまなく行き届く必要があると考える場合もあるし，その必要を認めない場合もある。また，クラス全員に伝えるべき内容がある場合に，子どもたちのなかの偶然性にゆだねるのではなく，方法として「一斉保育」の形態を採用することがある。つまり，遊んでいる子どもたちにその片づけを促したうえ，クラスの子どもたちをもれなく集め，活動に集中する体勢をつくってから，クラスの子どもたち全員にその内容を提示する。この方法をとることがすなわち子どもの尊厳を否定することにはあたらない。

とはいえ，大人たちは子どもたちに伝えようとする内容において欲張りすぎたり，無理を強いたりすることがある。とくに，幼稚園においては，この点において反省し，子どもたちの活動の自由度を保障したいという理念が古くから継承されてきた*。こうした理念が，「一斉保育」を問題とし，「自由保育」と称した保育形態に結実する要因の1つとなった。

次に，「一斉保育」の課題について述べたい。

2）「一斉保育」の現状と課題

（1）「一斉保育」と行事

クラス全員で声を合わせて歌う活動には，1人や少人数では味わえない心地よい一体感がある。クラスみんなで劇をつくり上げていく過程では，1人ひとりが自分の役割を理解して行動するなかで成長し，劇が完成した折にはみんなでその達成感を共有することができる。ただ，それらの活動が保護者や外部の人々に公開する行事とからむと，なかなか子どもたちのペースを保ったゆとりのある活動とはならない場合がある。子どもたちが取り組む必然性に乏しく，いきなり保育者から演目が提示された場合などは，子どもたちのやる気を引き出すのに時間を要することもある。また，保育者の経験年数や力量によって，クラスごとの出し物の優劣があらわになることは，保護者にさらしたくない現実であろう。こうした事情から，子どもたちのペースやその活動過程を大切にすべきであると知りながら，子どもたちを練習に駆り立て，子どもたちが日々疲れ果ててしまうという困った例もある。

そうした現状に問題を捉えたとき，保育者の間で準備過程の負担を軽くするために話しあうことが大切である。しかし，話しあって演目の数を減らすことなどを決めた先にぶつかるのが，保護者たちの反応である。保護者は，例年公開される内容が踏襲されるものと考えていて，内容が減ると，保育者が手を抜いたと思いがちである。子どもたちによる演技をみることによって保護者が心を動かされ，担任保育者やわが子への信頼感を増すことは多くあるに違いない。しかし，その最終段階のみならず，その過程の大切さについても保護者に伝えるなどして，保護者に理解を求めることが必要だ。保護者にわかりやすく説得力をもって語るた

● CHECK（＊）
幼稚園において子どもたちの意志を尊重するべきであると繰り返し唱えたことで知られる人物に，倉橋惣三（1882～1955）がいる。倉橋は，東京女子高等師範学校（現在のお茶の水女子大学）教授を歴任し，その附属幼稚園の主事（園長のこと）も兼任して，戦前戦中戦後の幼稚園教育を指導する立場にあった。倉橋はあまりに著名だが，幼稚園のあり方をめぐる議論においては，倉橋より前の時代に，東京女子高等師範学校助教授の任にあった和田実（1876～1954）の発言に着目が促されるようになってきたことを記しておきたい。大胆にいうなら，明治期に幼稚園が日本に導入されて広められるなか，ほどなくそのあり方の難しさが関係者に認識されるようになったと理解できる。義務教育ではない幼稚園への入園は，保護者の意志にゆだねられてきた。保護者の意志に配慮する一方で，子どもの意志を尊重しつつ子どもの育ちを支える保育について考えることは，日本の幼稚園関係者における永遠の課題であるように思われる。

めには，保育者が自身の保育観について理論的に深めるような思索を日々行っている必要がある。

（２）「一斉保育」における「１人担任」の限界

　子どもの行動範囲を制限しない「自由保育」では，担任保育者の視界から離れた場所で活動する子どもがいて当然であるから，保育者どうしの連携によって子どもたちに目を配る必要がある。一方，「一斉保育」で担任保育者が１人でクラス全員の子どもを目の前にして指導を行う場合でも，状況によっては，保育者１人ではクラス全員の子どもに目が行き届かない現実がある。

　クラス担任の保育者が，クラス全員の子どもたちを集めて造形活動の指導を行う場合など，その材料や手順について周到に準備しておく必要がある。こうした下準備を怠ると，子どもたちが活動の過程で困惑し，混乱を極める事態になりかねない。子どもたちそれぞれに異なるペースを見守りながら，クラス全体の活動を導く力量は，経験を積んでこそ獲得していけるわけで，新人保育者や実習生にはなかなか難しい指導である。

　私は近年保育者養成に携わっているが，以前，いわゆる領域「表現」にかかわる授業科目を複数の教員で担当したことがある。背景が異なる者どうしの議論には興味深いものがあった。あるとき，幼児の造形活動にかかわる指導案を書くという課題を学生に課すことになった。保育一般を担当する立場で参加していた私が，指導案の書式を用意した。そこに，子どもたちの造形活動を指導することに経験を重ねている教員（女性。以下，造形の教員）が関与することになった。そして，指導案の指導にかかわって，彼女と私との間で，思いがけずいくつかの対立点が浮き彫りになった。

　そのなかでもっとも印象的な論点は，学生が１人でクラス全員の指導を行うことが可能かという問題であった。必要な物品をもれなく用意し，物的環境や指導の手順について事前に周到な計画を立てるという点においては，私もその造形の教員も認識は一致していた。だが，たとえば25人くらいの４〜５歳児クラスで，１人の保育者が全員を指導するという根本的な形態において，真っ向から対立してしまった。私は，学生が実習に赴いたときに行ういわゆる「部分実習」ないし「責任実習」*を想定し，１人で担当する計画においてはやむなしとした。一方，造形の教員は，子ども５人に１人くらいの大人がスタッフとして担当するのは当然とした。長年経験を積んできたその方自身も，幼児を指導する際にはそのくらいの配置をするとのことで，実際，美大生数名が助手の役割を担うようだった。

　実習生の指導が，多くの場合子どもたちを混乱させ，子どもたちに大きな負担になることは私自身承知しているし，たとえうまくいったようにみえたとしても，その現場の保育者の日々の実践に多くを負うものであろうと想像する。しかし，力がないからといって，はじめから現場の先生に補助をお願いすることを前提と

●CHECK（＊）
保育者養成校において，保育士資格の要件として保育所や児童福祉施設等で30日間の実習と，幼稚園教諭免許状の要件として幼稚園での４週間の実習とが実施されている。幼稚園実習を例にとると，学生はまず「観察実習」として保育のありようを観察する機会を得る。その後，保育の一部分（絵本や紙芝居の読み聞かせや造形活動の指導など）を担当する「部分実習」や，１日の保育を担任に代わって担当する「責任実習」を担当する。その名称等に違いはあるが，多くの養成校において，実習に同様の段階を捉えて指導を行っている。

した指導案を学生に書かせることはできないと考えた。それをすると，学生は現場で補助をしてもらえるのが当然として理解するであろう。担任の先生1人に補助をお願いするくらいなら許されるかもしれない。しかし，子ども25人に5人の大人が必要だとするなら，実習生以外に4人の動員をお願いしなければならない。保育現場の実情からして，そうした発想は受け入れてもらえないように思えた。

しかし，造形を専門とするその教員は，譲らなかった。子どもたちの造形活動の指導において，スタッフの数は確保しなければ，子どもたち1人ひとりに目が行き届かないと主張した。目が行き届かないとわかるような指導計画は容認できないという立場だった。われわれの間の対立は容易には解けなかったが，造形活動において指導にあたる大人の数は十分確保しなければならないという理念は学生に伝えながらも，今回は学生1人で子どもたちの指導にあたる計画をつくらせるというあいまいな決着に落ち着かざるを得なかった。

じつは，私はその造形の教員に対して，すがすがしく思っていたし，保育現場での常識を覆すような指摘をしてくれたと考えている。実際は，それだけの人数をあてなければ，子どもたちは路頭に迷ってしまい，造形活動の醍醐味を得られずに終わってしまうかもしれない。はじめて出会う素材にとまどう子どもは，とまどうまま時間をもてあまし，周囲の子どもとの語らいに活路を見いだしてしまうことが懸念される。しかし，恐る恐るやってみたことに，「それでいいよ，もっとやってごらん」と大人に告げられて，勢いを得て活動を開始する子どももいるだろう。1人ひとりのとまどいや驚き，発見を大人が身近で捉えることによって，適切なかかわりをすることができる。子どもがその活動を持続させていった結果，本人も周囲もその美しさを認める作品ができあがったとき，その子どもは達成感とともに自信を得て，次回の活動を心待ちにするだろう。遠くにいる保育者が指示することを理解できず，活動を楽しむことができなければ，子どもはその場に連れてこられて，その場に拘束されただけで意味を得ずに終わってしまう。

複数の幼稚園・保育所の実践を観察する機会を得て捉えるのは，「自由保育」であれ，「一斉保育」であれ，十分子どもたちに目配りがなされていない現実である。おそらく，現場の保育者は，自身の視界から離れた子どもたちの姿について把握できていない現実については気づいている。あるいはまた，把握していないことは認めたくない，そのことで他者から指摘してほしくないと感じている。保育者1人ひとりの自覚を待つことも大切だが，人の数が足りない，その根本的な問題が解決されなければ，保育者を責めあげ，苦しめるだけである。

保育現場で行われている多くの「一斉保育」には，じつはもっと多くの人的配置が必要なのだ。活動の内容によっては，指導者数名がその指導にあたって1人ひとりの活動を見守る——こうした発想は保育関係者に共有されてこなかった。むしろ，わずかな数の超ベテランが1人でやってのけることを根拠に，経験や力量が足りない保育者がその責任を問われるだけだった。だが，その1人の保育者

の力量を問題にするだけでなく，そもそもより多くの人的配置が必要であるという発想が必要だ。

　子どもは，「一斉保育」の充実した活動を経ることによって，保育者に信頼を寄せるようになる。「一斉保育」の時間に意味があると実感できなければ，クラスに集うことにも意味を見いださないだろう。「一斉保育」において，大人の指導によって自身の力が引き出されるような活動にならなければ，子どもは席を立つかもしれない。そのことに十分な対応ができなかったら，子どもは，保育者主導で展開される時間に席を立つことに躊躇しなくなってしまう。そうした態度を身につけた子どもを小学校に送り出すことは許されない。子どもたち1人ひとりにとって充実した時間となるよう，人的配置を含めた十分な準備を行いたい。

（3）「一斉保育」における人的配置の工夫

　これまで，1クラスに1人の担任という発想について批判的に論じてきた。ちなみに，保育所における乳児保育（0・1・2歳児）では，複数担任制をとっていることがほとんどであろうし，幼稚園・保育所の3歳児クラスでも複数担任で保育にあたっている例は少なくない。しかし，4・5歳児となると，子どもたちの安全も確保できることから，1人のクラス担任によって多人数を保育する例は圧倒的に多い。たとえば，保育所における保育者の人的配置については，児童福祉施設最低基準に従って満4歳以上の子ども30人につき保育者1人という基準をクリアすれば，法的には問題ないことになっている。保育の質を考えれば，この基準ではあまりにお粗末であることは言うまでもなく，制度上の見直しが待たれるところである。

　多人数の子どもを1人で担任するという発想を問い直す試みの1つとして，「ティーム保育」がある。「ティーム保育」と称した保育形態では，複数の保育者の連携によって子どもたちへのかかわりの質を高めることを目的としている。ひと言で「ティーム保育」と言っても，多様な形態が想定できる。たとえば20人程度のクラスを複数の保育者で担当するとして，クラスの枠を崩さずに1つの活動や方向性を共有して，1人の保育者が主導で対応する場合もあろうし，異なる活動を行う複数のグループが想定される場合もあるだろう。よく子どもたちに目が届くことに伴って，逆に保育者が自らを律すべき局面もあるに違いない。ともあれ，各所における「ティーム保育」の試みから，1人担任の限界に向きあい，子どもたちへのかかわりの質を改善しようとするメッセージをくみとりたい。

　1人の保育者が担当する子どもの数をより少なくすることが必要であり，そのための財政的な支援は急務である。ただ，それだけでなく，保育現場において多様な工夫を試みたい。先述の造形活動の例では，5人くらいの子どもに大人1人が対応するような手厚いかかわりが求められたが，たとえば4歳児の1クラス25人の子どもたちに対して常時大人5人が対応する状態は必要ないかもしれない。

だとしたら，必要な作業において，保育者養成課程に学ぶ学生や幼稚園・保育所に勤務した経験をもつ地域の人々を，助手として採用することも一案だ。その際，助手として関与する人々が指導方針について十分理解して，指導に臨むことが必要である。こうした体制をつくることで，子どもが造形活動に取り組む際の迷いやとまどいを，1人ひとりに応じてしっかりと受けとめ，助言し，さらに達成した喜びを共有することができる。

　「自由保育」であれ，「一斉保育」であれ，1人ひとりに目が行き届く形態が子どもにとっては最善の保育である。適切な人的配置によって，子ども1人ひとりの「できた！」を支えたい。その「できた！」は，子どもに自信をもたらし，「またやってみたい！」という意欲へとつながる。「自由保育」か「一斉保育」かという形態にかかわる保育者の選択が問題なのではなく，子どもたちの意欲，知的好奇心が確実に育まれているか否か，この点を評価することが大切である。

02 知的好奇心を育む保育

1) 知的好奇心を育む基盤としての安定感

　子どもたちを小学校に送り出した暁には，勉強が楽しいと思えるようであってほしい。そのために，幼稚園・保育所において，小学校での学習意欲の前提となる知的好奇心を育てたい。知的好奇心とは，「知」にかかわることに強い関心をもつ心の傾きであり，自身の知識を広げること，技術を高めること，成長することに対して意欲をもって取り組む態度となって現われる。そして，活動の結果には，「やった！」「おもしろい！」「できた！」などという達成感や突き動かされるような喜び，有能感がもたらされる。そんな有意義な活動を子どもたちにたくさん経験させたい。そして，「もっとやりたい」「うまくなりたい」という子どもの意欲を育てたい。

　知的好奇心は，生まれもって子どもに備わっていると考えられ，周囲の大人とのかかわりのなかで周囲への信頼感・安定感を得ることで育まれていく。つまり，人とのかかわりに不安感をもって生活する子どもに，知的好奇心を育むことは難しい。保護者と保育者の配慮あるかかわりのなかで，子どもは安心してその世界を広げていくことができる。そうした安定感こそ，知的好奇心の基盤である。

(1) 乳児期における安定感

　子どもの知的好奇心の芽生えは，新生児期からすでに見いだすことができる。母体の外に出たときから，子どもにとっては新たな世界を知る過程が始まったといえる。生まれて間もない新生児でも，その名前を大人が呼びかけたとき，ふと動きをとめて耳を傾けているように感じることがある。それは，周囲の気配のな

か，とくに人の声にはそれを聞き分けて敏感に反応する証であり，周囲との対話の原初段階である。ほのかに見いだせるだけだったほほえみは，日々のかかわりのなかで，豊かで確かなほほえみとなる。子どもは空腹時や身体的苦痛を感じるとき，泣いて大人に知らせるが，やがて抱き上げてもらうことを求めて泣く姿もみられるようになる。抱き上げてもらってあたりを見渡したり，何かを注視したりする姿からは，寝ているだけではみることのできない世界への関心を捉えることができる。

　モノをしっかりと握り，それを口にもっていくことができるようになると，それをみつめるだけでなく，口でもその感触を確かめたりする。ハイハイができるようになってどこにでもその身を運ぶことができるようになると，大人は目が離せない。家庭では，目を離したすきにトイレで便器を触ったり，危険な物品に手を出したりと，その行動を制止しなければならない場合は多い。大人の財布をいじったり，母親のバッグの中身をすべて外に出したり，そうしたほほえましいいたずらに集中することもある。子どものためのおもちゃを用意していても，それだけでは満足せず，大人の持ち物を探索することへの興味は尽きない。大人にとってはいたずらでも，子どもにとっては何かに取り組む集中力を養っているようにみえる。そんな姿を捉えて，好奇心旺盛と形容することがあるが，まさにその好奇心は知ることへの好奇心であり，知的好奇心の源である。ほんのわずかなひとときでも，みる，さわってみる，持ってみる，ながめてみる，ときにはなめてみる——そんなひとり遊びの機会こそ，その賢さを育てる機会である。

　自在に歩行することができるようになった子どもは，ますますその行動範囲を広げていく。モノを何かに見立てたりするようになり，大人の行動をまねてみたりする。モノを操作しながら，子どもは目の前に広がる世界とは異なる次元の世界を頭のなかに描いている*。モノを操作する活動は持続するようになり，子どもは活動のきっかけとなったモノを好むようになる。モノへの関心は，それを用いることでもたらされる活動への関心でもある。なめてその感触からモノを認識していた時期から進み，モノを活動の手段として捉えることができるようになったことになる。まさにそれは，その子どもにとっての知性が育っていることを意味している。

　さて，子どもの乳児期に，その成長をたどってみた。子どもが生まれもっている賢さは，周囲の大人とのかかわりのなかで育っていく。子どもなりの小さな投げかけを大人が受けとめることで，周囲の環境への信頼感が育つ。その信頼感・安定感は，すべてに優先する子どもの意欲の基盤である。

　乳児期初期までは，保護者がその役割を一手に引き受けるのであり，乳児院における養育を除いて，保育者は産休明けからのかかわりとなる。昨今，保護者の未熟さが指摘されるようになって久しい。保育者は，子どもたちの保育だけでなく，保護者を育てる役割も負うことが求められるようになった。保育者の側では，

● CHECK（*）
「保育所保育指針」における1歳3カ月から2歳未満児の保育内容と2歳児の保育内容のなかで，この頃の特徴の1つとして象徴機能の発達があげられている。象徴機能とは，あるものを別のもので置き換える働きをいうが，これは言葉の獲得などにかかわる重要な発達である。食事のときに用いる道具を，人は「スプーン」と呼ぶが，その対応関係こそ，象徴機能の発達があってこそ成立する。また，積み木をケーキに見立てて食べるまねをする子どもの姿からも，象徴機能の発達を捉えることができる。

保護者へのかかわりの難しさが嘆かれるようにもなっている。とくに若い新人保育者の負担感は大きいことから，適宜他の保育者が援助する体制をつくりたい。

　入園した子どもに出会った段階で，保育者は，その子どもが保護者との関係を十分築けていないことに気づき，無力感にさいなまれることもある。保護者への指導に難しさが伴うことは事実であるが，まず，保育者が子どもに愛情深く接することを心がけたい。保育者が子どもの育ちについて喜びをもって報告することで，保護者はわが子の成長に気づき，それを喜ぶべきであることに気づくとともに，保護者は自身が大切にされていると感じる。保護者を支えることで，保護者がわずかでも変われば子どもも変わる。そのことで，子どもが安定すれば，子どもは本来もっていた力を発揮する。もちろん，子どもの先天的な気質のありようによって，保護者が子どもへのかかわりに困難を感じ，容易に連関的な関係を築けずにいる場合もある。幼稚園・保育所だけで解決できない事例については，相談機関との連携によって保護者を支える必要がある。

（2）幼児期の集団保育における安定感

　幼稚園・保育所においては，保育者が子どもたちのよりどころとなる。まず，特定の保育者との絆を築くことによって，子どもは安定感を得て，行動範囲を広げていく。そんななか子どもが出会うのは，友だちという存在である。先述したように，子どもはお気に入りのモノにこだわるようになる。こうした意欲が育つことに付随して，集団保育の場では，子どもたちの間でひんぱんにいざこざが起こってくる。同年齢の子どもと過ごす幼稚園・保育所においては，2～3歳頃，おもちゃをめぐって，友だちどうしで対立し，激しいけんかが起こるようになる。子どもはモノを扱うことに興味をもっていても，ともにそのモノに興味をもつ友だちの存在によって，それを手にすることが実現しないもどかしさを感じるようにもなる。いざこざは子どものモノへの強い関心を意味するものであり，それを用いた活動への強い意欲を示すものでもある。根気よく友だちの存在について説明して伝えながら，1人ひとりの意欲の高まりを喜び，これを育てたい。

　成長するに従い，子どもは友だちが一緒にいると楽しいと感じるようになる。お気に入りの友だちができ，特定の子どもどうしが互いに求めあうようになる。朝登園して，一緒に過ごしたい友だちが来ているか，自分を待ってくれているか，そんなことが気になってあたりを見渡す子どももいる。誰と過ごすか，そのことでどんな気分になるか，4～5歳くらいの子どもにとっては，その人間関係が大きな関心事となる。子どもは，誰と過ごすかによって自分が行おうとする活動の展開が異なることに気づいている。だから，活動の展開を妨げるような幼さをもつ友だちを排除しようとすることもある。それを仲間はずれだとしてとがめることはたやすいが，他方，活動を持続させて内容を深めようとするには，それにふさわしい仲間が必要だと考える子どものこだわりについても一旦は受けとめてや

りたい。そのうえで，誰でも受け入れること，活動を持続させ展開させること，これらを両立させるために見守り，指導していきたい。

クラス替えの後，子どもたちがそわそわしていることに象徴されるように，子どもは，担任保育者との絆のみならず，友人どうしの人間関係においても安定した環境を望んでいる。友だち関係における安定感もまた，知的好奇心を育む基盤となることから，子どもたちの人間関係を把握し，1人ひとりへの適切なかかわりを心がけたい。そして，その知的好奇心を育み，世界を広げていく姿を見守りたい。

（3）5歳児における「協同的な学び」を育む安定感

幼稚園・保育所における最終年度の子どもたちは，保育者との絆を基盤に，友だち関係における葛藤を乗り越え，その場を構成する担い手としての安定感を獲得する。その年度はじめにクラス替えがあった場合でも，初秋頃には落ち着き，5歳児ならではの力強い活動を展開する。子どもたちは，友だちと力をあわせて何かをつくり上げる活動に喜びを見いだすようにもなり，友だちや家族，地域の人々に役立つことに関心をもつようにもなる。

こうした5歳児の姿を捉え，「協同的な学び」なる活動を位置づけようとする動きがある。文部科学大臣の諮問機関である中央教育審議会*の答申によれば，「協同的な学び」とは，「幼児同士が，教師の援助の下で，共通の目的・挑戦的な課題など，一つの目標をつくり出し，協力工夫して解決していく活動」であるとされる。こうした活動を5歳児の生活に位置づけていくことが推奨される背景には，5歳児の生活が小学校生活に円滑に続いていくようにとの配慮がある。1人ひとりの興味に応じた子どもたちの遊びを尊重する保育と，各教科に教育内容が用意されている学校教育とは，大きくかけ離れたものであり，その間をつなぐ思想が必要になったと読み解くことができる。「協同的な学び」は，そこにそうした活動を見いだす必要から唱えられるようになったともいえる。「協同的な学び」の意味するところはあいまいであることから，関係者がその課題を引き受け，内容を熟考することが求められている。

ある私立幼稚園には，毎年3学期に5歳児が取り組む恒例行事がある。2月中旬，保護者を招いてお店を開くというもので，長年継承されてきたこの行事は，子どもたちの園生活の集大成として位置づいている。ある年を例にとると，テレビ局，アクセサリー屋，お化け屋敷，レストラン，遊園地の各グループに分かれて活動が展開された。1カ月にわたる活動の過程で子どもたちを支えたのは，「おうちの人に喜んでもらいたい」という思いだったように見えた。活動では，下の学年の子どもたちもお客さんになったり，のぞきに来たりしていたので，そうした異年齢のかかわりあいが次の学年へと継承される要因となっていたようだ。参観日の当日，保護者も子どもたちの成長を実感することとなった。行事を

● CHECK（*）
中央教育審議会（略して中教審）は，文部科学大臣が指名した委員によって構成され，大臣の諮問を受けて内容を審議し，その結果を答申として公にする。5歳児の「協同的な学び」に言及のあった答申は，「子どもを取り巻く環境の変化を踏まえた今後の幼児教育の在り方について―子どもの最善の利益のために幼児教育を考える―」と題されたもので，2005年1月28日に発表された。

終えた後，その余韻のなかで子どもたちは卒園を迎えた。こうした一連の取り組みにこそ，「協同的な学び」を見いだすことができるように思われる。今後もそのキーワード「協同的な学び」を手がかりとして小学校への連続について考え，そのキーワードの是非を含め，議論を深めたい。

2）言葉にかかわる知的好奇心を育む

これまで，知的好奇心を育む基盤としての安定感について述べ，知的好奇心が発揮される前提となる子どもの心もちや意欲に焦点をあててきた。子どもの知的好奇心は多様なものに向かうが，子どもが出会うものの1つに，言葉を取り巻く世界がある。大人の話を聞いたり，大人や友だちと会話をしたり，自身の要求や考えについて話したり，大人に絵本を読んでもらったりするなどの多様な状況を経て，子どもの語彙数は増し，表現も豊かになり，やがて文字への関心も養われていく。生活のさまざまな状況を捉えたかかわりのなかで，子どもの言葉にかかわる知的好奇心が育まれていくものと位置づけ，その方策について考えたい。

小学校入学の折，少なくともひらがなについてはひと通り読んだり書いたりできる能力を子どもに求める保護者は多いであろう。実際，入学してほどなく，教師は翌日持参すべき持ち物を連絡帳に書き込むよう，指導する現実があることからして，保護者の願いはあながち的外れではない。ただ，この連絡帳に持参すべき持ち物を書くという活動1つとっても，文字を書き写す能力だけでなく，子ども自身が自分で使うものを家庭から忘れずに持参することの大切さを理解してこそ，成立する。教師の話を聞く態度も体得できていることが求められる。

幼稚園・保育所において言葉にかかわる知的好奇心を育む方策について，多様な状況を捉えて論じることとしたい。

(1) 子どもの言葉を育むかかわり

先に，新生児期からの子どもの知的好奇心のめばえについて述べたが，言葉もまた，周囲の人とのかかわりのなかで獲得されていく。新生児期でも，子どものかすかな発声を聞くことがある。養育にあたる大人はその声に応え，語りかけたい。周囲の人とのかかわりのなかで，喃語と呼ばれる子どもの発声は，しだいに意志を伴い，力強いものになっていく。「あ〜」という子どもの声に「あ〜」と同じ声を返したり，「"あ〜"って言ったのね。お話じょうずね」と言葉をかけるなどして対応したい。やがて，子どもは抑揚のある喃語を発するだけでなく，身振り・手振りによって大人に意志を伝えるようになる。それとわかる単語を子どもが発するようになるのは1歳過ぎであるが，身近で養育にあたる大人は，そのずっと前から子どもと意思疎通ができていると感じている。そうした関係によってもたらされる安定感こそが，言葉はもちろん，さまざまなものへの知的好奇心を育む基盤となることは繰り返している通りである。その後，言葉は二語文と

呼ばれる形態に移行し，子どもの語彙の獲得は勢いを増していく。家庭でも，集団保育の場でも，1～2歳の子どもの身近に過ごす大人は，努めて子どもに言葉をかけたい。指示するときに言葉をかけるだけでなく，自身の行動を実況するかたちで話しかけるのも楽しい。いっしょに遊び，たくさんの語らいをしたい。

　さて，3歳以上の子どもを念頭に，集団保育の場でのかかわりを考えたい。子どもが，前日に家族と出かけたことを楽しそうに報告してくることがある。ただ，残念ながら話の内容を十分理解できないこともある。事前に家庭から情報を得ていると，子どもが話そうとすることに共感しながら会話を交わすことができる。わからないことがあったら後で保護者に尋ね，その話題をあらためて子どもに投げかけることも大切である。クラスの友だちと遊んで戻ってきたことを元気に報告してくれることもある。一方，遊びに必要な素材を求められることもあるし，援助を求められることもある。子どもとの信頼関係を築く機会であると同時に，子どもの言葉を育む機会でもある。いつも多数の子どもの動向を気にしなければならない立場にあっても，手を止めて子どもからの問いかけを受けとめたい。

　子どもと保育者との会話だけでなく，子どもには集団のなかで保育者の話を聞く経験をさせたい。保育者の話を聞く体勢をつくり，子どもたちが話に集中しやすい工夫をする。作業に必要なものを自宅から持参するよう，子どもたちに伝える活動も適宜行いたい。保護者にあらかじめ自宅から持参するべきものを伝えておき，協力をお願いしておくと，子どもが保育者の指示を円滑に保護者に伝えることができる。保護者にとっても，子どもの育ちを実感するとともに，保育者の指導について理解を深める機会となる。また，子どもが集団の前で話をする機会も設けたい。大勢の前で話をするのは緊張を伴うので，前に出ることから慣れていくことも大切だ。クラスの子どもたちの前で，その子どもが答えやすいような問いかけをすると，その子どもの言葉を引き出すことができる。緊張のなか，発言ができたことは，子どもにとって自信につながっていく。

　生活のなかで，状況を捉えて子どもと言葉を交わし，子どもの言葉を育みたい。

（2）絵本に親しむ

　昨今，絵本が評価され，書店の絵本売り場は，多様な絵本が並べられて活況を呈している。図書館でも，親子で絵本に親しんでもらおうと，読み聞かせ会を開催するなどして工夫をこらしている。親子で絵本に親しむことを期待するブックスタート運動も全国の市区町村に広がりをみせている。これは，乳児期の検診の際，市区町村から親子に乳児向けの絵本が手渡しでプレゼントされるもので，絵本が親子のかかわりを促すための素材として理解され，子育て支援の一環として運動が展開されているのが特徴である。乳児期から長時間テレビやDVDを視聴する子どもたちが増加しているが，絵本を介した大人とのかかわりの大切さについてあらためて認識したい。

大人は，子どもの表情をみながら，絵本を読み進めていく。子どもは，大人の声を聞きながら，絵本のなかの絵をみつめる。内容は，子どもが理解すると思われるものを選び，繰り返し読んでやりたい。繰り返し読むなかで，その内容が子どもの記憶に残ると，絵本のなかのせりふを大人と声を合わせてそらんじるようにもなる。登場するキャラクターに関心をもち，特定のキャラクターのシリーズものを喜んだりするようにもなる。

　幼稚園・保育所のクラスで，子どもたちに，さまざまな絵本を読み聞かせていくうちに，クラスみんながとくに好む絵本に出会うことがある。繰り返しその絵本を読むことを求められ，読み聞かせをするなかで，子どもたちはその世界を共有する。順番に家庭に持ち帰るほど，子どもたちがその絵本を好むようなこともある。内容を憶え，文章をそらんじることができる子どもも出てくる。4〜5歳になると，絵本のひらがなを読む子どももみられるようになるが，情緒豊かに大人から絵本を読んでもらうひとときは，ひらがなを読める子どもにも読めない子どもにも同様に心地よいものであり，その知的好奇心を育てる貴重な機会である。

　絵本の内容に強く惹かれ，登場するキャラクターを絵に描いたり，ごっこ遊びのなかでそのキャラクターになりきったりする子どももみかける。互いに絵本のせりふを言いあうなかで，劇ごっこに発展することもある。その世界を再現しようとする動機が強ければ，友だちどうしで役割を調整しあうことにもなる。絵本は，子どもの多様な可能性を引き出す素材である。

（3）文字への関心を育む

　私の経験談を述べたい。大学卒業後，私はある私立幼稚園に就職したが，印象に残ることの1つに，子どもたちの文字の獲得過程における個人差がある。4歳児クラスに入園したある女児は，ひらがなの読み書きができ，自分でつくった紙芝居を持参してみせてくれた。表には絵が描いてあり，裏には自分で書いたと思われる文章が書いてあった。一方，自分の名前について，書くことはもちろん，読むことができない子どもは入園時に多くいた。後者の子どもたちは，小学校入学までの2年間をかけて，ゆっくりとひらがなの読み書き能力を獲得していった。

　子どもは，日常生活において，文字を書いたり読んだりする大人の姿に接している。絵本を大人に読んでもらうなかで，そこに文字が書いてあることに気づくようになる。大人が絵本を読んでくれることを喜び，その内容を記憶に焼き付けるとともに，書かれた文字をすらすらと読む大人の姿に関心をもつ。そして，絵本を手にして，書かれている文字を読むまねをするようになる。そんな姿を捉えて，「ほら，これ，ゆきちゃんの"ゆ"だよ」などと子どもの名前のなかの1字を示してやると，喜ぶ。そうしたかかわりのなかで，1字1字を識別して読もうとする動機が強くなり，ひらがなについて大人に尋ねる機会が増えてくる。また，鉛筆を手にして，ぐるぐるとなぐり書きをしたものを示して，「これ"ゆ"だよ」

などとひらがなの1字を書いたことを告げる姿からは，ひらがなを書きたいという意欲が増していることがうかがえる。このように，子どもの意欲に応じるかたちで大人がかかわりをもつなかで，子どもは文字への関心を深めていく。
　ただ，実際は，大人の意識によって，そのかかわり方は大きく異なると考えられる。日常，親子で絵本に親しむ家庭がある一方で，ほとんど絵本を手にする機会がない家庭もごくまれにあると考えられる。また，文字そのものを取り出して子どもに熱心に働きかけ，その読み書き能力の習得を急ぐ家庭もまれにあると考えられる。保育者は，文字それ自体を取り出して子どもたちに学ばせようとするのではなく，絵本に親しみ，言葉を楽しみ，話すことや聞くことを大切にする環境を構成して，子どもたちに広く言葉にかかわる知的好奇心を育むことに努めたい。
　翌年に小学校入学を控える学年になった子どもたちにおいては，その文字への関心が勢いを増してくる。文字の読み書き能力の獲得は，子どもに有能感をもたらし，自身の成長を実感する契機となる。読めるようになったひらがなを室内でみつけると，うれしそうに友だちと話しあったりして，読んだり書いたりできるようになった喜びをからだいっぱいに表現する。そうした姿は他の子どもにも刺激となり，文字への関心は確実に伝播する。しかし，そんななか，ひらがなの読み書きについて苦手意識をもつ子どもがみられるようになり，そのことを気にして人目を気にするようなそぶりをみせることがある。文字の読み書きの習得過程にかかわる個人差が問題となるのは，そうした場合である。有能感が裏目に出て，他の子どものゆっくりとした歩みを軽蔑するような発言をしてしまう子どもがいる。そうした子どもどうしの関係に注意しながら，みんなでそれぞれの成長を喜びあえるような雰囲気づくりを目ざしたい。
　絵を描いた画用紙の裏にひらがなで名前を書いたり，ゆうびんごっこで手紙を送りあったり，グループの名前を決めてそれをカードに書き込んだり，劇ごっこで招待状を書いたりと，生活のなかで子どもたちは文字を用いる必要から，文字を用いることを楽しむ。1人ひとりの段階を十分把握して，それぞれの段階に応じた援助を行いたい。
　幼稚園・保育所においては，各所で多様な実践が行われていると先述した。文字を子どもらしさの対極にあるものと捉え，保育において文字の取り扱いをできるだけ先送りしようとする考え方もある。しかし，保育者は，文字への関心を育むようなかかわりや環境設定を自覚的に行うことをしたい。

（4）言葉にかかわる知的好奇心を評価する

　さて，言葉にかかわる知的好奇心を育むことをねらいとして，その方策について述べてきた。保育者は，子どもたち1人ひとりの興味関心や歩みを評価し，1人ひとりに応じたかかわりを工夫する必要がある。評価は，多様な状況において行うことが可能である。ある保育所で5歳児クラス担任の保育者に話を聞いたと

ころ，長い物語を連日読み聞かせる活動において，絵本の内容を正確に描くことができているか，理解が浅いかなど，1人ひとりの表情をみて評価しているとのことだった。表情や視線，体勢，さらに活動に集中する持続時間などから，その活動の深まりについて推察することはできよう。さらに，前日までの展開を子どもに質問するなどして，その日の読み聞かせの導入活動とすると同時に，質問に答えた子どもの理解の到達点を評価し，歩みに応じたかかわりを試みたい。

　昆虫に強い関心をもつ子どもには，その名前の由来について話しあったり，憶えた昆虫の名前を書き出す活動を援助したり，図鑑をみたりするなど，その子どもにとっての必然性を捉えてかかわり，その言葉にかかわる知的好奇心を育みたい。また，「"ま"がつくことば，なあに？」と言葉遊びを楽しんだり，作品の画用紙の裏側に名前を書き込んだり，子どもといっしょに絵本のタイトルを声に出して読んでみたり，子どもと詩を暗誦したり，言葉にかかわる知的好奇心を育む活動を工夫し，子どもたちとともに楽しみたい。実際，クラスみんなで好んで読んだ絵本を，小学校入学後，学校の学習のなかでとりあげた子どもがいて，保護者が後日報告してくれた例がある。子どもの歩みは連続している。その歩みを急がせるのでなく，幼児期に適した具体的な活動を通して，小学校での学習の基礎となる意欲を育みたい。

03 幼保小連携のあり方

1）小学校における生活科

　1989（平成元）年から翌年にかけて，「幼稚園教育要領」「保育所保育指針」の内容が大きく改訂されたと先述した。同時に行われた小学校学習指導要領の改訂では，小学校1～2年生において新たに生活科なる教科が新設された。生活科は，社会科と理科とを廃止し，その2科目の内容に新たな内容を加えたまったく新しい教科として位置づけられた。また，教室で教師からの一斉教授を受けるという従来の一方向的な教育方法から脱し，教科書にとらわれず，子どもたち自身による発見を導こうとする教育方法が採用された点も生活科の大きな特徴の1つである。小学校学習指導要領における該当箇所にうたわれるように，「具体的な活動や体験を通し」た学習が目ざされ，子どもたちは教科書・机・椅子から離れた開放的な時間を手に入れた。

　生活科新設の背景の1つとして，小学校低学年の子どもの発達段階が考慮された点をあげることができる。小学校低学年では，具体的な経験に基づいてものごとを理解する幼児期の思考様式を残していることを踏まえ，生活科では，発達段階に即し，具体的な活動を尊重することがうたわれることとなった。さらにいえば，幼稚園・保育所の保育内容と小学校の教育内容とを連続させることの必要性

も認識されていた。生活科の開設は，就学前の保育と小学校教育との連続について注意を喚起する契機になったといえる。この点は画期的であったと評価したい。

　この生活科にうたわれる理念は，幼稚園・保育所の立場からすると，比較的容易に理解できるものであった一方で，"教科書を教える"教授法になじんできた小学校関係者には難しいものであったように思う。生活科新設に至るまでには，全国各地の実験校における試みの蓄積があったわけだが，実際に全国的な実施となると，多くの教師が難しさを訴え，その模索は続いているように思われる。

　子どもたちが地域社会のありようについて学ぶため，校外に出向く活動が用意されることがある。ふだん子どもたちが注意を払うことのない地域社会について，そこで生活する人々の生活ぶりや街並みに目を向けることは意味のあることである。その場合，あらかじめ教師が見学ルートを指定してその通りに日程をこなすのではなく，子どもたちの発想を生かし，1人ひとりの発見に待つという展開を構成することが生活科では求められている。しかし，実際は容易ではない。平日の日中，小学校低学年とおぼしき子どもたちが，地域の図書館で他の利用者にはばかることなく騒ぐ例を目にしたことがある。限られた人数の職員が子どもたちの質問攻めにあって，対応に苦慮する例が取りざたされたこともある。無目的に"とりあえず"校外に出かけてみる，地域に丸投げといった教師の姿勢があるとすれば，反省を促したい。図書館などの公共機関を利用するためには，周到に担当職員と連絡をとりあって協力を求める必要がある。また，学習の過程で，子どもたちに地域に出向く必然性が見いだされてはじめて，校外での活動が意味をもつことになる。そうでなければ，"自由っぽく"みえる活動であるに過ぎない。

　校外に出れば防犯上の問題もある。実際，見知らぬ人に声をかけられて恐怖をおぼえ，その後の関連の学習に支障があった子どもの例もある。交通事故の心配もあり，保護者に協力を求める小学校も増えている。付き添いをお願いする保護者を募る事務手続きも必要になり，応じてくれた保護者の方々に対しては，ともに教育活動を担う立場として方針や注意点を伝える努力も必要だ*。このように，子どもたちの活動範囲が広がることは，教師が注意を払うべき教育環境が広範囲になることを意味する。多様な展開を想定した周到な準備が求められる。

　子どもたちは教科書・机・椅子から解放されていきいきとすると述べたが，一方で与えられる自由をもてあます子どもの例も考えられる。幼稚園・保育所でも，指示されることだけでなく，自ら課題を見いだして活動を展開できる子どもを育てたい。先に「一斉保育」の例をあげたが，「自由保育」を豊かにすることもまた，幼稚園・保育所関係者の課題となる。遊ぶことについてもそれを意欲的に展開できるかを読みとり，遊ばない・遊べない子どもへのかかわりに尽力したい。

2）幼稚園・保育所と小学校の連携事業

　幼稚園・保育所と小学校の連携事業は，多様な形式によって各地で行われてい

● CHECK（*）
保護者や地域の人々に協力を求め，連携して子どもたちの教育活動にあたるのも，ティーム・ティーチングの一形態と理解できる。

る。大学付属小学校と付属幼稚園との連携事業では，子どもたちどうしの交流はもとより，保育者と教師がともに研究を行う例もみられる。保育内容と生活科の連続について前述したが，幼稚園・保育所関係者と小学校関係者とで連携し，互いに学びあう活動の広がりが期待される。市区町村では，当該小学校の学区内に点在する幼稚園・保育所の園長と校長とが交流する例もある。就学を前にして，学区内の幼稚園・保育所の5歳児クラス担任を招き，小学校教師との懇談が行われる例もある。これは，とくに配慮を要する子どもについて，その子どもが入学する小学校教師に情報を伝える機会となり，保育者としては心強い思いをする。しかし，その時点で集った小学校教師たちが次年度に1学年を担当しない場合もあり，課題もある。また，卒園した子どもたちの小学校生活が公開され，保育者が卒園児の姿を見学する機会に恵まれる例もある。とくに配慮が必要な子どもについて，担任教師とかつての担任保育者とが面談する機会が設けられる場合もある。地区によって異なるが，こうした大人の連携が進むことを期待したい。小学校受験などを経て地域の小学校に進学しない子どもについても，なんらかの対応が求められる。

　一方，小学生と幼稚園・保育所の幼児との交流事業は各地で行われている。その理由として，2002（平成14）年から小学校3年生以上の学年に「総合的な学習の時間」が新設されたことがある。これは子どもたちの「創意工夫を生かした教育活動」として位置づけられ，ボランティア活動などの社会体験など多様な活動を促すものとなっている。この活動の一環として，子どもたちが学区内の幼稚園・保育所を訪問したり，幼児を学校に招くなどの交流を行うことが広くみられるようになっている。

　私自身，こうした取り組みを観察する機会に恵まれたことがある。ある私立保育所の年長（5歳児）の子どもたちが，歩いてほどない小学校を訪ね，5年生とゲームをしたり校内を案内してもらったりした。その前段階として，その5年生の子どもたちがこの保育所を訪問し，年長3クラスの各クラスで幼児と遊んだりして過ごす機会が設けられていた。この小学校には，多くの子どもが数カ月後に入学する予定であった。

　小学校への訪問では，幼児1人につき5年生1～2人がついて，校内を案内した。その様子を観察していると，やさしくていねいに幼児の世話を焼く小学生がいる一方で，手をつないでもらえずパートナーとなった小学生を走って追いかける幼児の姿もあり，小学生の幼児へのかかわりの質にばらつきがみられた。なかには，転校してきたばかりだという小学生が，幼児の手を引いてとまどう例もあった。小学生と交流することが，幼児にとって負担になる場合もあるので，その過程を見守り，小学校入学への期待感を育てたい。

　昨今，小学校の子どものみならず，中学校や高等学校の生徒が幼稚園・保育所を訪問する例が増えている。これも「総合的な学習の時間」や家庭科の授業の一

環として取り組まれている。これに加え，保育者養成校の学生が免許状ないし資格の要件としての実習に赴くことになる。幼稚園・保育所では，以前に比して多くの外部者を受け入れるようになっているが，幼い子どもたちに負担のないよう，児童・生徒・学生において十分な動機形成を行ったうえ，送り出す必要がある。

　幼稚園・保育所に過ごす子どもたちは，やがて小学校に進学する。子どもたちの歩みは，幼稚園・保育所の段階で完結するわけではない。小学校での学習内容について理解し，その段階への連続性を踏まえて保育内容を構成する発想は欠かせない。しかし，それは子どもたちの歩みを急かせることを意味しない。生活のなかで，子どもたちに具体的に起こってくるできごとを通して，子どもたちの知的好奇心は育まれる。卒園していく子どもたちのその後を描きつつ，1人ひとりの歩みを評価し，援助の方策を見いだしたい。

【演習問題】
①「自由保育」と「一斉保育」について，それぞれの特徴やイメージについて考察しよう。
②子どもの知的好奇心の育ちを評価する方法について検討しよう。
③小学校学習指導要領における第一学年の学習内容について調べよう。
④生活科と「総合的な学習の時間」の共通点と違いについて調べよう。
⑤小学校・中学校・高等学校の児童・生徒が，幼稚園・保育所を訪問する活動について，双方における意義を考えてみよう。

【引用・参考文献】
・中野重人『新訂生活科教育の理論と方法』東洋館出版社，1992
・嶋野道弘編『新しい教育課程と学習活動の実際　生活』東洋館出版社，1999
・文部科学省『小学校学習指導要領』独立行政法人国立印刷局，2004
・立川多恵子・上垣内伸子・浜口順子『自由保育とは何か　「形」にとらわれない「心」の教育』フレーベル館，2001
・佐々木宏子・鳴門教育大学附属幼稚園『なめらかな幼小の連携教育　その実践とモデルカリキュラム』チャイルド本社，2004
・無藤 隆・増田時枝・松井愛奈編『保育の実践・原理・内容　写真でよみとく保育』ミネルヴァ書房，2006（志村執筆部分pp.103～113）
・特定非営利活動法人ブックスタート　http://www.bookstart.net/
・加藤繁美・秋山麻実・茨城大学教育学部付属幼稚園『5歳児の協同的学びと対話的保育』ひとなる書房，2005

・藤森平司『チーム保育の考え方・進め方　21世紀型保育のススメ』世界文化社，2003
・「子どもを取り巻く環境の変化を踏まえた今後の幼児教育の在り方について」(答申)
　　http://www.mext.go.jp/b_menu/shingi/chukyo/chukyo0/toushin/05013102.htm

column　保育方法の最前線「ティーム保育」

　1998年の「幼稚園教育要領」の改訂を機に，ティーム保育という方法が注目されています。ティーム保育とは，複数の保育者が協力しあって子ども集団の保育にあたることです。学級崩壊状況への対応，学力低下を改善するための習熟度別学習の導入などに伴い，小学校で注目されているティーム・ティーチング（T・T）の保育版といったところでしょうか。

　保育所では，すでに複数担任制が一般的ですから，ティーム保育は目新しいことではないかもしれません。一方，幼稚園は1人担任制が一般的でしたから，どのように取り組んだらよいか，戸惑いも多いようです。人手がない，また，「人手を増やせば子どもの管理強化につながる」といった声も聞かれ，導入に消極的な園もみられるようです。

　しかし，きめ細かい指導の一環として導入が期待されるティーム保育は，子どもの問題状況にふたをしたり，管理を強化するための方法ではありません。保育の基本である1人ひとりの発達特性に応じた指導や，遊びを大切するためにこそ必要なのです。子ども1人ひとりはじつに多様です。とくに，遊びとなれば興味・関心の数だけ広がりをみせるはずです。ティーム保育は，こうした実態に応える方法として登場してきたわけです。

　具体的にはいろいろなやり方が考えられます。たとえば，低年齢では，あらかじめ複数担任制をとる方が好ましいでしょう。一方，クラスを越えてかかわりあえる幼児期後半では，複数のクラスを各担任が共同して保育にあたることも可能です。また自由遊びの時間帯に，学年を問わず全保育者が各遊びの場を1つずつ担当する方法もあります。さらに，フリーの保育者が状況に応じて，クラス担当をフォローすることも考えらます。1つのやり方にとらわれず，工夫することが期待されます。

【参考文献】
・加藤幸次『ティーム・ティーチング入門』国土社，1996
・浅田匡・古川治編『ティーム・ティーチングの教育技術』明治図書，1998

CHAPTER 8
情報機器の活用と課題

保育に導入されつつある情報機器の実態と課題を整理してみます。
今後の保育に役立つ情報機器の種類とその活用法について理解していきましょう。

　本章では，情報機器の活用と課題について取り上げる。内容としては，情報機器の種類とその功罪，映像メディアの活用例，パソコンを子どもが扱う例，そして直接子どもが扱ってはいないがパソコンを保育に生かしている例などをみていく。読了後，読者それぞれの価値観で，パソコンを含めた情報機器を教材としてどのように捉えるかを考える1つのきっかけとしてほしい。

01 情報機器の種類と功罪

1）情報・情報機器

　この章を始めるにあたり，まず基本的な言葉の意味について整理しておこう。「情報」という言葉を辞書で引いてみると，「①ようすはどうなっているか，ということについての知らせ。②判断をしたり，行動を起こしたりするために必要な知識。インフォメーション」*とある。他の辞書をみてもほぼ同様の内容となっている。情報とは，私たちが生活するうえで何かを判断したり行動したりするために必要な，あるいはそれに役に立つ知識や知らせ，考え方などのことといってよいだろう。

● CHECK（*）
金田一京助他 編『三省堂国語辞典　第四版』三省堂，1992

　今日のお昼は何を食べようかと友だちと一緒に考える。
　A「そういえばこの前，Xさんが『あそこのラーメン屋さんはとってもおいしい』って言ってたよ」
　B「ねえ，この雑誌に向こうの店のパスタ，大評判って出てるよ」
　C「昨日のテレビでやってた親子丼のお店は，すぐそこだよ」
　A「うーん，迷うね。Bさん決めてよ」
　B「よし，それじゃあ今日は親子丼に決定」

　これは，日常生活によくある典型的な情報の活用例である。Xさんや雑誌，テレビから得た情報をもとに，その日の自分たちの行動を決定しているということなのである。「情報」という言葉は，基本的には私たちの生活に密着した，日常にありふれたものだといえよう。

さて，では情報機器とはどんなものであるのか。ひと言でいうと，情報に触れたり知ったりするための機器・機械のことである。日常われわれがよく目にする情報機器をあげると，パソコン・プリンタ・スキャナ・デジタルカメラ・電話・携帯電話・ファックス・テレビ・ラジオ・DVDプレーヤー・ビデオカメラ・プロジェクター・電子計算機・コピー機などがある*。では，これらの共通点は何だろう。情報機器にはどれも，その扱うものに共通点があるといえる。文字や数字，音声，画像，映像である。これら文字，数字，音声，画像，映像などのかたちであらわされた情報を扱う機器・機械が情報機器であるといってよいだろう。情報機器というと，すぐにパソコンを思い浮かべるかもしれない。しかし，情報機器とは，パソコンだけでなく，こうしたさまざまなかたちで情報を扱う機器・機械すべてをいうということを忘れてはならない。

● CHECK（*）
情報機器でないものとしては，エアコン・冷蔵庫・電子レンジ・洗濯機・掃除機・電磁調理器などがあげられる。

2）保育現場で使われる情報機器の種類

　では，保育現場ではどのような情報機器が使われているのか。まず，ここではそれを概観してみる。

（1）パーソナル・コンピュータ

　現在，パーソナル・コンピュータ（以下パソコン）を子どもが触れられるように設置している園は，決して多いとはいえないようである。しかし，少しずつではあるが増えてきているのも事実である。保育のなかでは，パソコンを使って遊ぶということになるが，その遊び方もパソコンの扱い方も，園によって違いがあるようである。一方，園の事務運営などにパソコンを使う例が多い。園児名簿や園だよりなどの作成，事務書類の作成などさまざまな業務にも使われている。

（2）カセットデッキ，CD・MDプレーヤーなど

　多くの場合は，音楽の再生に使われている。音楽を聴く，保育活動中のBGMとして流す，流れる曲に合わせてダンスや体操をする。また，お話や物語を聞くなどというケースもあるだろう。さらに，自分たちの声を録音したり，メッセージを録音して誰かに伝えるなど，いろいろな使い方がある。

（3）ビデオ，ビデオカメラ，DVDプレーヤーなど

　既製のビデオ作品やDVD作品を鑑賞するという使い方が多いようである。一方で，ダンスや劇遊びをしている様子などをビデオカメラで撮影しておき，後ほどみんなでみるといった使い方もある。行事の前に昨年の行事の様子をビデオで鑑賞し，イメージをふくらませるといった使い方もあるだろう。

(4) OHPなど

物語などの既製作品を鑑賞する，保育者などの手により作成された作品を鑑賞する，子どもが自分たちで作品をつくり発表するなどの使い方がある。影絵などを楽しむこともできる。OHPの類似機器には，書画カメラ*などがある。かつては幻灯というものがあったが，最近はほとんどみかけなくなった。

現場で使用される情報機器は，おおむねこういったところではないかと思う。詳しくは後述する。

3) 情報機器の功罪

子どもたちがパソコンなどの情報機器で遊ぶことに関しては，次のような賛否両論がある。

【賛成する意見】
- 視覚的な情報が多く，ビジュアル的なものは子どもの興味・関心を強くかき立てる。
- 情報機器に対する苦手意識や恐れを感じることなく，抵抗なく使うことができるようになる。
- 大人がふだん使っているものを使うことで自信を得たり，ちょっとした大人気分を感じることができる。
- パソコンは，低年齢の子どもでもソフトによってはスタンプ機能やシール機能などで絵を描くことができる。

【反対する意見】
- ほとんどの遊びが間接体験であり，とくにパソコンはバーチャルなものであるので，子どもには不向きである。
- 1人で遊ぶことが多くなり，友だちと遊ばなくなる。
- ディスプレイや画面を長時間みることで，目が悪くなる。
- 電磁波**を発生するので子どもの発達に悪影響を及ぼす。
- 室内にばかりいるようになり，戸外遊びをしなくなる。
- 子どもの遊具としては高価すぎる。

ここには一般的にいわれている両論をあげた。ここで，結論を出すことはしない。保育現場には，それぞれの現場の保育方針や保育観がある。そのなかで各現場ごとに，情報機器の特性を捉えたうえで，子どもの遊びのなかに取り入れるのか取り入れないのかを判断していくことになる。後述するいくつかの事例をその判断の一助にしていただきたい。

> ● CHECK（*）
> 文部科学省では「教材提示装置」と統一して呼んでいる。書類，立体物などをデジタルカメラで撮影し，その画像をパソコン画面やプロジェクターなどで出力する。OHPシートやPowerPointファイルが不要で，資料をそのままプレゼンテーションできる。動画で連続して出力されるため，指先などで行う作業や細かな物体動きを撮影することも可能。

> ● CHECK（**）
> 空間の電場と磁場の変化によって形成された波（波動）のこと。遺伝子に作用し，発がん性がある可能性も指摘されているが，現在のところ，明確な悪影響は示されていないようである。

02 映像メディアの活用

1）OHPを使って

▶事例1　OHPを用いた保育の展開

　T幼稚園のある年の年長児を中心とした事例である。5月に保育室にOHPを置いてみた。少し暗くしてOHPのスイッチを入れると、数人の子が興味をもちやってきた（写真）。はじめは、手をのせるとその影がスクリーンに映るということが驚きで、「うわ、映った」などと言いながら楽しんでいた。保育者が「いろいろなものが映るんじゃないかな？」と投げかけると、子どもたちは身近にある鉛筆やビニールテープ、はさみなどを持ってきた。

　いろいろなものの影を映しているうちに、「これ、クイズみたいだよね」と1人の子どもがつぶやいた。保育者が「ああ、クイズね。それいい考えだね」と言うと、他の子どもも同調し、「影絵クイズをしよう」ということになった。クイズを楽しんでいくうちに、「みんなにこのクイズを出したい！」という意見が出た。そこで、クラスのみんなが集まる時間に影絵クイズの時間を設け、みんなで影絵クイズを楽しんだ。

　数日後の自由遊びの際、保育者がOHPシートに簡単な絵を描き映してみせた。そこに集まってきた子どもたちは「うわー、なんだか映画館みたい」「絵も映るんだね」などと声をあげ、「自分たちもやってみたい」ということになった。思い思いに好きな絵を描き、映してみる。そうこうするうち、今度は「お客さんを呼ぼう」ということになった。ある子は椅子並べを始め、ある子は「映画館をします、みたい人は来てください」と、お客さん集めを始めた。数人の客（他のクラスの子どもや保育者）が集まると、司会役のような子が2人（なんとなく子どものなかで決まったようだ）で、「これから映画館をします」と言い、上映が始まった。いつ決まったのか、電気を消す役の子もいる（これは決まったというよりも、自己申告で自分でそう決めたようだった）。「これは、〇〇ちゃんの絵です」などと言いながら、自分たちが描いた絵を映していく。お客さんからも拍手をもらい、楽しいひとときとなった。

　子どもたちには、自分の絵がスクリーンに映ることはとてもうれしいものだ。しかしそれだけで満足はしなかった。「やっぱり映画みたいに、"お話"の方がおもしろいよね」という言葉が聞かれはじめたのである。ある意味ではごく自然に、

子どもたちの作品

お話を映したいという方向性が出てきた。しかしなかなかお話をOHPにして映すのは難しく，行き詰まりつつあった。そこで保育者から，絵本を写してOHPにする方法を提示してみた。透明のOHPシートを好きな絵本の上に置き，マーカーでなぞって写していく。絵本を読みながらそのOHPを映しだしていくという方法である。そこで選ばれたのが『たんじょうびのふしぎなてがみ』*だった（写真）。なぞって写すことで，どの子も取り組みやすく，上映する際もスムーズにできる。これがうまくいくと，次に数名の子どもたちは，4月からうたいはじめ，みんなが気に入っていた『にじ』**という歌をモチーフにして簡単なお話をつくり，OHPにつくり上げた。こうした過程を経て展開されたOHPによる映画館であるが，取り組んだ子どもたちは大きな満足感を得ることができたように思う。

● CHECK（＊）
エリック・カール 作・絵
『たんじょうびのふしぎなてがみ』もりひさし（訳），偕成社，1978

● CHECK（＊＊）
新沢としひこ 作詞，中川ひろたか 作曲

OHP以外でも，書画カメラなどは，実物の絵本や写真などをそのまま大きく映し出すことができる。OHPと少し違った使い方になるが，これらも工夫次第で保育に取り入れることができるだろう。

2）ビデオカメラを使って

▶ 事例2　映像を通して自分自身に気づく

　A幼稚園では、毎年2月に生活発表会を行っている。子どもの生活のなかの音楽的な活動や、表現的な活動を中心に子どもが発表する行事である。歌をうたったり、簡単な合奏をしたり、ダンスや劇を披露したりする。いささか古い言い方ではあるが、お遊戯会といえばわかりやすいだろうか。小学校の学芸会のようなものである。その位置づけや意味合いについての詳細は、誌面の都合上ここでは割愛するが、「みんなで一緒に1つのことに取り組む」「力を合わせて取り組む」というねらいもそこにはある。

　こうした行事への取り組みは、ともすると指導中心の"できばえ主義"に陥りやすいものである。A幼稚園でもそのことを十分に配慮したうえで、しかし、上記のようなねらいも達成できるように取り組んでいる。

　ある年中児のクラスで、ダンスをする際にも劇をする際にも、みんなの気持ちがまとまらず、若い担任保育者が苦心していた。かといって、しかりつけてきちんとやらせることには大きな疑問を感じる。どうすれば子どもの興味・関心が高まっていくのだろうか――。

　2月の発表会であるので、本来なら、4月からここまでの生活がどのように展開されてきたかが重要であり、この期に及んで何をすればうまくいくというようなことではない。だからといって、仕方がないとか、あきらめるというわけにもいかない。他の保育者たちとも相談するなかで出てきた方法の1つが、ビデオで取り組みの様子を撮影することだった。劇やダンスをしているところを他の保育者に撮影してもらい、クラス全員でそのビデオをみることにした。

　最近の子どもたちは、ビデオに撮られることに抵抗も違和感もないようだが、「練習をビデオに撮る」と言ったところ、多少なりとも張り切るような様子の子が多かった。しかし、一方ではお構いなしの子もいた。

　撮影終了後、クラスみんなでそのビデオをみた。はじめは、自分たちが映ることがうれしいようで、きゃあきゃあ騒いでいた。しかし、保育者から、ひと言ふた言、練習に気持ちが向いていない子の存在を指摘するような言葉を投げかけてみると、少し様子が変わってきた。ダンスを一生懸命踊っている子は、自分が一生懸命踊っているときにふざけて違うことをしている子のことが気になってくる。仲間に指摘されると、当の本人もビデオをみながら、なんとなく気まずそうな顔をする。自分を映像としてみてはじめて気がつくこともあるようだった。

　もちろん、これでみんなの気持ちが急に1つにまとまったり、劇やダンスが急にうまくいったりするわけではなかったが、年中児なりに自分たちがまわりの人にみられるということを理解し、取り組んでいく1つのきっかけにはなったように思う。

ビデオをこの事例のように使うということは，当初，担任保育者は思ってもみなかったようである。昔では考えられないことではあるが，時代の流れに沿って柔軟に考えれば，こうした機器の使用はもっとあってよいのかもしれない。

3）プロジェクターを使って

▶事例3　子どもがゆったりと過ごす時間をつくる

　B幼稚園では，夏休みに入る直前に年長児の希望者のみを対象に，2泊3日のサマーキャンプを実施している。その実施の詳細はここでは触れないが，ここ数年は必ずビデオデッキとプロジェクターを持っていくようにしている。その使い方は以下のようである。

　2泊のキャンプのうち，1日目の夜はキャンプファイヤーを行うが，もう2日目の夜はお楽しみ会をしている。以前は2日ともキャンプファイヤーをしていたが，最近は体調を崩したり発熱する子も増えてきて，あまり子どもの負担が大きくなくゆっくり過ごせるようにプログラムを変更してきている。そのお楽しみ会の際にプロジェクターが使われる。

　お楽しみ会は，年によって詳しいプログラムは変わっていくが，歌をうたったり，ゲームをしたり，ダンスをしたり，保育者からの出し物があったりしながら全体として約40分程度の内容が組まれる。その最後に，野外映画館（上映会）を行う。夜の暗くなった芝生の上に子どもたちが座り，木にかけたスクリーンに向かってプロジェクターでビデオを投影する。ビデオの内容はその時々で違うが，ほとんどは既製作品のなかから，子どもがゆったり楽しめるような内容のものを選んでいる。暗い戸外でみんなで大きく映し出されたビデオをみる。何ともいえない不思議な感覚がそこにはある。

　キャンプのプログラムは天候に大きく左右される。雨天の際のプログラムに頭を悩ませることも少なくない。幸いにして，体育館を完備している施設でキャンプを行っているので，雨天の際は体育館でのプログラムを考えておくとよいだろう。プロジェクターを使ったビデオ上映は，子どもがほっとする，落ち着く部分として有効であるように思う。体育館で上映すると，プロジェクターの性能にもよるが，かなりの大画面で映し出すことができる。体育館ならではの楽しみ方でもある。

4）カセットデッキを使った保育者自身の振り返り

　ここまでの事例とは少し違うが，カセットデッキを保育者自身の振り返りに生かした使い方を紹介しておく。ひと言でいえば，自分の保育中の音声をカセットデッキに録音しておき，後で聞いてみるというものである。自分の話し方の癖や

雰囲気などは，自分ではほとんどわからないものである。録音した自分の声を聞いて，これは私の声じゃないと感じる人も少なくない。話し方や話す内容など，あらためて聞いてみるとたいへんよい反省材料となる。もちろん，ビデオなどに残す方がより情報量が多く望ましいのだが，その場合は誰かに撮影してもらわなければならない。カセットへの録音ならば，自分1人でもできるという利点がある。

03 保育とパソコン

1）パソコンに関する文部科学省の動向

　1998（平成10）年の「教育職員免許法」の改定により，幼稚園教諭普通免許状を取得する際には「情報機器の操作」を履修することが求められるようになった。石田は，私立短大保育科系教職員研修会における当時の文部省教育助成局教職員課課長補佐・教育研修企画官から「幼稚園でもコンピュータが導入され，在籍する子どもの管理にかかわって，事務的，統計的に使われているし，これからも使われなければならない。子どもの教育に使う。子どもはコンピュータによるお絵描きなど喜ぶので，遅かれ早かれ今後増えてくるだろうと思われる」との発言があったことを報告している（石田，2002）。筆者もこの研修会に参加していたが，この発言は新設科目である「情報機器の操作」について説明する際のものであり，「お絵描きソフトを使ってお絵描きをするのを指導できるようにすることも含まれている」という内容であったように記憶している。これらのことから，文部科学省は，幼稚園教諭に情報機器の操作を，子どもへの指導も含めて必須のものとして設定していることがわかる。

　また，高等学校の「学習指導要領」では，情報A，B，Cのうちいずれかを履修するようになっており，2003（平成15）年度入学生から適用されている。高校生は必ずなんらかのかたちで情報の授業を受けているということであり，みなさんもほとんどの人がこうした授業を受けているはずである。中学校では，技術家庭科のなかで情報機器を扱うことになっている。現行の「学習指導要領」では，小学校においては，「総合的な学習の時間」*においてパソコンを扱い，その後各教科においても活用していくことになっている。つまり小学校では，「総合的な学習の時間」でパソコンを始めるということである。

　このように各学校では学習内容としてパソコンが明確に位置づけられている。しかしここにはある種の矛盾もある。「幼稚園教育要領」のなかでも，幼稚園教育には小学校教育へのつながりを配慮して幼児期にふさわしい生活を展開することが求められている。一方で「総合的な学習の時間」は，小学校3年生からの教育内容である（表8-1）。幼稚園教諭にパソコンの指導ができる能力を求めながら，1，2年生はまだ行わないのである。幼小の連続性を求めながら，その連続

● CHECK（*）
「地域や学校，子どもたちの実態に応じ，学校が創意工夫を生かして特色ある教育活動が行える時間」「国際理解，情報，環境，福祉・健康など従来の教科をまたがるような課題に関する学習を行える時間」として設けられたもの。子どもたちが各教科等の学習で得た個々の知識を結びつけ，総合的に働かせることができるようにすることを目ざしている。

表8-1　小学校各教科等の授業時数

区分	1学年	2学年	3学年	4学年	5学年	6学年
国語	272	280	235	235	180	175
社会	—	—	70	85	90	100
算数	114	155	150	150	150	150
理科	—	—	70	90	95	95
生活	102	105	—	—	—	—
音楽	68	70	60	60	50	50
図画工作	68	70	60	60	50	50
家庭	—	—	—	—	60	55
体育	90	90	90	90	90	90
道徳	34	35	35	35	35	35
特別活動	34	35	35	35	35	35
総合的な学習	—	—	105	105	110	110

性を断ち切っているようにもみえる。

2）パソコンを保育に生かす事例

　では，ここからは実際に保育にパソコンを使っている事例をみていくこととする。前にも述べたが，子どもがパソコンに触れる機会を設けている園は，決して多いとはいえないが，その一例をみながらそれぞれの現場の，あるいはみなさんの考え方の参考としてほしい。

> ▶事例4　O幼稚園の場合
> 　O幼稚園でパソコンが保育室に導入されることになったのは，1994（平成6）年のことだった。以前からO幼稚園は子どもの遊びを重視し，とくに自然のなかでの体験や直接経験を中心とした保育を心がけていた。どちらかといえば自然環境には恵まれている地域であったので，園外保育や散歩などを多く体験するようにしていた。保育の内容をおおざっぱに言えば，いわゆる自由に遊ぶ時間と課題に取り組む時間とを半々くらいの割合で組み立てている。
> 　そんななかで突然パソコンが保育室に置かれることとなった。その経緯は，簡単に言ってしまえば園長からの突然とも思われる指示であった。園長は，ある幼児教育関係の教材開発を手がけていた会社と懇意にしており，その会社からモニターとしてパソコンの導入を依頼された。保育現場へのパソコン導入の実績をつくりたいという会社側の意向があり，モニターということで経費もかからないことからパソコン導入を決断した。
> 　園長から職員への説明はおおよそこういう内容であった。「わが園でもパソコンを保育室に置いて子どもが遊べるようにします。先生たちも，そんなに難しく考えず，ちょっと高いおもちゃだと思って取り組んでみてください」
> 　この発言に現場保育者はとまどいと不安を禁じ得なかった。今までO幼稚園で

やってきた保育方針と相容れないのではないだろうか。保育室に置くといってもどうすればいいのかわからない。自分自身が使えないから保育で使う自信がない。子どもがパソコンばかりやるようになってしまったらどうしよう。こうしたとまどいは保育者たちの不安となって，導入に積極的な保育者は1人もいなかった。しかし，園長は「難しく考えなくていいからやってみよう。わからないことはB先生に聞きながらやればいいよ」と，職員を説得し，取り組むこととなった。

　B保育者は特定のクラスを受けもっておらず，たまたまパソコンの経験があった。そこでO幼稚園では以下のような導入を試みた。

・パソコンを置く保育室は，年長児の保育室とする。
・年度のはじめにB保育者が，年長児に対して簡単な使い方の説明をする。
・子どもは自由時間にはパソコンで遊んでよいこととする。
・場合によっては保育者がパソコンの使用を禁止してもよい。

　大まかにこれだけのことを決めてはじめてのパソコン導入を試みた。4月当初，保育室にパソコンがあるのをみた子どもたちはたいへん興味を示した。なかには，これはパソコンだということがすぐわかる子どももいた。（当時は今ほどパソコンが普及していなかった）そんななかで，B保育者による大まかな取り扱いの注意や説明があった後，子どもたちはパソコンで遊ぶこととなった。はじめはお絵かきソフトなどを中心に大人気で，順番待ちをするほどであった。しかし，日を追うごとに長蛇の列ができるということはなくなり，子どもはパソコンが混んでいれば違う遊びをすることが多かった。また，パソコンをしている子どもたちの様子も，1人で黙々と取り組むようなことはなく，数人でああでもないこうでもない，そこはこうしたらいいんだよなどと意見を言いあいながら遊んでいる姿がほとんどであった。

　こうした姿をみるうちに，保育者たちのパソコンへのイメージも徐々に変わってきた。ある保育者は「パソコンって，なんだか子どもにとって悪いもののように思っていたけれど，実際に遊んでいる様子をみていると，コミュニケーションの場になっていたり，意欲的になっていく子がいたりして，悪くないなって思います。本当に遊具の1つとしてあっていいなって」と感想を述べた。また，「私たちよりも子どもの方が覚える早さは圧倒的に早いんです。本当に教えなくても子どもはどんどん遊んでいきますね。ただ，パソコンが動かなくなったときには，どうすることもできなくなるので，そこだけはやってやらないといけないと感じます」と述べた保育者もいた。こうした取り組みをするうち，ある年には子どもがつくった作品（ほとんどがパソコン上で描いた絵）を，卒園アルバムに綴じ込んだこともあった。

▶事例5　S幼稚園の場合

ここでは，東京都内のS幼稚園の事例を紹介する。園長から聞き取った内容を中心にまとめてある。

S幼稚園では，パソコンを保育に導入したのはおよそ10年ほど前（1996〈平成8〉年頃）であったという。現在は3台ほどのパソコンが，玄関を入った先の踊り場のようなところに設置されている（写真）。とくにパソコンをするにあたり，何かを教えるわけでもなく，いうならばある種の伝承，みようみまねで子どもたちは覚えていくそうである。

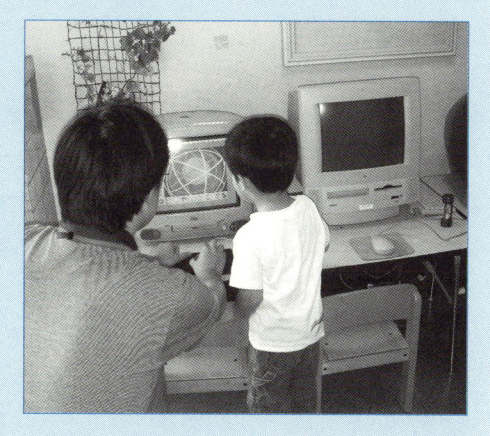

唯一のルールは，パソコン脇に置いた砂時計を使って，砂が落ちたら交代するということである。現在設置されている3台も，ネットオークションで落札したもので，たいへん低価格（何でも1台5000円程度であったらしい）で手に入れた。しかし，これ以上増やそうとは思っていない。その理由は，豊富に使えるのがいいのではなく，順番待ちが出るくらいがよいと考えているからである。順番を待つことを覚える機会になるし，待ちながら他の人が操作しているのをみて覚えるという側面がかなりあるからだ。だから，唯一のルール「砂時計」は徹底する。

保育者側としては，ソフトウェアを厳選することが重要だ。残念ながら，幼児用に開発されたよいソフトはなかなか見当たらないが，なるべく子どもにとってよいソフトを使うようにしている。幼児用のパソコンソフトというと，文字や数のおけいこなどのものになってしまうのだが，もっと純粋に子どもの驚きや期待感，想像力に訴えるようなわくわくするようなソフトが欲しい。

S幼稚園では，マッキントッシュ*を使っている。園長自身はウインドウズマシンを使っているとのことだが，子ども用のパソコンにマッキントッシュを採用したのは，ディスプレイ一体型であること，マウスがワンボタンであることなどが，理由としてあげられる。とくにマウスは，ウインドウズの場合ボタンが2つあるが，マッキントッシュは1つボタンである。子どもにとってはシンプルな方がよい。また，同幼稚園では，子ども用のデスクトップユーティリティ**を用いて，子どもが扱いやすいようにしている。

こうした原則のもと，ほぼ自由にパソコンを使わせているが，子どもたちはやりたいときにパソコンのところに来て，そこから外に遊びに行ったりと，偏ることなく遊んでいる。パソコンの遊びをみていると，思った以上にコミュニケーションの場になっていると感じることが多い。

● CHECK（*）
アップルコンピュータ社が製造するパーソナルコンピュータの名称。同名のリンゴの品種があることから名づけられた。なお，S幼稚園では，iMacを利用している。

● CHECK（**）
ある特定の目的のために設計されたアプリケーションソフト。OSや他のアプリケーションソフトの機能，操作性などを向上させる。S幼稚園では，エドマーク社の「キッドデスク」を用いている。

▶事例6　M幼稚園の場合

　では次に，パソコンの少し変わった保育への生かし方の例をみてみる。M幼稚園は，子どもにパソコンを使わせることはしていないが，時に園長が中心になって，パソコンを効果的に使う保育をしている。その一例が以下の事例である。

　保育現場では，12月にクリスマス会などの行事を行うところは多い。それぞれに趣向を凝らし，子どもにわかりやすいようにクリスマスの話をしたり，歌や演奏で盛り上げたり，聖劇を子どもが演じるのが定番になっている園もある。わざわざサンタに似合うちょっとふくよかな人を呼んでサンタに変装してもらい，子どもたちがサンタの存在を信じるような演出をする園もある。そんなさまざまな工夫の1つとして，M幼稚園ではパソコンを使ったのである。

　簡単に説明すると，クリスマスを前に，子どもたちにサンタクロースに手紙を書かせ，サンタクロースからDVDの返事をもらうという設定である。返事は以下のようにして作成された。

　誰か（なるべく似合う人）がサンタに変装して，サンタからのお返事ビデオを撮影する。内容は，子どもの手紙に対する返答や，「サンタの住んでいるところはフィンランドというところでとっても寒い」，「トナカイもみんな元気にしている」，「みんなはよい子にしているか？」，「よい子のところにはプレゼントを持って行くよ」などの呼びかけである。ビデオを撮影し終えたら，映像をパソコンに取り込む。パソコン上で映像編集しながら，場面に適したエフェクト*を加えていく。たとえば画面を白黒画面のようなセピア調にしたり，少しぼやかせたりといった加工をする。さらにタイトルなども埋め込み，それらしいビデオに仕上げる。そして最後にDVDに焼いて，「サンタクロースから返事が届いた」と子どもたちに知らせるのである。ちなみに最近は，ビデオよりもDVDの方が子どもたちには実感がわくようである。

　このサンタDVDをみた子どもたちは「本物のサンタからお返事が来たぞー」と大騒ぎ。映像のもつ力というのだろうか，みんながサンタをわくわくして待つような気持ちになったのだった。

　M幼稚園では，このほかにもビデオを有効に活用しているが，詳しくは後述する。

●CHECK（*）
音声や映像に加える特殊効果のこと。

　さてここまで，パソコンを保育に生かす事例を3例あげた。最後に，こちらも先進的にパソコンを保育に導入しているといってよい幼稚園のホームページから，「コンピュータの保育への導入」と題されたページ**を以下に引用する。

●CHECK（**）
「コンピュータの保育への導入」http://www.futa-ba.ed.jp/computer.html

　川崎ふたば幼稚園では保育のなかにコンピュータを導入しています。といっても，「これからの時代はコンピュータを知っていなければ」とか「コンピュータを使って早期教育・英才教育を」というつもりはありません。「コンピュータは子どもたちのイメージを広げる遊具になりうるのではないか」という考えで，積み木

やジャングルジムと同じように子どもたちが自由にコンピュータを使えるような環境を用意しようという試みなのです。

　導入当初からいままでにさまざまな紆余曲折がありましたが，現在はiMacを各保育室に1台ずつ，「コンピュータルーム」に4台置いています。

　別に「コンピュータの時間」があるわけではなく，子どもたちは自由遊びのなかで自分のイメージに沿ってソフトを選んで遊んでいます。保育室のMacには「キッドピクス」などが入っていて，コンピュータルームのMacでは，ちょっと大がかりなソフトが使えます。

　コンピュータを独り占めにして遊ぶことはほとんどなく，何人かの気の合った友だちとわいわいやりながら楽しんでいます。時にはけんかになることもありますが，それはどんな遊びでも同じです。

　いままでの実践からいろいろな教育効果や問題点がわかってきました。興味がある方は，「論文」のページをみて下さい。

　現在は，市販のソフトウェアにこだわらず，保育に根ざした観点からコンピュータを「子どもの遊びを発展させ，イメージを広げる環境」にできないかということを考えています。

　ここまで取り上げてきた事例や記載内容は，パソコンを保育に使っている例であるので，当然のことながら肯定的な部分が浮かび上がってくる。そのなかでもとくに共通していえることは，どの例もパソコンで文字を覚えさせようとか，数字の学習を進めようとか，早期教育をしようといった例ではないことである。さてみなさんは，これをどう考えるだろうか。

3）パソコンを保育事務などに使う

　現状で，職員室や事務室にはかなりの率でパソコンが置かれるようになった。保育室にはないが，職員室や事務室には1台はあり，事務処理やその他の業務に使っている現場は多い。パソコン購入に使える補助金が支給されるので，とりあえずパソコンを買ったという園もあるかもしれない。こうしたなかで，そのパソコンは効果的に使われているだろうか。ここでは，子どもの保育に直接はかかわらないが，職員室や事務室でのパソコンの使用例についてあげていく。

（1）園だより・クラスだよりの作成

　園側から保護者向けに情報を発する方法の1つに園だより・クラスだよりがある。こうした"おたより"の作成には，ワープロが使われることが多い*。ワープロソフトには，それぞれ特徴のある機能が備わっているわけだが，"おたより"を作成するというレベルで考えると，その機能はほぼ同等と考えてよいだろう。こうした機能の使用方法は，それぞれのマニュアルや解説本を参照していただき

● CHECK（*）
おもにMicrosoft社の「Word」が使用されているが，ジャストシステム社の「一太郎」などもある。

たい。

　もちろん、こうした"おたより"などは手書きで作成してもいっこうに差し障りはない。むしろあたたかみがあって、その方がよいとする考え方もある。とくに、クラスだよりの場合は各クラス担任が自分のクラスの保護者に向けて書いている。現在のクラスの状況、「今日こんなことがあった」、「今こんなことを目ざして保育をしている」といった内容を伝え、園での様子を理解してもらうことで保護者の不安感を解消するという役割がある。それには、一字一字心を込めて手書きをした方がよいと考える保育者が現在でも少なくない。しかし、字を書くのが不得手な人にとってはワープロは非常にありがたい道具である。園だよりはワープロ、クラスだよりは手書きという園が多いようであるが、ワープロ打ちも増えてきている。最大の利点は、楽しい出来事や特記すべきことがあったときに、そのエピソードを打ち込んでおくと、後々それを組みあわせればクラスだよりができあがるということで、クラスだより作成の労力を軽減することができるはずである。

　一方で注意しておきたいことは、ワープロで作成した昨年の"おたより"をもとに今年度のものを作成するような場合に、日付や日程を変えるのみで出すようなことは避けたいということだ。最低限前段の言葉や、入れてあるイラストを替えるなどしよう。昨年のものを参考にしているつもりが、ほとんど同じ内容になってしまうようなことにならないようにしたい。

　いずれにしても、今伝えるべき情報を保護者に伝達する方法として"おたより"があり、それを作成する1つの道具としてパソコンが効果的に使えるということである。

（2）個人記録や指導案の作成

　個人記録をパソコンで作成することもできる。パソコンで作成することの利点は、1度打った文字データを再利用できるということで、たとえば1学期のまとめをする際にも、過去に打ったデータをみながら抜粋して作成することができる。個人面談や懇談会の際の資料にもなる。もう1つの利点は、検索ができるということである。AちゃんとBちゃんの関係が気になってきたときに、Aちゃんの記録からBちゃんを検索してみると、過去にどんなつながりがあったかがみえてくることもあるだろう。

　指導案に関しては、枠組みのみパソコンで作成している園や、枠組みと日々変わらない部分は打ち込み、日によって変わる部分のみ手書きにしている園もある。

（3）誕生カードやネームシールなどの作成

　誕生日のお祝いカードをパソコンでつくっている園も増えてきた。最近はワープロソフトでも十分にこうしたカードなどを作成できるし、作成支援機能も充実

しているので，初心者に近い人でも，少しがんばれば作成することができる。

また，誕生カードは手づくりで写真を貼っている園も多い。その写真も以前はいわゆるフィルムの銀塩写真だったものを，デジタルカメラで撮影し，カラープリンタで印刷して使っている園も増えてきた。以前ならば，数日前には撮影して現像に出さなければならなかったのが，当日撮影しても間にあうのはたいへん便利である。

そのほかにも，ワープロソフトの多様な機能を有効に活用すれば，既存の名簿データなどを流用して，ネームシールなども間違いなく，より手軽に作成できるだろう。

(4) ハガキの作成

年賀状や暑中見舞い，卒園児への連絡など，園から子どもや保護者などに郵便物を出すことがある。このような場合もパソコンを使用すると効率よく仕事を進められる。各種機能を効果的に使用したい。

(5) ビデオ編集や音楽編集

パソコンを保育に生かす事例のなかで，M幼稚園の例をあげた。M幼稚園ではほかにも，保護者説明会には，1年間の保育の流れがわかるように編集されたビデオを，行事が終わった後などにはその行事の様子を編集したビデオを有効活用している。とくに保護者が参加しない園外保育やお泊まり会などを紹介する際は，たいへん効果的である。ビデオ編集は，やや高度な作業になり，誰にでもできるというわけにはいかないが，先にあげた事例からもわかるように，パソコンのもつ可能性としては，重要な部分と思われる。

また，音楽の編集もやや高度ではあるが，効果的に使うことができる。たとえば，ダンス用の音楽を選んでいて，とても気に入っている音楽であるが，「この部分をもう1回繰り返したい」ということもある。パソコン上で編集ができれば，つなぎ目も自然になるし，さまざまな効果を加えることもできる。発表会など，当日使う音楽を，1枚のCDに順番に録音しておくこともできる（もっともトラブル対策は忘れてはならないが）。

(6) 園児のデータをパソコンで管理する

次に，園児のデータ管理をほぼ一括してパソコンで行う例をみてみよう。

たとえば，次年度の体制が決まり，クラス編成の最終決定が3月上〜中旬になってしまう園では，それからワープロ（専用機）で名簿を作成するのはかなりの労力を要することとなる。そこで，名簿作成にもパソコンを使えば作業が軽減されるのではないかと考え，データベースソフト*を用いた例である。

データベースソフトとは，簡単にいうと自分のつくった枠組のなかに使いたい

●CHECK（*）
Microsoft社のAccessなどがある。

データを入力し，必要なときに必要な情報を必要な条件で取り出したり並べたりできるソフトのことである。名簿作成には最適といえよう。

データベースソフトを使って名簿をつくる利点は，時間があるときに，入園が決まった子どもの分から順次データを打っておけば，3月にクラスの指定をするだけで，簡単に名簿ができあがるという点である。これで年度末の作業が軽減されることとなる。

ほぼ同様のことは表計算ソフト*等でもできるだろう。しかし，データベースソフトのよい点は，もっと複雑なことができる点にある。ここでは詳細は割愛するが，筆者が考案した園児管理システムでは，名簿作成（クラス名簿，バス停別名簿，誕生月別名簿，職員名簿など），健康診断票の作成，幼児指導要録の作成，卒園台帳の作成，新年度への移動機能，他のソフトで使用するためのデータの出力などが含まれている。このシステムのパソコン使用に関しても，事務作業量の軽減が期待できる(写真)。

●CHECK（*）
Microsoft社のExcelなどがある。

パソコンは，有効に使用すればかなりの仕事を軽減してくれる。それは，保育者が楽になるためではない。一面ではそれはあるにせよ，仕事が軽減されたぶん，子どもをもっとみよう，他の準備を怠りなく進めよう。パソコンを使うことで，さらに仕事量が増えるようでは本末転倒であるが，ぜひ有効に使って保育を充実させていただきたい。

筆者は数年前，ハワイのある保育施設を訪問したことがある。そこでは，コーナー保育と思われる保育が展開されていたが，ごく自然に情報機器を置くコーナーがあった。ままごと道具やブロック，絵本やレゴ，昆虫コーナーや着替えコーナーなどのなかに，それらと同じように情報機器があるのである。情報機器といえども，子どもにとっては，自分がかかわっていく環境の1つでしかあり得ない。情報機器を特別に考えてしまうのは，われわれ大人なのではないだろうか。われわれには柔軟な姿勢をもちながら，しかしよく吟味して子どもを取り巻く環境をつくり上げていく必要がある。

この章をここまで読んで，どんな考えをもっただろうか。パソコンを含めた情報機器を使ってみようという気になっただろうか。いや，保育には必要ないと思っただろうか。もちろん正解はない。みんなでよく考えていこう。

情報機器はとくに進歩や変化の早い分野である。近い将来パソコンへの入力は，声でできるようになると予測されているし，一部ではすでに実用化も進んでいる。さらにハード，ソフトの進歩により，パソコンの操作は今よりももっと簡単で，誰でもできるものになるかもしれない。今の考えに凝り固まることなく，常にいきいきとした発想や考えをもちながら保育に臨んでほしい。

【演習問題】
①実習先ではどんな情報機器が使用されていたか，あるいは保育現場ではどんな情報機器が使用されていると思うか，できるだけ多くあげ，自分なりに分類してみよう。
②映像メディアの活用方法には，他にどんなものがあるか考えてみよう。
③保育のなかで子どもがパソコンで遊ぶことについて，子どもにとってのよい点，悪い点をあげて，話しあってみよう。
④保育のなかで子どもがパソコンで遊ぶ場合，保育者にはどんな能力が必要になるか考えてみよう。
⑤パソコンを保育事務などに生かす場合，保育者にはどんな能力が必要になるか考えてみよう。

【引用・参考文献】
・石田敏和「5-1.2　お絵かきソフトを使って保育を行う」梅村匡史・小川哲也 編著『保育者・教育者のための情報教育入門』同文書院，2002
・梅村匡史・小川哲也 編著『保育者・教育者のための情報教育入門』同文書院，2002
・鈴木 隆「保育者の情報リテラシーについて」『立教女学院短期大学紀要第34号』2003
・武藤 隆・清水益治 編著『保育心理学』北大路書房，2002

column 保育方法の最前線「オープン・エデュケーション」

　オープン・エデュケーションとは，クラスや年齢の枠をとり払い，自由な空間（オープン・スペース）のなかで，子どもの自発的な活動を重視しようとする方法です。オープン・システム，オープン保育などと呼ばれることもあります。また，これを実践する学校はオープン・スクールとも呼ばれます。1960年代，イギリスにてオープン・スペースをもった学校が数多く建築され，それを用いてインフォーマル教育が展開されたことが起源とされています。

　わが国でも，1960年代後半から管理的な教育，また知識注入に傾斜する教育が目立つなか，それを改善する方策として注目され始めました。本格化するのは，1984（昭和59）年に当時の文部省がオープン・スペースに補助金を出すようになってからです。保育では，保育者主導の保育から子ども中心の保育への転換が叫ばれた1989（平成元）年の「幼稚園教育要領」改訂以降，実践する園が増えてきたようです。とくに，環境を通して行う保育が基本とされるなか，自由な空間を設けることこそ，子どもの自由を尊重し，自主性や個性を伸ばすと考えられました。

　しかし，広いスペースをつくっただけで，子どもの自発的な活動である遊びが保障されるとは限りません。そのため，オープン・エデュケーションを実施する園のなかには，広いスペースにいくつかのコーナーをつくり，それぞれに保育者を配置するという工夫も行っています。

　こうした実態は，オープン・エデュケーションがコーナー保育や縦割り保育，あるいはティーム保育などと密接にかかわっていることを物語っています。ただ，園によっては長期間，コーナーが固定されていたり，保育者の対応が指示的であったりする場合もみられます。かたちだけの導入にとどまらず，保育を柔軟に展開する方法として捉えたいものです。

【参考文献】
・東京都江戸川区立船堀幼稚園『私たちのオープン・エデュケーション』明治図書，1984

Index
さくいん

─── あ ───

アジトスペース　95
遊び　21, 59, 65, 66, 67, 69, 79,
　　88, 90, 103, 104, 105, 107
遊びの援助者　15, 17
遊びの拠点　59, 60
遊びの原空間　95
遊びの自己活動性　66
遊びの自己完結性　66
遊びの自己報酬性　66
遊びの自発性　66
遊びの種類　69
アナーキースペース　95
荒れる子　5
安定感　131, 133, 134
威光模倣　94
一時保育　8
一斉保育　4, 9, 88, 125, 126, 127,
　　128, 130
遺伝重視派　29
異年齢保育　41
イメージの世界　71
ヴィゴツキー　32, 33
ウィンスラー　33
ウェンガー　91
映像メディア　148
エクソ・システム　37
絵本　136
エリート性　10
園舎　49
援助　26
エンゼルプラン　8
園だより　157
園庭　50
園庭開放　8

園内環境　47
オイリュトミー　63
狼に育てられた子　29
オープン・エデュケーション　162
オープン・システム　162
オープン保育　162
お受験ブーム　7
鬼ごっこ　76
音楽編集　159
恩物　9

─── か ───

カウンセリング　123
カウンセリング・マインド　123
係活動　89, 90, 91, 93
学習　21, 22
学習指導要領　125, 139, 152
学力低下　6
カセットデッキ　146, 151
活動　103, 105
環境　14, 43, 44, 46, 47, 97, 103
環境構成　53, 57
環境構成法　59
環境重視派　29
環境設定　53
観察学習　57
気になる子ども　5
基本的訓練　13
基本的生活習慣　83, 84, 85, 87
基本的生活習慣形成　87, 88
義務教育　27
キャラクター　137
休日保育　8
給食　7
教育　87
教科書　140

教材　53
教材提示装置　147
行事　119
共同作業者　15, 16
協同的な学び　134
キルパトリック　11
キレル子　5
空間　54
クライエント　123
クラスだより　157
倉橋惣三　12, 26
グループ指導　10
経験　23
経験重視説　31
系統的保育案　12
ゲゼル　30
健康　13
研修　38
厚生労働省　2
コーナー保育　162
個人記録　158
子育て支援　7, 8
子育て支援事業　8
コダーイ　101
コダーイ・システム　101
ごっこ遊び　25, 70, 73
固定遊具　50
言葉　14, 135, 138
子ども・子育て応援プラン　8
個別学習活動　81
今後の子育て支援のための施策の基本
　　的方向について　8

─── さ ───

最近接発達領域　33
最近接領域　32, 33

163

栽培　95, 97
飼育　95, 97
自己学習力　67
自己抑制　6
自然スペース　95
シックスクール症候群　48
指導案　158
児童中心主義　13
自発性　24
社会的訓練　13
自由遊び　24, 26
充実指導　26
集団保育　12, 133
自由保育　4, 88, 125
主題　13
主体性　43
主体的活動　59
シュタイナー　63
シュタイナー教育　63
小学校　139, 140
少子化時代　7
少子化社会対策大綱に基づく重点対策の具体的実施計画について　8
情報　145
情報機器　145, 146, 147
情報機器の操作　152
書画カメラ　147, 149
食育　6
食事　83
自立　83, 87
自立的　90
新生児期　131
人的環境　47, 57, 61
人的配置　130
睡眠　83
ストーリー　72
スプートニク・ショック　32
生活科　28, 139, 140
生活教材　13
清潔　83
成熟説　30
正統的周辺参加論　91, 92, 93
責任実習　128
早期知的教育　41
総合的な学習の時間　28, 141, 152

総合的な活動　103, 107, 109, 113

―― た ――

縦割り保育　41, 162
誕生カード　158
担任　128
知識　22
知的好奇心　131, 135, 138
着脱　83
長時間保育　7, 8
通園バス　7
つたえあい保育　12
ティーム・ティーチング　144
ティーム保育　130, 144, 162
データベースソフト　159
デューイ　11
動機　28
東京女子師範学校附属幼稚園　9
道具　53
当番　89, 90, 91, 93
当番活動　24
戸越保育所　13

―― な ――

喃語　135
二語文　135
乳児期　131
人間関係　13
人間発達　35
認定こども園　2
ネームシール　158

―― は ――

パーク　33
パーソナル・コンピュータ　146
排泄　83
ハガキ　159
パソコン　145, 146, 147, 152, 153, 157, 159
発達心理学　35
発達生態学　36
発達特性　29
パブロフ　34
反省的思考　11
ピアジェ　33, 35

ビデオ　146
ビデオカメラ　146, 150
ビデオ編集　159
肥満　6
評価方法　23
表現　14
病後児保育　8
広場スペース　95
ブックスタート　136
物的環境　47, 48, 49, 53, 59
不登校　27
部分実習　128
ブルーナー　31
フレネ　81
フレネ教育　81
フレーベル　9
プロジェクター　151
プロジェクト・メソッド　11, 20
ブロンフェンブレンナー　36
雰囲気　58
文化心理学　36
分団学習　10
分団保育　10
ヘッドスタート計画　41
保育　1, 2, 13, 39, 152
保育サービス　8
保育時間　8
保育事務　157
保育者　15, 26, 59, 61, 67, 79, 107, 109, 121
保育所　2, 4, 67, 140
保育所保育指針　13, 14, 43, 69, 85, 98, 125, 126, 139
保育ニーズ　7
保育方法　8
ホイジンガ　65, 88, 93

―― ま ――

マイクロ・システム　36
マクロ・システム　37
学び　21, 22, 23, 24, 25, 28, 104
道スペース　95
メゾ・システム　36
文字　137
モデル　15, 16, 57

さくいん

もの 53, 54
モンテッソーリ 41
モンテッソーリ保育 41
文部科学省 2, 152

―― や ――

遊戯 65
遊具 53
遊具スペース 95
養護 87
幼児期 29, 133
幼稚園 2, 4, 9, 67, 140
幼稚園教育要領 13, 14, 43, 44, 46, 69, 84, 89, 97, 98, 125, 126, 139
幼稚園設置基準 51
幼保小連携 139
よりどころ 15, 18

―― ら ――

来談者 123
理解者 15, 16
レイヴ 91
レッジョ・エミリア・アプローチ 20
レディネス 31, 32, 33
連携事業 140

ロジャース 123

5領域 14, 69
6領域 13
CD 146
DVDプレーヤー 146
MDプレーヤー 146
OHP 147, 148
T・T 144
ZPD 32

保育指導法
幼児のための保育・教育の方法

2007年4月15日　第一版第1刷発行
2022年3月31日　第一版第3刷発行

編著者　師岡 章
著　者　請川滋大・由田 新
　　　　高橋健介・高橋貴志
　　　　鈴木忠彦・志村聡子
　　　　鈴木 隆
発行者　宇野文博
発行所　株式会社　同文書院
　　　　〒112-0002
　　　　東京都文京区小石川5-24-3
　　　　TEL (03)3812-7777
　　　　FAX (03)3812-7792
　　　　振替　00100-4-1316
印刷・製本　中央精版印刷株式会社

© A.Morooka et al., 2007
Printed in Japan　ISBN978-4-8103-1346-8
●乱丁・落丁本はお取り替えいたします

《 幼稚園教育要領 改訂
保育所保育指針 改定
幼保連携型認定こども園教育・保育要領 改訂 》について

無藤 隆 監修

同文書院

━━━━━━━━━━━━━━━━━━━ 目　次 ━━━━━━━━━━━━━━━━━━━

第1章　幼稚園教育要領の改訂について　3
　1. はじめに　3
　2. 幼稚園教育要領改訂のポイント　6
　3. 新しい幼稚園教育要領の概要　8

第2章　保育所保育指針の改定について　12
　1. はじめに　12
　2. 保育所保育指針改定のポイント　14
　3. 新しい保育所保育指針の概要　17

第3章　幼保連携型認定こども園教育・保育要領の改訂について　19
　1. はじめに　19
　2. 幼保連携型認定こども園教育・保育要領改訂のポイント　20
　3. 新しい幼保連携型認定こども園教育・保育要領の概要　22

資料　幼稚園教育要領　27
資料　保育所保育指針　36
資料　幼保連携型認定こども園教育・保育要領　53

第1章　幼稚園教育要領の改訂について

1．はじめに

　新幼稚園教育要領（以下，新教育要領とも）は，2016（平成28）年12月の中央教育審議会による答申「幼稚園，小学校，中学校，高等学校及び特別支援学校の学習指導要領等の改善及び必要な方策等について」を踏まえ，幼稚園の教育課程の基準の改正を図ったものである。2017（平成29）年3月31日告示され，1年間の周知期間を経た後，2018（平成30）年4月1日から施行されることになる。

(1) 中央教育審議会による答申

　今回の中央教育審議会による答申のポイントは，現行の学習指導要領で謳われている知（確かな学力）・徳（豊かな人間性）・体（健康・体力）にわたる「生きる力」を，将来子どもたちがより一層確実に育むためには何が必要かということにある。

　今後，人工知能（AI）のさらなる進化によって，現在，小・中学校に通う子どもたちが成人となる2030年以降の世界では，現在ある仕事の半数近くが自動化される可能性があるといわれている。また子どもたちの65％が今は存在しない職業に就くであろうと予測されている。インターネットが地球の隅々まで普及した現代において，さまざまな情報が国境や地域を越えて共有化され，グローバル化の流れはとどまるところを知らない。今後，社会の変化はさらに速度を増し，今まで以上に予測困難なものとなっていくであろう。

　こうした予測困難な未来社会において求められるのは，人類社会，日本社会，さらに個人としてどのような未来を創っていくのか，どのように社会や自らの人生をよりよいものにするのかという目的意識を主体的に持とうとすることである。そして，複雑に入り混じった環境の中でも状況を理解し，その目的に必要な情報を選択・理解し，自分の考えをまとめ，多様な他者と協働しながら，主体的に社会や世界と関わっていくこと，こうした資質・能力が求められている。

　また近年，国際的にも忍耐力や自己制御，自尊心といった社会情動的スキル，いわゆる非認知的能力を幼児期に身につけることが，大人になってからの生活に大きな差を生じさせるといった研究成果が発表されている。非認知的能力とは，「学びに向かう力や姿勢」と呼ばれることもあり，「粘り強く取り組んでいくこと，難しい課題にチャレンジする姿勢」などの力をさす。従来はその子どもの気質，性格と考えられていたが，現在では適切な環境を与えることでどの子どもでも伸ばすことが可能な能力（スキル）として捉えられるようになっている。

　そのため，今回の答申では，こうした資質・能力を育むための「主体的・対話的で深い学び」（アクティブ・ラーニング）の実現の重要性を強調している。その上で「何のために学ぶのか」という学習の意義を共有しながら，授業の創意工夫や教科書等の教材の改善を引き出していけるよう，すべての教科等また幼児教育について，①知識及び技能，②思考力，判断力，表現力等，③学びに向かう力，人間性等，の3つの柱に再整理している（図1－1）。

(2) 幼稚園を取り巻く環境

　わが国の幼稚園児数は，1978（昭和53）年の249万7,895人をピークに減少し続けており，2009（平成21）年163万336人，2013（平成25）年158万3,610人，2016年133万9,761人，2017年

幼児教育において育みたい資質・能力の整理

小学校以上: 知識・技能 | 思考力・判断力・表現力等 | 学びに向かう力・人間性等

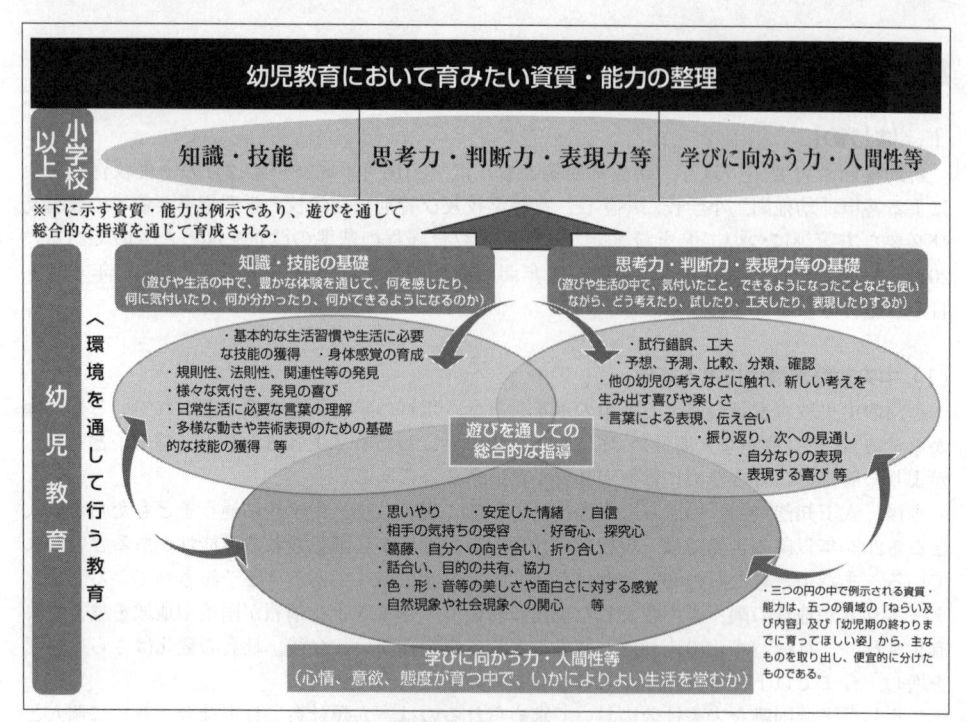

※下に示す資質・能力は例示であり、遊びを通して総合的な指導を通じて育成される。

幼児教育 〈環境を通して行う教育〉

知識・技能の基礎
（遊びや生活の中で、豊かな体験を通じて、何を感じたり、何に気付いたり、何が分かったり、何ができるようになるのか）

- 基本的な生活習慣や生活に必要な技能の獲得　・身体感覚の育成
- 規則性、法則性、関連性等の発見
- 様々な気付き、発見の喜び
- 日常生活に必要な言葉の理解
- 多様な動きや芸術表現のための基礎的な技能の獲得　等

思考力・判断力・表現力等の基礎
（遊びや生活の中で、気付いたこと、できるようになったことなども使いながら、どう考えたり、試したり、工夫したり、表現したりするか）

- 試行錯誤、工夫
- 予想、予測、比較、分類、確認
- 他の幼児の考えなどに触れ、新しい考えを生み出す喜びや楽しさ
- 言葉による表現、伝え合い
- 振り返り、次への見通し
- 自分なりの表現
- 表現する喜び　等

遊びを通しての総合的な指導

- 思いやり　・安定した情緒　・自信
- 相手の気持ちの受容　・好奇心、探究心
- 葛藤、自分への向き合い、折り合い
- 話合い、目的の共有、協力
- 色・形・音等の美しさや面白さに対する感覚
- 自然現象や社会現象への関心　等

学びに向かう力・人間性等
（心情、意欲、態度が育つ中で、いかによりよい生活を営むか）

・三つの円の中で例示される資質・能力は、五つの領域の「ねらい及び内容」及び「幼児期の終わりまでに育ってほしい姿」から、主なものを取り出し、便宜的に分けたものである。

図1-1　幼児教育において育みたい資質・能力

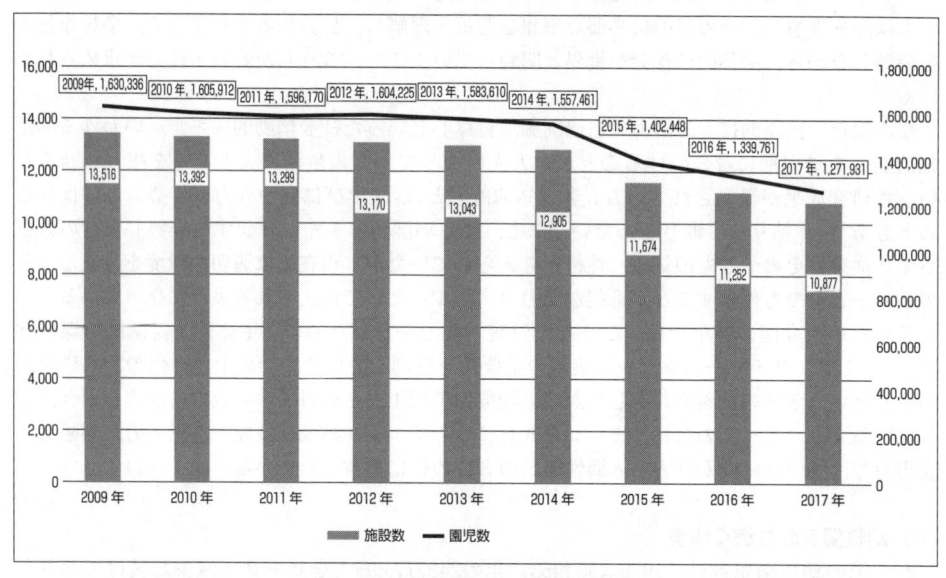

施設数（園児数）
- 2009年: 13,516 （1,630,336）
- 2010年: 13,392 （1,605,912）
- 2011年: 13,299 （1,596,170）
- 2012年: 13,170 （1,604,225）
- 2013年: 13,043 （1,583,610）
- 2014年: 12,905 （1,557,461）
- 2015年: 11,674 （1,402,448）
- 2016年: 11,252 （1,339,761）
- 2017年: 10,877 （1,271,931）

図1-2　幼稚園数と園児数の推移

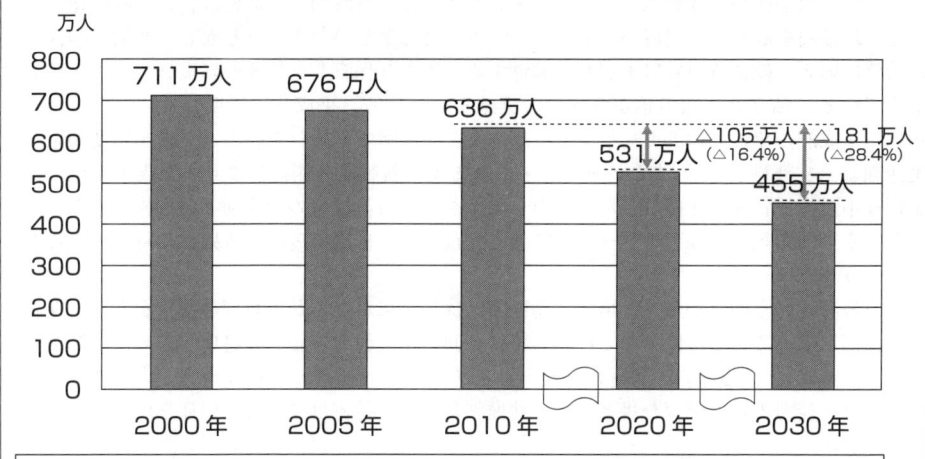

人口推計に基づく将来の0～5歳児について（中位推計）
該当年齢人口全体の推計（0～5歳）

（万人）

- 2000年：711万人
- 2005年：676万人
- 2010年：636万人
- 2020年：531万人（△105万人、△16.4%）
- 2030年：455万人（△181万人、△28.4%）

（出典）2000年、2005年、2010年については国勢調査による。2020年及び2030年の該当年齢人口については、「日本の将来の人口推計（出生中位、死亡中位）」（H24.1 国立社会保障・人口問題研究所）に基づき学齢計算。（各年10月1日時点）

図1－3　0～5歳児の人口推移

では127万1,931人となった。また幼稚園の設置数も、1985（昭和60）年の1万5,220園をピークに減少し、2009年1万3,516園、2013年1万3,043園、2016年1万1,252園、2017年では1万877園となっている（図1－2）（なお、2015年から2017年に認定こども園に移行した幼稚園は1,454園。詳細は『第3章　幼保連携型認定こども園教育・保育要領について』を参照）。一方、保育所等の入所児数は1980（昭和55）年まで増加し続け（1978年191万3,140人）その後一旦減少したが、1996（平成8）年から再び増加し、2009年には204万934人、2013年221万9,581人、さらに子ども・子育て支援新制度がスタートした2015年には237万3,614人、2017年は254万6,669人となっている（2015年からの数値は幼保連携型認定こども園、幼稚園型認定こども園等、特定地域型保育事業を含む、第2章図2－1参照）。

このように保育所利用児童の増加の一方で、わが国の0～5歳児の人口は2000（平成12）年の711万人から2030年には455万人まで減少すると予想されており、少子化傾向に歯止めが掛かる兆しは見えていない（図1－3）。全国的に幼稚園児数が減少し続けるのに対し、保育所等のニーズが増え続ける背景には、女性の社会進出に伴い乳幼児を持つ母親の就業が増えていること、長期化する景気の低迷から共働き家庭の増加や長時間労働の蔓延などがあげられている。なかでも3歳未満の待機児童数は毎年2万人前後で推移しており、この年齢層の保育ニーズはさらに増えていくものと見られている（第2章図2－3参照）。

日本総合研究所の調査によると、出生率が現状のまま推移し、乳幼児を持つ母親の就業率が過去10年間と同じペースで上昇する出生中位・就業中位の場合、保育所ニーズは2015年の233万人から2020年には254万人に増え、その後2040年までほぼ横ばいとなるとしている。一方、幼稚園ニーズは2015年の151万人から2040年には64万人に減少すると見ている。また、出生中

位のまま母親の就業率が2倍のペースで増え続ける就業高位では，保育所ニーズが2040年に1.4倍の334万人と増える一方，幼稚園ニーズは2040年には35万人と2015年の4分の1に激減するとしている。

　もし幼稚園が従来の3歳以上の子どもを対象とした教育時間内の幼児教育にのみ特化するならば，幼稚園を取り巻く環境が今後，好転することは難しいだろう。しかし，共働きの保護者の希望に応え，教育時間外に子どもを保育する「預かり保育」を積極的に実施している施設は増えている。私立幼稚園の預かり保育の実施率は，1997（平成9）年度には46％だったが，2014（平成26）年度には95.0％とほとんどの私立幼稚園で実施している（平成26年度幼児教育実態調査，文部科学省）。また，子ども・子育て支援新制度の開始により，3歳未満児の保育を行う小規模保育施設を併設した幼稚園も出てきている。従来の幼稚園という枠にとらわれることなく，幼児教育・保育をトータルに考え実践する幼稚園のみが生き残れる時代になったといえよう。

　また教育という観点から見た場合，幼稚園には長年にわたる幼児教育の蓄積があり，保護者が幼稚園に求めるところは少なくない。特に今回の中央教育審議会の答申が求める①知識及び技能（の基礎），②思考力，判断力，表現力等（の基礎），③学びに向かう力，人間性等，の3つの資質・能力の基礎を育む場として，幼稚園の果たす役割はさらに重要度を増すものと考えられる。

　本章では，新教育要領に記載されている今後の幼稚園教育に求められる「幼児教育において育みたい資質・能力」「幼児期の終わりまでに育ってほしい姿」などの具体的な内容について概説する。

2．幼稚園教育要領改訂のポイント
(1) 学校教育における幼稚園教育の位置付けの強化

　新教育要領において重要なことは，前回の改訂よりもさらに踏み込んで，幼稚園を学校教育の始まりとすることを強調している点である。現在の教育要領では，2008（平成20）年の学校教育法の改正により，幼稚園が学校教育の始まりとしてその存在が明確化され，幼児教育が公的な教育として捉えられている。さらに新教育要領ではその旨を新設した前文に明記している。

　この背景には，幼児教育がその後の学校教育の基礎を培う時期として重視され，さらに今回，幼稚園・保育所・幼保連携型認定こども園がともに幼児教育を実践する共通の施設として，その基礎を形成する場として強調されたということがある。なかでも幼稚園はその幼児教育のあり方を先導してきた施設なのであり，今後もそうであることが期待される。

　新教育要領で新設された「前文」には，「これからの幼稚園には，学校教育の始まりとして，こうした教育の目的及び目標の達成を目指しつつ，一人一人の幼児が，将来，自分のよさや可能性を認識するとともに，（中略）持続可能な社会の創り手となることができるようにするための基礎を培うことが求められる」とし，「幼稚園教育要領が果たす役割の一つは，公の性質を有する幼稚園における教育水準を全国的に確保することである」と記載されている。これは取りも直さず，より質の高い幼児教育の重要性の強調にほかならず，幼稚園教育（ひいては幼児教育）と小学校教育との円滑な接続が求められている。

(2) 幼稚園教育において育みたい資質・能力および「幼児期の終わりまでに育ってほしい姿」

　では，ここで述べられている「幼稚園における教育水準」とは何を意味するのであろうか。それは小学校以降で行われる文字の読み書き，計算といった小学校教育の先取りではない。本来の意味は，幼児の自発的な活動である遊びや生活を通して，「幼稚園教育で育みたい3つの資質・能力」を育成し，その具体的な現れとして「幼児期の終わりまでに育ってほしい10の姿」を実現していくことにある。

　なお，この3つの資質・能力は，これまでの幼稚園教育要領で規定されてきた5領域（「健康」「人間関係」「環境」「言語」「表現」）に基づく遊びを中心とした活動全体を通じて育まれていくものである。

① 豊かな体験を通じて，感じたり，気付いたり，分かったり，できるようになったりする「知識及び技能の基礎」
② 気付いたことや，できるようになったことなどを使い，考えたり，試したり，工夫したり，表現したりする「思考力，判断力，表現力等の基礎」
③ 心情，意欲，態度が育つ中で，よりよい生活を営もうとする「学びに向かう力，人間性等」

　つまり，気付くこと，考えること，試し，工夫すること，また心動かし，やりたいことを見出し，それに向けて粘り強く取り組むことなどを指している。それらは相互に結びついて一体的に育成されていく。

　そして，この3つの資質・能力が育まれている幼児の幼稚園修了時の具体的な姿「幼児期の終わりまでに育ってほしい10の姿」が以下の10項目である（詳細は「新教育要領」第1章 第2を参照）。ここで，実際の指導ではこれらが到達すべき目標を示したものではないことや，個別に取り出されて指導されるものではないことに十分留意する必要がある。

① 健康な心と体　　　　　　　⑥ 思考力の芽生え
② 自立心　　　　　　　　　　⑦ 自然との関わり・生命尊重
③ 協同性　　　　　　　　　　⑧ 数量や図形，標識や文字などへの関心・感覚
④ 道徳性・規範意識の芽生え　⑨ 言葉による伝え合い
⑤ 社会生活との関わり　　　　⑩ 豊かな感性と表現

(3) カリキュラム・マネジメント

　幼稚園では，教育基本法および学校教育法その他の法令ならびに幼稚園教育要領に基づき，それぞれの園の運営方針，指導方針の基礎となる教育課程を編成することが義務付けられている。教育課程や預かり保育の計画等を合わせて，全体的な計画と呼んでいる。新教育要領では，「幼児期の終わりまでに育ってほしい姿」を踏まえて教育課程を編成し，この教育課程を実施し，評価し，改善を図っていくこと（PDCAサイクル），また教育課程の実施に必要な人的または物的な体制を，家庭や地域の外部の資源も含めて活用しながら，各幼稚園の教育活動の質の向上を図っていくカリキュラム・マネジメントの考え方が導入されている。幼稚園等では，教科書のような教材を用いずに，環境を通した教育を基本としており，また幼児の家庭との関係の緊密度が他校種と比べて高いこと，ならびに預かり保育・子育ての支援などの教育課程以外の活動が多くの幼稚園で実施されていることなどから，カリキュラム・マネジメントはきわめて重要とされている。

(4)「主体的・対話的で深い学び」(アクティブ・ラーニング)の実現

新教育要領では,「指導計画の作成上の留意事項」に「主体的・対話的で深い学び」(アクティブ・ラーニング)の考えが加わった。

中央教育審議会の答申で述べられているように,これからの予測困難な未来を切り開いていくためには,学ぶことに興味・関心を持ち,見通しを持って粘り強く取り組み,自己の学習活動を振り返って次につなげる「主体的な学び」,子ども同士の協働・教職員や地域の人との対話・先哲の考え方を手がかりに考えるなどを通じて,自己の考えを広め深める「対話的な学び」,そして得られた知識を相互に関連付けてより深く理解したり,情報を精査して考えを形成したり,問題を見出し解決策を思考したり,自分の思い・考えを基に創造へと向かう「深い学び」のアクティブ・ラーニングの実現が求められている。教育要領では,従来から重視されてきた,体験の多様性と関連性を進める中で,この3つの学びを実現していく。様々な心動かされる体験をして,そこから次にしたい活動が生まれ,さらに体験を重ねていき,それらの体験がつながりながら,学びを作り出す。その際,振り返ったり見通しを立てたり,考え工夫して様々に表現し対話を行い,さらに身近な環境への関わりから意味を見出していくのである。

幼児教育における重要な学習である「遊び」においても,この主体的・対話的で深い学びの視点,すなわちアクティブ・ラーニングの視点に基づいた指導計画の作成が必要となる。

(5) 言語活動の充実

新教育要領の「指導計画の作成上の留意事項」では「主体的・対話的で深い学び」とともに,「言語活動の充実」が新たに加えられた。これは「幼児期の終わりまでに育ってほしい10の姿」の9番目にある「言葉による伝え合い」および第2章「ねらい及び内容」の5領域の「言葉」とも関連する項目であるが,言語能力の発達が思考力等のさまざまな能力の発達に関連していることを踏まえ,絵本や物語,言葉遊びなどを通して,言葉や表現を豊かにすることで,自分の経験・考えを言葉にする思考力やそれを相手に伝えるコミュニケーション能力の発達を促していこうとの狙いが読み取れる。

(6) 地域における幼児教育の中心的役割の強化

前回の改訂から幼稚園の地域における保護者の幼児教育のセンターとしての役割が求められるようになった。さらにこの10年間では貧困家庭,外国籍家庭や海外から帰国した幼児など特別な配慮を必要とする家庭・子どもの増加,また児童虐待の相談件数の増加など,子どもと保護者を取り巻く状況も大きく変化している。このため新教育要領では,「心理や保健の専門家,地域の子育て経験者等と連携・協働しながら取り組むよう配慮する」との記載を追加することで,その役割のさらなる専門化を図っている。

3.新しい幼稚園教育要領の概要(中央説明会資料による)
(1) 前文の趣旨及び要点

今回の改訂では,新たに前文を設け,次の事項を示した。
① 教育基本法に規定する教育の目的や目標の明記とこれからの学校に求められること
②「社会に開かれた教育課程」の実現を目指すこと

教育課程を通して,これからの時代に求められる教育を実現していくためには,よりよい学校教育を通してよりよい社会を創るという理念を学校と社会とが共有することが求められ

る。
　そのため，それぞれの幼稚園において，幼児期にふさわしい生活をどのように展開し，どのような資質・能力を育むようにするのかを教育課程において明確にしながら，社会との連携及び協働によりその実現を図っていく，「社会に開かれた教育課程」の実現が重要となることを示した。
③ 幼稚園教育要領を踏まえた創意工夫に基づく教育活動の充実
　幼稚園教育要領は，公の性質を有する幼稚園における教育水準を全国的に確保することを目的に，教育課程の基準を大綱的に定めるものであり，それぞれの幼稚園は，幼稚園教育要領を踏まえ，各幼稚園の特色を生かして創意工夫を重ね，長年にわたり積み重ねられてきた教育実践や学術研究の蓄積を生かしながら，幼児や地域の現状や課題を捉え，家庭や地域社会と協力して，教育活動の更なる充実を図っていくことが重要であることを示した。

(2)「総則」の改訂の要点

　総則については，幼稚園，家庭，地域の関係者で幅広く共有し活用できる「学びの地図」としての役割を果たすことができるよう，構成を抜本的に改善するとともに，以下のような改訂を行った。
① 幼稚園教育の基本
　幼児期の教育における見方・考え方を新たに示すとともに，計画的な環境の構成に関連して教材を工夫することを新たに示した。
② 幼稚園教育において育みたい資質・能力及び「幼児期の終わりまでに育ってほしい姿」
　幼稚園教育において育みたい資質・能力と「幼児期の終わりまでに育ってほしい姿」を新たに示すとともに，これらと第2章の「ねらい及び内容」との関係について新たに示した。
③ 教育課程の役割と編成等
　次のことを新たに示した。
・各幼稚園においてカリキュラム・マネジメントの充実に努めること
・各幼稚園の教育目標を明確にし，教育課程の編成についての基本的な方針が家庭や地域とも共有されるよう努めること
・満3歳児が学年の途中から入園することを考慮し，安心して幼稚園生活を過ごすことができるよう配慮すること
・幼稚園生活が安全なものとなるよう，教職員による協力体制の下，園庭や園舎などの環境の配慮や指導の工夫を行うこと
・「幼児期の終わりまでに育ってほしい姿」を共有するなど連携を図り，幼稚園教育と小学校教育との円滑な接続を図るよう努めること
・教育課程を中心に，幼稚園の様々な計画を関連させ，一体的に教育活動が展開されるよう全体的な計画を作成すること
④ 指導計画の作成と幼児理解に基づいた評価
　次のことを新たに示した。
・多様な体験に関連して，幼児の発達に即して主体的・対話的で深い学びが実現するようにすること
・幼児の発達を踏まえた言語環境を整え，言語活動の充実を図ること
・幼児の実態を踏まえながら，教師や他の幼児と共に遊びや生活の中で見通しをもった

り，振り返ったりするよう工夫すること
・幼児期は直接的な体験が重要であることを踏まえ，視聴覚教材やコンピュータなど情報機器を活用する際には，幼稚園生活では得難い体験を補完するなど，幼児の体験との関連を考慮すること
・幼児一人一人のよさや可能性を把握するなど幼児理解に基づいた評価を実施すること
・評価の実施に当たっては，指導の過程を振り返りながら幼児の理解を進め，幼児一人一人のよさや可能性などを把握し，指導の改善に生かすようにすることに留意すること
⑤ 特別な配慮を必要とする幼児への指導
　次のことを新たに示した。
・障害のある幼児などへの指導に当たっては，長期的な視点で幼児への教育的支援を行うための個別の教育支援計画と，個別の指導計画を作成し活用することに努めること
・海外から帰国した幼児や生活に必要な日本語の習得に困難のある幼児については，個々の幼児の実態に応じ，指導内容等の工夫を組織的かつ計画的に行うこと
⑥ 幼稚園運営上の留意事項
　次のことを新たに示した。
・園長の方針の下に，教職員が適切に役割を分担，連携しつつ，教育課程や指導の改善を図るとともに，学校評価については，カリキュラム・マネジメントと関連付けながら実施するよう留意すること
・幼稚園間に加え，小学校等との間の連携や交流を図るとともに，障害のある幼児児童生徒との交流及び共同学習の機会を設け，協働して生活していく態度を育むよう努めること

(3)「ねらい及び内容」の改訂の要点

　「ねらい」を幼稚園教育において育みたい資質・能力を幼児の生活する姿から捉えたもの，「内容の取扱い」を幼児の発達を踏まえた指導を行うに当たって留意すべき事項として新たに示すとともに，指導を行う際に「幼児期の終わりまでに育ってほしい姿」を考慮することを新たに示した。

　① 領域「健康」
　　見通しをもって行動することを「ねらい」に新たに示した。また，食べ物への興味や関心をもつことを「内容」に示すとともに，「幼児期運動指針」（平成24年3月文部科学省）などを踏まえ，多様な動きを経験する中で，体の働きを調整するようにすることを「内容の取扱い」に新たに示した。さらに，これまで第3章指導計画作成に当たっての留意事項に示されていた安全に関する記述を，安全に関する指導の重要性の観点等から「内容の取扱い」に示した。
　② 領域「人間関係」
　　工夫したり，協力したりして一緒に活動する楽しさを味わうことを「ねらい」に新たに示した。また，諦めずにやり遂げることの達成感や，前向きな見通しをもつことなどを「内容の取扱い」に新たに示した。
　③ 領域「環境」
　　日常生活の中で，我が国や地域社会における様々な文化や伝統に親しむことなどを「内容」に新たに示した。また，文化や伝統に親しむ際には，正月や節句など我が国の伝統的な行

事，国歌，唱歌，わらべうたや伝統的な遊びに親しんだり，異なる文化に触れる活動に親しんだりすることを通じて，社会とのつながりの意識や国際理解の意識の芽生えなどが養われるようにすることなどを「内容の取扱い」に新たに示した。
④ 領域「言葉」
　言葉に対する感覚を豊かにすることを「ねらい」に新たに示した。また，生活の中で，言葉の響きやリズム，新しい言葉や表現などに触れ，これらを使う楽しさを味わえるようにすることを「内容の取扱い」に新たに示した。
⑤ 領域「表現」
　豊かな感性を養う際に，風の音や雨の音，身近にある草や花の形や色など自然の中にある音，形，色などに気付くようにすることを「内容の取扱い」に新たに示した。

(4) 「教育課程に係る教育時間の終了後等に行う教育活動などの留意事項」の改訂の要点
① 教育課程に係る教育時間の終了後等に行う教育活動などの留意事項
　教育課程に係る教育時間終了後等に行う教育活動の計画を作成する際に，地域の人々と連携するなど，地域の様々な資源を活用しつつ，多様な体験ができるようにすることを新たに示した。
② 子育ての支援
　幼稚園が地域における幼児期の教育のセンターとしての役割を果たす際に，心理や保健の専門家，地域の子育て経験者等と連携・協働しながら取り組むことを新たに示した。

＜参考文献＞
文部科学省『幼稚園教育要領』2017.3.31
厚生労働省『保育所保育指針』2017.3.31
内閣府・文部科学省・厚生労働省『幼保連携型認定こども園教育・保育要領』2017.3.31
中央教育審議会『幼稚園，小学校，中学校，高等学校及び特別支援学校の学習指導要領等の改善及び必要な方策等について（答申）』2016.12.21
文部科学省『学校基本調査』
無藤　隆『今後の幼児教育とは　幼稚園教育要領，保育所保育指針，幼保連携型認定こども園教育・保育要領，小学校学習指導要領の改訂を受けて』2017.1.16 国立教育政策研究所　幼児教育研究センター発足記念 平成28年度教育研究公開シンポジウム
淵上　孝『私立幼稚園を取り巻く現状と課題について』2016.1.28 全日本私立幼稚園連合会 平成27年度第2回都道府県政策担当者会議
池本美香，立岡健二郎『保育ニーズの将来展望と対応の在り方』JRIレビュー Vol.3, No.42 ㈱日本総合研究所
文部科学省『平成26年度幼児教育実態調査』2015.10
東京都教育委員会『小1問題・中1ギャップの予防・解決のための「教員加配に関わる効果検証」に関する調査　最終報告書について』2013.4.25

第2章　保育所保育指針の改定について

1．はじめに
(1) 中央教育審議会の答申と保育所保育指針

　2017（平成29）年3月31日，新保育所保育指針（以下，「新指針」とも）が告示され，これに続き，新指針の解説書『保育所保育指針解説書』の発行が通知された。

　今回改定された新指針は，1965（昭和40）年に保育所保育指針が策定されてから4回目の改定となる。なかでも2008（平成20）年の前回の改定からは，それまでの局長通知から厚生労働大臣による告示となり，遵守すべき法令となっている。

　今回の改定の特徴は，「第1章　幼稚園教育要領の改訂について」でも述べた2016（平成28）年12月の中央教育審議会による答申「幼稚園，小学校，中学校，高等学校及び特別支援学校の学習指導要領等の改善及び必要な方策等について」を踏まえ，新たな保育所保育指針においても「幼児教育を行う施設として共有すべき事項」として，3つの「育みたい資質・能力」ならびに10の「幼児期の終わりまでに育ってほしい姿」が記載されていることである。また，0歳から2歳児を中心とした3歳未満児の保育所利用児童数の増加といった保育所等における独自の問題への取り組みの積極的な対応も図られている。

(2) 保育所等を取り囲む環境

　図2－1に示すように，保育所等の利用児童数および設置数は，2009（平成21）年から2017年までの間いずれも増加している。特に子ども・子育て支援新制度がスタートした2015（平成27）年からは幼保連携型認定こども園，幼稚園型認定こども園等，特定地域型保育事業（小規模保育事業，家庭的保育事業，事業所内保育事業，居宅訪問型保育事業）が加わったことで，2017年には利用児童数254万6,669人，施設数では3万2,793施設と大きく拡大した。これは女性の社会進出に伴い乳幼児を持つ母親の就業が増えていること，また長期化する景気の低迷から共働き家庭の増加，長時間労働の蔓延など，小学校入学前の乳幼児の保育ニーズが高まっていることによる。

　なかでも3歳未満の乳幼児の利用数は多く，少子化が進んでいるにもかかわらず，2017年の保育所等を利用する3歳未満児数は103万1,486人と2009年の70万9,399人に比べ45.4％増，30万人近い増加となっている（図2－2）。また，3歳未満児の保育所等の待機児童数を見てみると，2009年から2017年にいたるまで毎年ほぼ2万人前後で推移している（図2－3）。これは保育所等の施設が近隣に新設されたことで，それまで出産を機に就業をあきらめていた女性たちが就業を目的に乳幼児の入所を希望するという，これまで表にあらわれなかった保育ニーズが顕在化しているためといわれている。産前産後休業後の職場復帰を考えている女性たちが子どもを預けるための保育所探しに奔走する「保活」という言葉が一般化しているように，3歳未満の乳幼児の保育ニーズが解消する兆しは見えていない。

　このため新指針では，乳児，1歳以上3歳未満児の保育についての記載の充実を図ることで，今後さらに増えていくであろう3歳未満児の保育の質的な向上を目指している。また，2016年12月の中央教育審議会による答申「幼稚園，小学校，中学校，高等学校及び特別支援学校の学習指導要領等の改善及び必要な方策等について」を踏まえ，新幼稚園教育要領との整合性を図ったより質の高い幼児教育の提供，食育の推進・安全な保育環境の確保などを訴えて

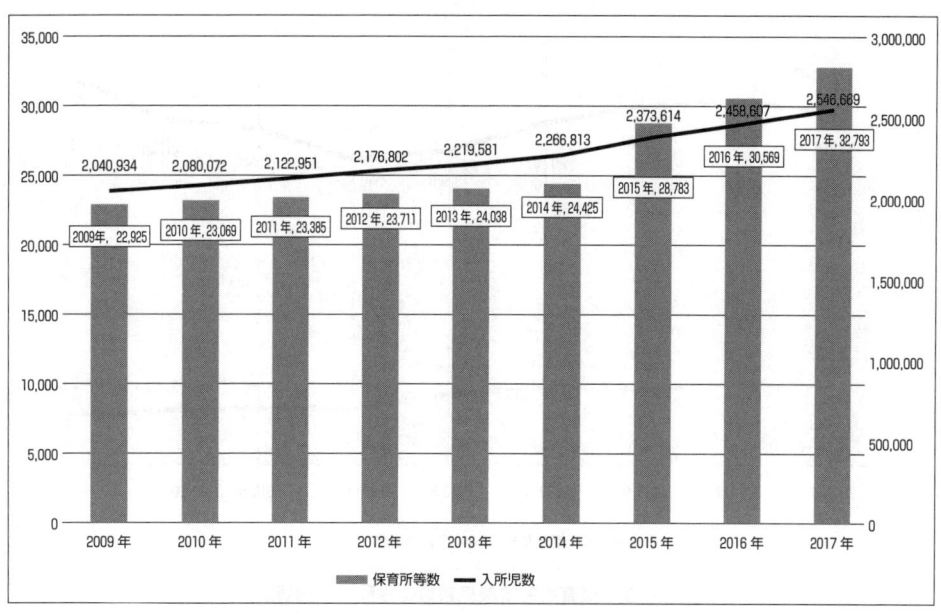

図2-1 保育所等施設数と入所児数の推移

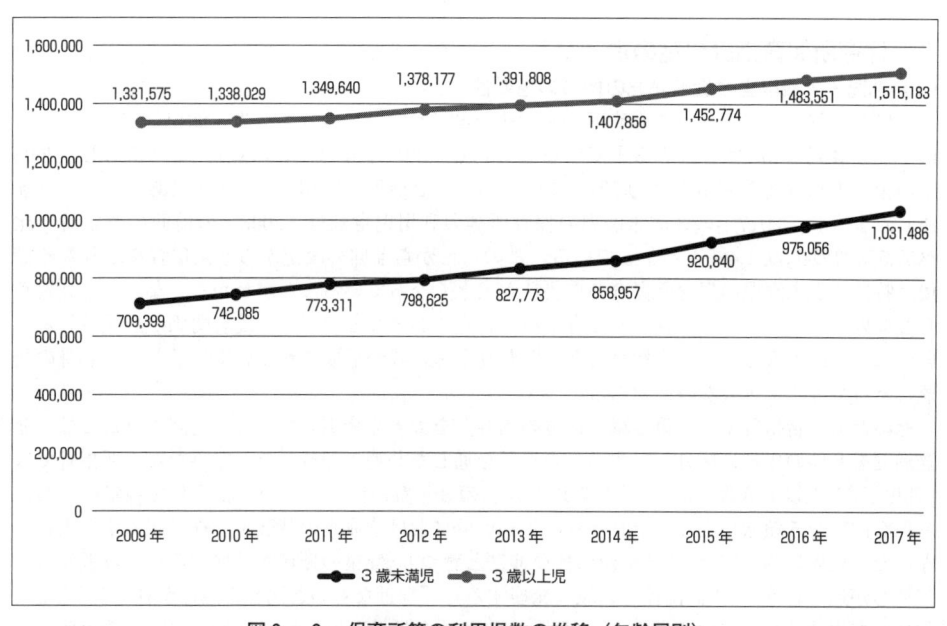

図2-2 保育所等の利用児数の推移（年齢層別）

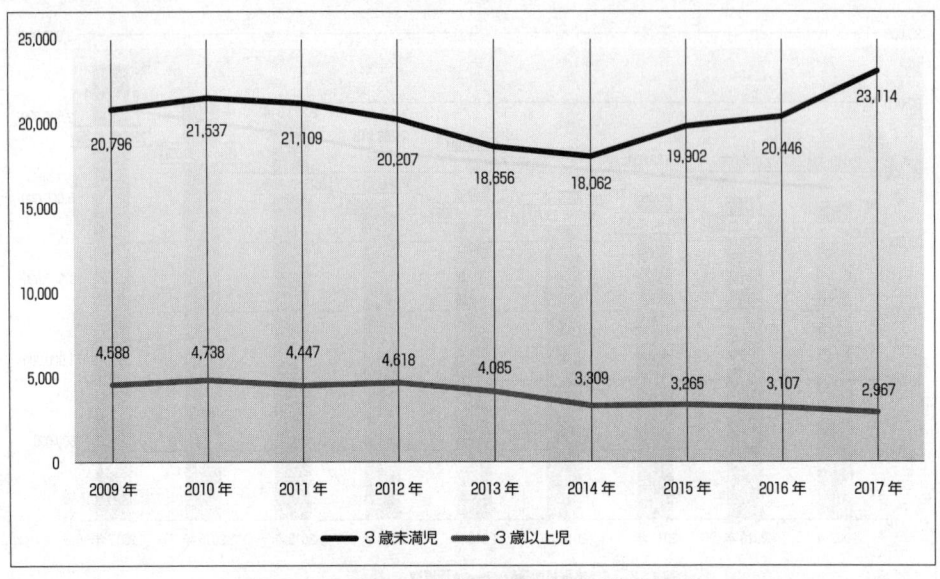

```
25,000
                                                                              23,114
20,000   20,796  21,537  21,109                              19,902  20,446
                                 20,207
                                          18,656  18,062
15,000

10,000

 5,000   4,588   4,738   4,447   4,618   4,085   3,309   3,265   3,107   2,967
     0
         2009年  2010年  2011年  2012年  2013年  2014年  2015年  2016年  2017年
                    ―― 3歳未満児    ―― 3歳以上児
```

図2－3　保育所等待機児童数の推移（年齢層別）

いる。さらに，子育て世帯における子育ての負担や不安・孤立感の高まり・児童虐待相談件数の増加など子育てをめぐる地域や社会，家庭の状況の変化に対応し得る保育士としての専門性の向上など，今日的な施策を見据えた改定がなされている。

2．保育所保育指針改定のポイント
(1) 乳児・1歳以上3歳未満児の保育の重要性

　2017年の就学前児童のうち保育所等利用率は42.4％で，このうち3歳未満児は35.1％，さらに1・2歳児は45.7％を占めるまでになっている（2017年4月1日時点）。これに対し，2008年の全体の保育所等利用率は30.7％，このうち1・2歳児の利用率が27.6％であった。また前述したように，2017年の3歳未満児の保育所等の利用児童数は，2008年の前回の改定時に比べ52.5％増の103万1,486人となっている。このことから前回の改定から幼児保育を取り巻く環境，特に3歳未満児の保育所保育の重要性が大きくなっていることがわかる。なかでも乳児から2歳児までの時期は，保護者や保育士など特定のおとなとの間での愛着関係が形成されると同時に，周囲の人やもの，自然などとの関わりから自我が形成されていく，子どもの心身の発達にとって非常に重要な時期である。

　そのため，新指針では「第2章　保育の内容」を大きく変更している。前回の改定では，発達過程を8つの年齢に区分し，すべての年齢を通じた共通の記載となっていたが，新指針では「乳児」「1歳以上3歳未満児」「3歳以上児」の3年齢に区分している。そして各年齢における保育内容を5領域に則り，それぞれの年齢区分における成長の特徴を詳細に記載する内容となった（乳児に関しては，「健やかに伸び伸びと育つ」（健康の領域へ発展する），「身近な人と気持ちが通じ合う」（人間関係の領域へ発展する），「身近なものと関わり感性が育つ」（環境の領域へ発展する）の3つの関わりの視点）。なお「3歳以上児」については幼稚園教育要領の

「第2章　ねらい及び内容」に準拠している。

(2) 幼児教育の積極的な位置づけ

　2016年12月の中央教育審議会による答申「幼稚園，小学校，中学校，高等学校及び特別支援学校の学習指導要領等の改善及び必要な方策等について」では，現行の学習指導要領で謳われている知（確かな学力）・徳（豊かな人間性）・体（健康・体力）にわたる「生きる力」を，将来子どもたちがより一層確実に育むためには何が必要かということをポイントに記載されている。特に今後，人工知能（AI）の技術が進み，社会環境・構造の大きな変化が予測される未来において，その変化を前向きに受け止め，主体的によりよい将来を創り出していこうとする姿勢がより重要となってくる。

　そのため，新指針でも「幼児教育を行う施設として共有すべき事項」として，幼稚園教育要領および幼保連携型認定こども園教育・保育要領の改訂との整合性を図った「保育活動全体を通して育みたい」3つの「資質・能力」を記載している。
① 豊かな体験を通じて，感じたり，気付いたり，分かったり，できるようになったりする「知識及び技能の基礎」
② 気付いたことや，できるようになったことなどを使い，考えたり，試したり，工夫したり，表現したりする「思考力，判断力，表現力等の基礎」
③ 心情，意欲，態度が育つ中で，よりよい生活を営もうとする「学びに向かう力，人間性等」

そして以下の10項目が，この3つの資質・能力が育まれている幼児において「幼児期の終わりまでに育ってほしい具体的な姿」である。

① 健康な心と体　　　　　⑥ 思考力の芽生え
② 自立心　　　　　　　　⑦ 自然との関わり・生命尊重
③ 協同性　　　　　　　　⑧ 数量や図形，標識や文字などへの関心・感覚
④ 道徳性・規範意識の芽生え　⑨ 言葉による伝え合い
⑤ 社会生活との関わり　　⑩ 豊かな感性と表現

　保育所等における3歳以上の利用児童数は，前回の保育所保育指針の改定から増加傾向にあり，2015年からは子ども・子育て支援新制度の開始もあって幼稚園の園児数を上回るようになった（図1-2，図2-1参照）。こうした状況から，保育所等における幼児教育の重要性はさらに高まっていくものと考えられる。

　なお幼稚園教育要領，幼保連携型認定こども園教育・保育要領に記載されている「主体的・対話的で深い学び」（アクティブ・ラーニング），「カリキュラム・マネジメント」については，新指針でそれらの用語を使っては触れていない。しかし，子どもの主体的な活動を促すために，全体的な計画などを子どもの実態や子どもを取り巻く状況の変化などに即して手直ししていく，PDCAの重要性について述べている（「主体的・対話的で深い学び」および「カリキュラム・マネジメント」については第1章を参照）。

(3) 小学校教育との円滑なつながり

　従来，小学校教育はいわばゼロからスタートするものと考えられてきた。そのため，ほとんどの子どもが幼稚園，保育所，認定こども園などに通い，小学校教育に求められる幼児として

の資質・能力はある程度育成されており，既に多くを学んでいることが見逃されていた。そこで，幼児教育が保育所での教育を含め，小学校以降の学習や生活の基盤の育成につながる重要な機会であるとの認識から，保育所保育でも小学校とのつながりを一層図るべきことが強調されるようになった。

　このため新指針では，前回以上に「小学校との連携」の項の充実を図っている。具体的には「幼児期にふさわしい生活を通じて，創造的な思考や主体的な生活態度などの基礎を培うようにする」などの幼児教育の「見方・考え方」に通ずる表現を盛り込むとともに，「保育所保育において育まれた資質・能力を踏まえ（中略），小学校教師との意見交換や合同の研究の機会などを設け（中略）『幼児期の終わりまでに育ってほしい姿』を共有するなど連携を図り」など，幼児期に育ってほしい資質・能力とその具体的な姿を幼保小で連携し円滑な接続に向けていくことの重要性が明記されている。

(4) 健康および安全な保育環境の確保

　子どもの育ちをめぐる環境の変化を踏まえ，食育の推進，安全な保育環境の確保等の記載内容を変更している。食育に関しては，前回の改定以降，2回にわたる食育推進基本計画の策定を反映させ，保育所における食育のさらなる浸透を目指し，記述内容の充実を図っている。また，保育所における食物アレルギー有病率が4.9％（平成21年度日本保育園保健協議会調査（現：日本保健保育協議会））と高率であることから，食物アレルギーに対する職員全員の共通理解を高める内容となった。

　さらに2011（平成23）年3月11日の東日本大震災や2016年の熊本地震の経験を踏まえて，行政機関や地域の関係機関と連携しながら，日頃からの備えや危機管理体制づくり等を進めるとともに，災害発生時の保護者との連絡，子どもの引渡しの円滑化などが記載された。

(5) 子育て支援の充実

　前回の改定から保育所に入所する子どもの保護者の支援が加わった（「保護者支援」）が，新指針では「保護者支援」の章を「子育て支援」に改め，保護者・家庭と連携した，質の高い子育てのための記述内容の充実を図っている。また，貧困家庭，外国籍家庭など特別な配慮を必要とする家庭の増加，児童虐待の相談件数の増加に対応した記述内容となっている。

(6) 職員の資質・専門性の向上

　子育て環境をめぐる地域・家庭の状況が変化（核家族化により子育て支援・協力が困難，共働き家庭の増加，父親の長時間労働，兄弟姉妹の減少から乳幼児と触れ合う機会のないまま親となった保護者の増加等）から，保育士は今まで以上にその専門性を高めることが求められるようなった。こうした時代背景から，専門職としての保育士等の資質の向上を目指した記述内容の充実と，そのためのキャリアパス（career path）の明確化，研修計画の体系化について新たに記載された。

　なお2015年度から実施されている「子ども・子育て支援新制度」では，より質の高い幼児教育提供のために，さまざまな支援が行われるようになった。その中で「幼稚園，保育所，認定こども園などの職員の処遇改善」が謳われており，具体的には職員の給与の改善，研修の充実など，キャリアップの取り組みに対する支援が掲げられている。

3．新しい保育所保育指針の概要（中央説明会資料による）

　改定の方向性を踏まえて，前回の改定における大綱化の方針を維持しつつ，必要な章立ての見直しと記載内容の変更・追記等を行った。主な変更点及び新たな記載内容は，以下の通りである。

(1) 総則

　保育所の役割や保育の目標など保育所保育に関する基本原則を示した上で，養護は保育所保育の基盤であり，保育所保育指針全体にとって重要なものであることから，「養護に関する基本的事項」（「生命の保持」と「情緒の安定」）を総則において記載することとした。

　また，「保育の計画及び評価」についても総則で示すとともに，改定前の保育所保育指針における「保育課程の編成」については，「全体的な計画の作成」とし，幼保連携型認定こども園教育・保育要領，幼稚園教育要領との構成的な整合性を図った。

　さらに，「幼児教育を行う施設として共有すべき事項」として，「育みたい資質・能力」3項目及び「幼児期の終わりまでに育ってほしい姿」10項目を，新たに示した。

(2) 保育の内容

　保育所における教育については，幼保連携型認定こども園及び幼稚園と構成の共通化を図り，「健康・人間関係・環境・言葉・表現」の各領域における「ねらい」「内容」「内容の取扱い」を記載した。その際，保育所においては発達による変化が著しい乳幼児期の子どもが長期にわたって在籍することを踏まえ，乳児・1歳以上3歳未満児・3歳以上児に分けて記載するとともに，改定前の保育所保育指針第2章において示した「子どもの発達」に関する内容を，「基本的な事項」として，各時期のねらいや内容等とあわせて記述することとした。

　乳児保育については，この時期の発達の特性を踏まえ，生活や遊びが充実することを通して，子どもたちの身体的・社会的精神的発達の基盤を培うという基本的な考え方の下，乳児を主体に，「健やかに伸び伸びと育つ」（健康な心と体を育て，自ら健康で安全な生活をつくり出す力の基盤を培う），「身近な人と気持ちが通じ合う」（受容的・応答的な関わりの下で，何かを伝えようとする意欲や身近な大人との信頼関係を育て，人と関わる力の基盤を培う），「身近なものと関わり感性が育つ」（身近な環境に興味や好奇心をもって関わり，感じたことや考えたことを表現する力の基盤を培う）という3つの視点から，保育の内容等を記載した。1歳以上3歳未満児については言葉と表現活動が生まれることに応じて，3歳以上と同様の5つの領域を構成している。

　さらに，年齢別に記述するのみでは十分ではない項目については，別途配慮事項として示した。

(3) 健康及び安全

　子どもの育ちをめぐる環境の変化や様々な研究，調査等による知見を踏まえ，アレルギー疾患を有する子どもの保育及び重大事故の発生しやすい保育の場面を具体的に提示しての事故防止の取組について，新たに記載した。

　また，食育の推進に関する項目について，記述内容の充実を図った。さらに，子どもの生命を守るため，施設・設備等の安全確保や災害発生時の対応体制及び避難への備え，地域の関係機関との連携など，保育所における災害への備えに関する節を新たに設けた。

(4) 子育て支援

　改定前の保育所保育指針と同様に、子育て家庭に対する支援についての基本的事項を示した上で、保育所を利用している保護者に対する子育て支援と、地域の保護者等に対する子育て支援について述べる構成となっている。

　基本的事項については、改定前の保育所保育指針の考え方や留意事項を踏襲しつつ、記述内容を整理するとともに、「保護者が子どもの成長に気付き子育ての喜びを感じられるよう努める」ことを明記した。

　また、保育所を利用している保護者に対する子育て支援については、保護者の子育てを自ら実践する力の向上に寄与する取組として、保育の活動に対する保護者の積極的な参加について記載するとともに、外国籍家庭など特別なニーズを有する家庭への個別的な支援に関する事項を新たに示した。

　地域の保護者等に対する子育て支援に関しても、改定前の保育所保育指針において示された関係機関との連携や協働、要保護児童への対応等とともに、保育所保育の専門性を生かすことや一時預かり事業等における日常の保育との関連への配慮など、保育所がその環境や特性を生かして地域に開かれた子育て支援を行うことをより明示的に記載した。

(5) 職員の資質向上

　職員の資質・専門性とその向上について、各々の自己研鑽とともに、保育所が組織として職員のキャリアパスを見据えた研修機会の確保や充実を図ることを重視し、施設長の責務や体系的・計画的な研修の実施体制の構築、保育士等の役割分担や職員の勤務体制の工夫等、取組の内容や方法を具体的に示した。

＜参考文献＞

厚生労働省『保育所保育指針』2017.3.31

文部科学省『幼稚園教育要領』2017.3.31

内閣府・文部科学省・厚生労働省『幼保連携型認定こども園教育・保育要領』2017.3.31

中央教育審議会『幼稚園、小学校、中学校、高等学校及び特別支援学校の学習指導要領等の改善及び必要な方策等について（答申）』2016.12.21

無藤　隆『今後の幼児教育とは　幼稚園教育要領、保育所保育指針、幼保連携型認定こども園教育・保育要領、小学校学習指導要領の改訂を受けて』2017.1.16 国立教育政策研究所 幼児教育研究センター発足記念 平成28年度教育研究公開シンポジウム

淵上　孝『私立幼稚園を取り巻く現状と課題について』2016.1.28 全日本私立幼稚園連合会 平成27年度第2回都道府県政策担当者会議

厚生労働省『保育所等関連状況取りまとめ（平成29年4月1日）』2017.9.2

池本美香、立岡健二郎『保育ニーズの将来展望と対応の在り方』JRI レビュー Vol.3, No.42 ㈱日本総合研究所

東京都教育委員会『小1問題・中1ギャップの予防・解決のための「教員加配に関わる効果検証」に関する調査　最終報告書について』2013.4.25

日本保育園保健協議会（現：日本保育保健協議会）『保育所における食物アレルギーにかかわる調査研究』2010.3

第3章　幼保連携型認定こども園教育・保育要領の改訂について

1．はじめに
(1) これまでの流れ
　認定こども園は，小学校入学前の子どもに対する幼児教育・保育，ならびに保護者に対する子育ての支援を総合的に提供する施設として，2006（平成18）年に「就学前の子どもに関する教育，保育等の総合的な提供の推進に関する法律」（認定こども園法）の成立により，同年10月から開始された。周知のように認定こども園は，幼保連携型，幼稚園型，保育所型，地方裁量型の4タイプに分けられており，制度発足の当初は，幼稚園型が学校教育法に基づく認可，保育所型が児童福祉法に基づく認可，また幼保連携型が学校教育法および児童福祉法に基づくそれぞれの認可が必要であった。そのため2014（平成26）年に認定こども園法を改正し，幼保連携型認定こども園は認定こども園法に基づく単一の認可（教育基本法第6条の法律で定める学校）とし，管轄省庁も内閣府に一本化した。また同年には「幼保連携型認定こども園教育・保育要領」（以下，教育・保育要領）が策定され，0歳から小学校就学前までの子どもの一貫した保育・教育が実施されるようになった（幼保連携型認定こども園以外の認定こども園においても教育・保育要領を踏まえることとしている）。それらに基づき，2015年（平成27年）4月より，子ども・子育て支援新制度の開始とともに，新しい形の単一認可による幼保連携型認定こども園が発足した。

(2) 認定こども園を取り巻く環境
　2017（平成29）年3月31日に告示された新しい教育・保育要領は，2014年の策定に続くもので，『幼稚園教育要領』『保育所保育指針』の改訂（改定）との整合性を図ったものとなっている。認定こども園の施設数は，2014年までは緩やかな増加となっていたが，2014年に幼保連携型の認可が一元化されたこと，また2015年から子ども・子育て支援新制度がスタートし施設給付型に変わったことなどから，幼保連携型施設が大幅に増加し，2016（平成28）年には認定こども園全体で4,001施設，2017（平成29）年では5,081施設となった（図3-1）。このうち幼稚園，保育所等の既存の施設から認定こども園に移行した施設は，幼稚園377か所（2015年639か所，2016年438か所），認可保育所715か所（2015年1,047か所，2016年786か所），その他の保育施設35か所と，既存の施設からの移行が9割以上を占めている（なお認定こども園から認定こども園以外の施設に移行した施設は2015年128か所，2016年4か所，2017年4か所となっている）。一方，新規開設した施設は比較的少ないが（2015年16か所，2016年37か所），2017年は60施設が新規開設となっており年々増加傾向にある。
　認定こども園制度の一番の目的は，「待機児童ゼロ」政策の一環として，保護者の就労の有無に関わらず，小学校就学前の児童に対し幼稚園・保育所の制度の枠組みを超えた幼児教育・保育を提供することであった。しかし，待機児童数が減る兆しは一向にみえておらず，子ども・子育て支援新制度がスタートし保育所等の施設数・定員が増えた2015年，2016年においても，その数は減っていない。なかでも産前産後休業あるいは育児休業後の職場復帰を考えている共働き家庭で保育ニーズの高い3歳未満児の待機児童数は，若干の減少はみられても，ほぼ毎年2万人前後で推移している（図2-3参照）。これは，それまで保育所に入ることができずに母親の就労をあきらめていた家庭が保育施設の増設に伴い，幼児の保育所への入所を希

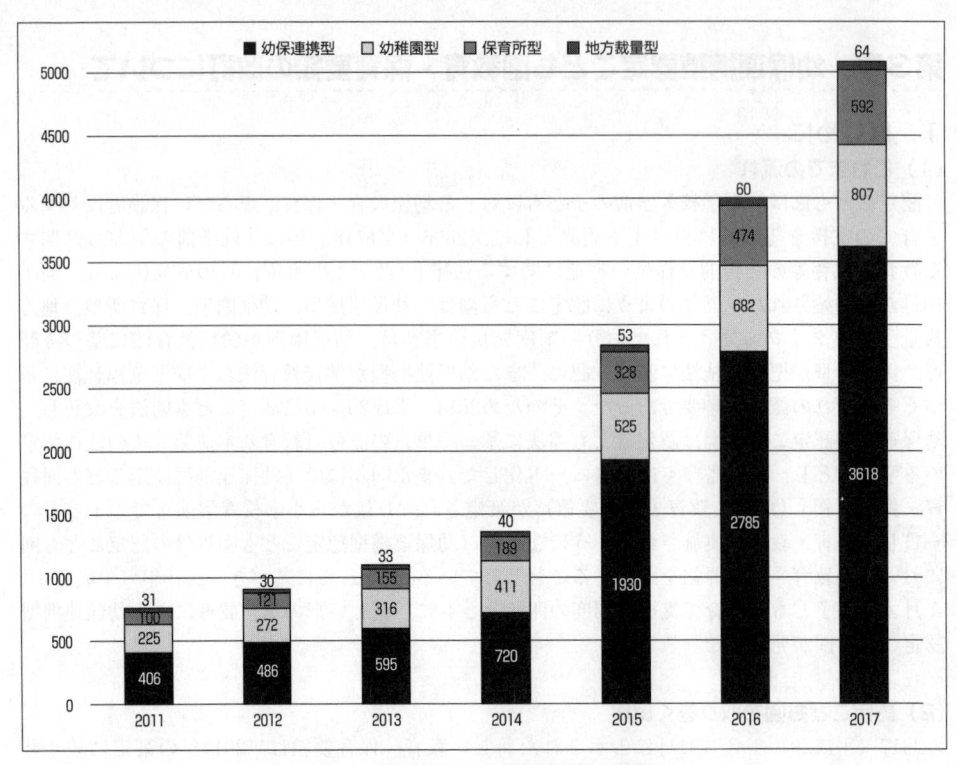

図3−1　認定こども園施設数の推移

望するようになったという隠れ需要が出てきていることによるといわれている。
　今後も少子化の流れに変わりはないと思われるが，女性の社会進出がより進むことで5歳以下の幼児保育のニーズは増えていくと予想されている。また，第1章でも述べたように，中央教育審議会の求める「質の高い幼児教育」の提供という観点から幼児教育を担う幼稚園の存在意義はさらに大きくなるものと考えられる。こうしたことから幼稚園機能と保育所機能の両方を併せ持つ幼保連携型をはじめとする認定こども園の重要性はこれからさらに増していくものと思われる。

2．幼保連携型認定こども園教育・保育要領改訂のポイント

　今回の改訂では，基本的には幼稚園教育要領での改訂，および保育所保育指針の改定に準拠したものとなっている。そのため，幼稚園教育要領および保育所保育指針の改訂（改定）のポイントなっている，幼児教育（保育）を通じて「育みたい資質・能力」および「幼児期の終わりまでに育ってほしい姿」が，新しい教育・保育要領の改訂版でも強調されている。なお，以下の（1）から（4）は幼稚園教育要領に準拠，また（5）から（7）は保育所保育指針に準拠した内容となっている。

(1) 幼保連携型認定こども園の教育および保育において育みたい資質・能力および「幼児期の終わりまでに育ってほしい姿」

現行の中央教育審議会の答申で述べられている「生きる力」の基礎を育むために子どもたちに以下の3つの資質・能力を育むことを明記している。

① 豊かな体験を通じて，感じたり，気付いたり，分かったり，できるようになったりする「知識及び技能の基礎」
② 気付いたことや，できるようになったことなどを使い，考えたり，試したり，工夫したり，表現したりする「思考力，判断力，表現力等の基礎」
③ 心情，意欲，態度が育つ中で，よりよい生活を営もうとする「学びに向かう力，人間性等」

そして，この3つの資質・能力が育まれている幼児の幼保連携型認定こども園修了時の具体的な姿が以下の10の姿である。

① 健康な心と体
② 自立心
③ 協同性
④ 道徳性・規範意識の芽生え
⑤ 社会生活との関わり
⑥ 思考力の芽生え
⑦ 自然との関わり・生命尊重
⑧ 数量や図形，標識や文字などへの関心・感覚
⑨ 言葉による伝え合い
⑩ 豊かな感性と表現

(2) カリキュラム・マネジメント

新教育・保育要領では，この「幼児期の終わりまでに育ってほしい姿」を踏まえて教育および保育の内容ならびに子育ての支援などに関する全体的な計画を作成し，その実施状況を評価して改善していくこと，また実施に必要な人的・物的な体制を確保し改善することで，幼保連携型認定こども園における教育および保育の質を高めていくカリキュラム・マネジメントの考え方が導入されている。

(3) 小学校教育との接続

幼保連携型認定こども園における教育および保育と小学校教育との円滑な接続の一層の強化を図ることを目的に，小学校教育との接続に関する記載が設けられた。ここでは幼保連携型認定こども園で育みたい3つの資質・能力を踏まえ，小学校の教諭との意見交換や合同研究の機会，また「幼児期の終わりまでに育ってほしい姿」を共有するなどの連携と接続の重要性が述べられている。

(4) 「主体的・対話的で深い学び」（アクティブ・ラーニング）の実現

中央教育審議会の答申で述べられている，学ぶことに興味・関心を持ち，見通しを持って粘り強く取り組み，自己の学習活動を振り返って次につなげる「主体的な学び」，子ども同士の協働・教職員や地域の人との対話・先哲の考え方を手がかりに考えるなどを通じて，自己の考えを広め深める「対話的な学び」，そして得られた知識を相互に関連付けてより深く理解したり，情報を精査して考えを形成したり，問題を見出し解決策を思考したり，自分の思い・考えを基に創造へと向かう「深い学び」の実現を謳っている。幼保連携型認定こども園においては，子どもたちがさまざまな人やものとの関わりを通して，多様な体験をし，心身の調和の取れた発達を促す際に，この「主体的・対話的で深い学び」が実現されることを求めている。

(5) 乳児・1歳以上3才未満児の保育の記載を充実

　新保育所保育指針との整合性を取り,「第2章　ねらい及び内容並びに配慮事項」では,乳児,1歳以上3才未満,満3歳以上の3つの年齢に分けている。そして各年齢における保育内容を原則として5領域に則り,それぞれの年齢区分における成長の特徴を詳細に記載する内容となっている。乳児に関しては,「健やかに伸び伸びと育つ」(健康な心と体を育て,自ら健康で安全な生活をつくりだす力の基盤を培う),「身近な人と気持ちが通じ合う」(受容的・応答的な関わりの下で,何かを伝えようとする意欲や身近な大人との信頼関係を育て,人と関わる力の基盤を培う),「身近なものと関わり感性が育つ」(身近な環境に興味や好奇心をもって関わり,感じたことや考えたことを表現する力の基盤を培う)という3つの関わりの視点とした。1歳以上3歳未満児については,言葉が生まれ,表現活動が始まることに応じて,3歳以上と同様の5つの領域を構成する。なお「3歳以上児」については,保育所保育指針と同じく,幼稚園教育要領の「第2章　ねらい及び内容」に準拠した内容となっている。

(6) 健康及び安全

　新しい教育・保育要領では,これまで「幼保連携型認定こども園として特に配慮すべき事項」に含まれていた「健康支援」「食育の推進」「環境及び衛生管理並びに安全管理」の3項目に,新たに「災害の備え」を付け加えた「第3章　健康及び安全」を新設している。内容としては,新しい保育所保育指針に準拠することで,保育における子どもの健康,安全性の確保の重要性を明記している。

(7) 子育ての支援の充実

　現行の教育・保育要領では「子育ての支援」は「幼保連携型認定こども園として特に配慮すべき事項」に含まれていたが,新しい教育・保育要領では「第4章　子育ての支援」として独立した章立てとし,園児の保護者ならびに地域の子育て家庭の保護者に向けた総合的な支援の提供を謳っている。内容としては,保育所保育指針との整合性を図っているほか,認定こども園独自の問題として,園に幼稚園機能を求める保護者と保育所機能を求める保護者との意識の違いの解消を目的とした記載もみられる。

3．新しい幼保連携型認定こども園教育・保育要領の概要（中央説明会資料による）

(1) 総則
　① 幼保連携型認定こども園における教育及び保育の基本及び目標等

　　幼保連携型認定こども園における教育及び保育の基本の中で,幼児期の物事を捉える視点や考え方である幼児期における見方・考え方を新たに示すとともに,計画的な環境の構成に関連して,教材を工夫すること,また,教育及び保育は,園児が入園してから修了するまでの在園期間全体を通して行われるものであることを新たに示した。

　　さらに,幼保連携型認定こども園の教育及び保育において育みたい資質・能力と園児の幼保連携型認定こども園修了時の具体的な姿である「幼児期の終わりまでに育ってほしい姿」を新たに示すとともに,これらと第2章の「ねらい」及び「内容」との関係について新たに示した。

② 教育及び保育の内容並びに子育ての支援等に関する全体的な計画等
ア 教育及び保育の内容並びに子育ての支援等に関する全体的な計画の作成等
　幼稚園教育要領等を踏まえて，次のことを新たに示した。
- 教育及び保育の内容並びに子育ての支援等に関する全体的な計画（全体的な計画）は，どのような計画か
- 各幼保連携型認定こども園においてカリキュラム・マネジメントに努めること
- 各幼保連携型認定こども園の教育及び保育の目標を明確化及び全体的な計画の作成についての基本的な方針が共有されるよう努めること
- 園長の方針の下，保育教諭等職員が適切に役割を分担，連携しつつ，全体的な計画や指導の改善を図るとともに，教育及び保育等に係る評価について，カリキュラム・マネジメントと関連を図りながら実施するよう留意すること
- 「幼児期の終わりまでに育ってほしい姿」を共有するなど連携を図り，幼保連携型認定こども園における教育及び保育と小学校教育との円滑な接続を図るよう努めること

イ 指導計画の作成と園児の理解に基づいた評価
　幼稚園教育要領を踏まえて，次のことを新たに示した。
- 多様な体験に関連して，園児の発達に即して主体的・対話的で深い学びが実現するようにすること
- 園児の発達を踏まえた言語環境を整え，言語活動の充実を図ること
- 保育教諭等や他の園児と共に遊びや生活の中で見通しをもったり振り返ったりするよう工夫すること
- 直接体験の重要性を踏まえ，視聴覚教材やコンピュータなど情報機器を活用する際には，園生活では得難い体験を補完するなど，園児の体験との関連を考慮すること
- 幼保連携型認定こども園間に加え，小学校等との間の連携や交流を図るとともに，障害のある園児等との交流及び共同学習の機会を設け，協働して生活していく態度を育むよう努めること
- 園児一人一人のよさや可能性を把握するなど園児の理解に基づいた評価を実施すること
- 評価の実施の際には，他の園児との比較や一定の基準に対する達成度についての評定によって捉えるものではないことに留意すること

ウ 特別な配慮を必要とする園児への指導
　幼稚園教育要領を踏まえて次のことを新たに示した。
- 障害のある園児への指導に当たって，長期的な視点で園児への教育的支援を行うため，個別の教育及び保育支援計画や個別の指導計画を作成し活用することに努めること
- 海外から帰国した園児や生活に必要な日本語の習得に困難のある園児については，個々の園児の実態に応じ，指導内容等の工夫を組織的かつ計画的に行うこと

③ 幼保連携型認定こども園として特に配慮すべき事項
　前回の幼保連携型認定こども園教育・保育要領の策定，施行後の実践を踏まえた知見等を基に，次のことなどを新たに示した。
- 満3歳以上の園児の入園時や移行時等の情報共有や，環境の工夫等について
- 環境を通して行う教育及び保育の活動の充実を図るため，教育及び保育の環境の構成に当たっては，多様な経験を有する園児同士が学び合い，豊かな経験を積み重ねられるよう，工夫をすること

・長期的な休業中の多様な生活経験が長期的な休業などの終了後等の園生活に生かされるよう工夫をすること

(2) ねらい及び内容並びに配慮事項

　満3歳未満の園児の保育に関するねらい及び内容並びに配慮事項等に関しては保育所保育指針の保育の内容の新たな記載を踏まえ，また，満3歳以上の園児の教育及び保育に関するねらい及び内容に関しては幼稚園教育要領のねらい及び内容の改善・充実を踏まえて，それぞれ新たに示した。

・「ねらい」は幼保連携型認定こども園の教育及び保育において育みたい資質・能力を園児の生活する姿から捉えたものであること
・「内容の取扱い」は園児の発達を踏まえた指導を行うに当たって留意すべき事項であること
・「幼児期の終わりまでに育ってほしい姿」は指導を行う際に考慮するものであること
・各視点や領域は，この時期の発達の特徴を踏まえ，乳幼児の発達の側面からまとめ示したものであること

　また，幼保連携型認定こども園においては，長期にわたって在籍する園児もいることを踏まえ，乳児期・満1歳以上満3歳未満の園児・満3歳以上の園児に分けて記載するとともに，「子どもの発達」に関する内容を，「基本的な事項」として各時期のねらいや内容等とあわせて新たに示した。

① 乳児期の園児の保育に関するねらい及び内容

　乳児期の発達の特徴を示すとともに，それらを踏まえ，ねらい及び内容について身体的発達に関する視点「健やかに伸び伸びと育つ」，社会的発達に関する視点「身近な人と気持ちが通じ合う」，精神的発達に関する視点「身近なものと関わり感性が育つ」としてまとめ，新たに示した。

② 満1歳以上満3歳未満の園児の保育に関するねらい及び内容

　この時期の発達の特徴を示すとともに，それらを踏まえ，ねらい及び内容について心身の健康に関する領域「健康」，人との関わりに関する領域「人間関係」，身近な環境との関わりに関する領域「環境」，言葉の獲得に関する領域「言葉」及び感性と表現に関する領域「表現」としてまとめ，新たに示した。

③ 満3歳以上の園児の教育及び保育に関するねらい及び内容

　この時期の発達の特徴を示すとともに，それらを踏まえ，ねらい及び内容について心身の健康に関する領域「健康」，人との関わりに関する領域「人間関係」，身近な環境との関わりに関する領域「環境」，言葉の獲得に関する領域「言葉」及び感性と表現に関する領域「表現」としてまとめ，内容の改善を図り，充実させた。

④ 教育及び保育の実施に関する配慮事項

　保育所保育指針を踏まえて，次のことなどを新たに示した。

・心身の発達や個人差，個々の気持ち等を踏まえ，援助すること
・心と体の健康等に留意すること
・園児が自ら周囲へ働き掛け自ら行う活動を見守り，援助すること
・入園時の個別対応や周りの園児への留意等
・国籍や文化の違い等への留意等

・性差や個人差等への留意等

(3) 健康及び安全
　現代的な諸課題を踏まえ，特に，以下の事項の改善・充実を図った。
　また，全職員が相互に連携し，それぞれの専門性を生かしながら，組織的かつ適切な対応を行うことができるような体制整備や研修を行うことを新たに示した。
・アレルギー疾患を有する園児への対応や環境の整備等
・食育の推進における，保護者や地域，関係機関等との連携や協働
・環境及び衛生管理等における職員の衛生知識の向上
・重大事故防止の対策等
・災害への備えとして，施設・設備等の安全確保，災害発生時の対応や体制等，地域の関係機関との連携

(4) 子育ての支援
　子育ての支援に関して，特に以下の事項の内容の改善・充実を図った。
　○ 子育ての全般に関わる事項について
・保護者の自己決定の尊重や幼保連携型認定こども園の特性を生かすこと
・園全体の体制構築に努めることや地域の関係機関との連携構築，子どものプライバシーの保護・秘密保持
　○ 幼保連携型認定こども園の園児の保護者に対する事項について
・多様な生活形態の保護者に対する教育及び保育の活動等への参加の工夫
・保護者同士の相互理解や気付き合い等への工夫や配慮
・保護者の多様化した教育及び保育の需要への対応等
　○ 地域における子育て家庭の保護者に対する事項について
・地域の子どもに対する一時預かり事業などと教育及び保育との関連への考慮
・幼保連携型認定こども園の地域における役割等

＜参考文献＞
内閣府・文部科学省・厚生労働省『幼保連携型認定こども園教育・保育要領』2017.3.31
文部科学省『幼稚園教育要領』2017.3.31
厚生労働省『保育所保育指針』2017.3.31
中央教育審議会『幼稚園，小学校，中学校，高等学校及び特別支援学校の学習指導要領等の改善及び必要な方策等について（答申）』2016.12.21
無藤　隆『今後の幼児教育とは　幼稚園教育要領，保育所保育指針，幼保連携型認定こども園教育・保育要領，小学校学習指導要領の改訂を受けて』2017.1.16 国立教育政策研究所　幼児教育研究センター発足記念　平成28年度教育研究公開シンポジウム
淵上　孝『私立幼稚園を取り巻く現状と課題について』2016.1.28 全日本私立幼稚園連合会 平成27年度第2回都道府県政策担当者会議
池本美香，立岡健二郎『保育ニーズの将来展望と対応の在り方』JRI レビュー Vol.3. No. 42 ㈱日本総合研究所

内閣府『認定こども園に関する状況について（平成29年4月1日）』2017.9.8
文部科学省『平成26年度幼児教育実態調査』2015.10
厚生労働省『保育所等関連状況取りまとめ（平成29年4月1日）』2017.9.1
東京都教育委員会『小1問題・中1ギャップの予防・解決のための「教員加配に関わる効果検証」に
　関する調査　最終報告書について』2013.4.25

資料　幼稚園教育要領

(平成29年3月31日文部科学省告示第62号)
(平成30年4月1日から施行)

　教育は、教育基本法第1条に定めるとおり、人格の完成を目指し、平和で民主的な国家及び社会の形成者として必要な資質を備えた心身ともに健康な国民の育成を期すという目的のもと、同法第2条に掲げる次の目標を達成するよう行われなければならない。
　1　幅広い知識と教養を身に付け、真理を求める態度を養い、豊かな情操と道徳心を培うとともに、健やかな身体を養うこと。
　2　個人の価値を尊重して、その能力を伸ばし、創造性を培い、自主及び自律の精神を養うとともに、職業及び生活との関連を重視し、勤労を重んずる態度を養うこと。
　3　正義と責任、男女の平等、自他の敬愛と協力を重んずるとともに、公共の精神に基づき、主体的に社会の形成に参画し、その発展に寄与する態度を養うこと。
　4　生命を尊び、自然を大切にし、環境の保全に寄与する態度を養うこと。
　5　伝統と文化を尊重し、それらをはぐくんできた我が国と郷土を愛するとともに、他国を尊重し、国際社会の平和と発展に寄与する態度を養うこと。
　また、幼児期の教育については、同法第11条に掲げるとおり、生涯にわたる人格形成の基礎を培う重要なものであることにかんがみ、国及び地方公共団体は、幼児の健やかな成長に資する良好な環境の整備その他適当な方法によって、その振興に努めなければならないこととされている。
　これからの幼稚園には、学校教育の始まりとして、こうした教育の目的及び目標の達成を目指しつつ、一人一人の幼児が、将来、自分のよさや可能性を認識するとともに、あらゆる他者を価値のある存在として尊重し、多様な人々と協働しながら様々な社会的変化を乗り越え、豊かな人生を切り拓き、持続可能な社会の創り手となることができるようにするための基礎を培うことが求められる。このために必要な教育の在り方を具体化するのが、各幼稚園において教育の内容等を組織的かつ計画的に組み立てた教育課程である。
　教育課程を通して、これからの時代に求められる教育を実現していくためには、よりよい学校教育を通してよりよい社会を創るという理念を学校と社会とが共有し、それぞれの幼稚園において、幼児期にふさわしい生活をどのように展開し、どのような資質・能力を育むようにするのかを教育課程において明確にしながら、社会との連携及び協働によりその実現を図っていくという、社会に開かれた教育課程の実現が重要となる。
　幼稚園教育要領とは、こうした理念の実現に向けて必要となる教育課程の基準を大綱的に定めるものである。幼稚園教育要領が果たす役割の一つは、公の性質を有する幼稚園における教育水準を全国的に確保することである。また、各幼稚園がその特色を生かして創意工夫を重ね、長年にわたり積み重ねられてきた教育実践や学術研究の蓄積を生かしながら、幼児や地域の現状や課題を捉え、家庭や地域社会と協力して、幼稚園教育要領を踏まえた教育活動の更なる充実を図っていくことも重要である。
　幼児の自発的な活動としての遊びを生み出すために必要な環境を整え、一人一人の資質・能力を育んでいくことは、教職員をはじめとする幼稚園関係者はもとより、家庭や地域の人々も含め、様々な立場から幼児や幼稚園に関わる全ての大人に期待される役割である。家庭との緊密な連携の下、小学校以降の教育や生涯にわたる学習とのつながりを見通しながら、幼児の自発的な活動としての遊びを通しての総合的な指導をする際に広く活用されるものとなることを期待して、ここに幼稚園教育要領を定める。

　　　　第1章　総　則

第1　幼稚園教育の基本
　幼児期の教育は、生涯にわたる人格形成の基礎を培う重要なものであり、幼稚園教育は、学校教育法に規定する目的及び目標を達成するため、幼児期の特性を踏まえ、環境を通して行うものであることを基本とする。
　このため教師は、幼児との信頼関係を十分に築き、幼児が身近な環境に主体的に関わり、環境との関わり方や意味に気付き、これらを取り込もうとして、試行錯誤したり、考えたりするようになる幼児期の教育における見方・考え方を生かし、幼児と共によりよい教育環境を創造するように努めるものとする。これらを踏まえ、次に示す事項を重視して教育を行わなければならない。
　1　幼児は安定した情緒の下で自己を十分に発揮することにより発達に必要な体験を得ていくものであることを考慮して、幼児の主体的な活動を促し、幼児期にふさわしい生活が展開されるようにすること。
　2　幼児の自発的な活動としての遊びは、心身の調和のとれた発達の基礎を培う重要な学習であることを考慮して、遊びを通しての指導を中心として第2章に示すねらいが総合的に達成されるようにすること。
　3　幼児の発達は、心身の諸側面が相互に関連し合い、多様な経過をたどって成し遂げられていくものであること、また、幼児の生活経験がそれぞれ異なることなどを考慮して、幼児一人一人の特性に応じ、発達の課

題に即した指導を行うようにすること。

　その際，教師は，幼児の主体的な活動が確保されるよう幼児一人一人の行動の理解と予想に基づき，計画的に環境を構成しなければならない。この場合において，教師は，幼児と人やものとの関わりが重要であることを踏まえ，教材を工夫し，物的・空間的環境を構成しなければならない。また，幼児一人一人の活動の場面に応じて，様々な役割を果たし，その活動を豊かにしなければならない。

第２　幼稚園教育において育みたい資質・能力及び「幼児期の終わりまでに育ってほしい姿」
　１　幼稚園においては，生きる力の基礎を育むため，この章の第１に示す幼稚園教育の基本を踏まえ，次に掲げる資質・能力を一体的に育むよう努めるものとする。
　　(1)　豊かな体験を通じて，感じたり，気付いたり，分かったり，できるようになったりする「知識及び技能の基礎」
　　(2)　気付いたことや，できるようになったことなどを使い，考えたり，試したり，工夫したり，表現したりする「思考力，判断力，表現力等の基礎」
　　(3)　心情，意欲，態度が育つ中で，よりよい生活を営もうとする「学びに向かう力，人間性等」
　２　１に示す資質・能力は，第２章に示すねらい及び内容に基づく活動全体によって育むものである。
　３　次に示す「幼児期の終わりまでに育ってほしい姿」は，第２章に示すねらい及び内容に基づく活動全体を通して資質・能力が育まれている幼児の幼稚園修了時の具体的な姿であり，教師が指導を行う際に考慮するものである。
　　(1)　健康な心と体
　　　　幼稚園生活の中で，充実感をもって自分のやりたいことに向かって心と体を十分に働かせ，見通しをもって行動し，自ら健康で安全な生活をつくり出すようになる。
　　(2)　自立心
　　　　身近な環境に主体的に関わり様々な活動を楽しむ中で，しなければならないことを自覚し，自分の力で行うために考えたり，工夫したりしながら，諦めずにやり遂げることで達成感を味わい，自信をもって行動するようになる。
　　(3)　協同性
　　　　友達と関わる中で，互いの思いや考えなどを共有し，共通の目的の実現に向けて，考えたり，工夫したり，協力したりし，充実感をもってやり遂げるようになる。
　　(4)　道徳性・規範意識の芽生え
　　　　友達と様々な体験を重ねる中で，してよいことや悪いことが分かり，自分の行動を振り返ったり，友達の気持ちに共感したりし，相手の立場に立って行動するようになる。また，きまりを守る必要性が分かり，自分の気持ちを調整し，友達と折り合いを付けながら，きまりをつくったり，守ったりするようになる。
　　(5)　社会生活との関わり
　　　　家族を大切にしようとする気持ちをもつとともに，地域の身近な人と触れ合う中で，人との様々な関わり方に気付き，相手の気持ちを考えて関わり，自分が役に立つ喜びを感じ，地域に親しみをもつようになる。また，幼稚園内外の様々な環境に関わる中で，遊びや生活に必要な情報を取り入れ，情報に基づき判断したり，情報を伝え合ったり，活用したりするなど，情報を役立てながら活動するようになるとともに，公共の施設を大切に利用するなどして，社会とのつながりなどを意識するようになる。
　　(6)　思考力の芽生え
　　　　身近な事象に積極的に関わる中で，物の性質や仕組みなどを感じ取ったり，気付いたりし，考えたり，予想したり，工夫したりするなど，多様な関わりを楽しむようになる。また，友達の様々な考えに触れる中で，自分と異なる考えがあることに気付き，自ら判断したり，考え直したりするなど，新しい考えを生み出す喜びを味わいながら，自分の考えをよりよいものにするようになる。
　　(7)　自然との関わり・生命尊重
　　　　自然に触れて感動する体験を通して，自然の変化などを感じ取り，好奇心や探究心をもって考え言葉などで表現しながら，身近な事象への関心が高まるとともに，自然への愛情や畏敬の念をもつようになる。また，身近な動植物に心を動かされる中で，生命の不思議さや尊さに気付き，身近な動植物への接し方を考え，命あるものとしていたわり，大切にする気持ちをもって関わるようになる。
　　(8)　数量や図形，標識や文字などへの関心・感覚
　　　　遊びや生活の中で，数量や図形，標識や文字などに親しむ体験を重ねたり，標識や文字の役割に気付いたりし，自らの必要感に基づきこれらを活用し，興味や関心，感覚をもつようになる。
　　(9)　言葉による伝え合い
　　　　先生や友達と心を通わせる中で，絵本や物語などに親しみながら，豊かな言葉や表現を身に付け，経験したことや考えたことなどを言葉で伝えたり，相手の話を注意して聞いたりし，言葉による伝え合い

を楽しむようになる。
(10) 豊かな感性と表現
　　心を動かす出来事などに触れ感性を働かせる中で，様々な素材の特徴や表現の仕方などに気付き，感じたことや考えたことを自分で表現したり，友達同士で表現する過程を楽しんだりし，表現する喜びを味わい，意欲をもつようになる。

第3　教育課程の役割と編成等
1　教育課程の役割
　　各幼稚園においては，教育基本法及び学校教育法その他の法令並びにこの幼稚園教育要領の示すところに従い，創意工夫を生かし，幼児の心身の発達と幼稚園及び地域の実態に即応した適切な教育課程を編成するものとする。
　　また，各幼稚園においては，6に示す全体的な計画にも留意しながら，「幼児期の終わりまでに育ってほしい姿」を踏まえ教育課程を編成すること，教育課程の実施状況を評価してその改善を図っていくこと，教育課程の実施に必要な人的又は物的な体制を確保するとともにその改善を図っていくことなどを通して，教育課程に基づき組織的かつ計画的に各幼稚園の教育活動の質の向上を図っていくこと（以下「カリキュラム・マネジメント」という。）に努めるものとする。
2　各幼稚園の教育目標と教育課程の編成
　　教育課程の編成に当たっては，幼稚園教育において育みたい資質・能力を踏まえつつ，各幼稚園の教育目標を明確にするとともに，教育課程の編成についての基本的な方針が家庭や地域とも共有されるよう努めるものとする。
3　教育課程の編成上の基本的事項
(1) 幼稚園生活の全体を通して第2章に示すねらいが総合的に達成されるよう，教育課程に係る教育期間や幼児の生活経験や発達の過程などを考慮して具体的なねらいと内容を組織するものとする。この場合においては，特に，自我が芽生え，他者の存在を意識し，自己を抑制しようとする気持ちが生まれる幼児期の発達の特性を踏まえ，入園から修了に至るまでの長期的な視野をもって充実した生活が展開できるように配慮するものとする。
(2) 幼稚園の毎学年の教育課程に係る教育週数は，特別の事情のある場合を除き，39週を下ってはならない。
(3) 幼稚園の1日の教育課程に係る教育時間は，4時間を標準とする。ただし，幼児の心身の発達の程度や季節などに適切に配慮するものとする。
4　教育課程の編成上の留意事項

教育課程の編成に当たっては，次の事項に留意するものとする。
(1) 幼児の生活は，入園当初の一人一人の遊びや教師との触れ合いを通して幼稚園生活に親しみ，安定していく時期から，他の幼児との関わりの中で幼児の主体的な活動が深まり，幼児が互いに必要な存在であることを認識するようになり，やがて幼児同士や学級全体で目的をもって協同して幼稚園生活を展開し，深めていく時期などに至るまでの過程を様々に経ながら広げられていくものであることを考慮し，活動がそれぞれの時期にふさわしく展開されるようにすること。
(2) 入園当初，特に，3歳児の入園については，家庭との連携を緊密にし，生活のリズムや安全面に十分配慮すること。また，満3歳児については，学年の途中から入園することを考慮し，幼児が安心して幼稚園生活を過ごすことができるよう配慮すること。
(3) 幼稚園生活が幼児にとって安全なものとなるよう，教職員による協力体制の下，幼児の主体的な活動を大切にしつつ，園庭や園舎などの環境の配慮や指導の工夫を行うこと。
5　小学校教育との接続に当たっての留意事項
(1) 幼稚園においては，幼稚園教育が，小学校以降の生活や学習の基盤の育成につながることに配慮し，幼児にふさわしい生活を通して，創造的な思考や主体的な生活態度などの基礎を培うようにするものとする。
(2) 幼稚園教育において育まれた資質・能力を踏まえ，小学校教育が円滑に行われるよう，小学校の教師との意見交換や合同の研究の機会などを設け，「幼児期の終わりまでに育ってほしい姿」を共有するなど連携を図り，幼稚園教育と小学校教育との円滑な接続を図るよう努めるものとする。
6　全体的な計画の作成
　　各幼稚園においては，教育課程を中心に，第3章に示す教育課程に係る教育時間の終了後等に行う教育活動の計画，学校保健計画，学校安全計画などとを関連させ，一体的に教育活動が展開されるよう全体的な計画を作成するものとする。

第4　指導計画の作成と幼児理解に基づいた評価
1　指導計画の考え方
　　幼稚園教育は，幼児が自ら意欲をもって環境と関わることによりつくり出される具体的な活動を通して，その目標の達成を図るものである。
　　幼稚園においてはこのことを踏まえ，幼児期にふさわしい生活が展開され，適切な指導が行われるよう，

それぞれの幼稚園の教育課程に基づき，調和のとれた組織的，発展的な指導計画を作成し，幼児の活動に沿った柔軟な指導を行わなければならない。
2　指導計画の作成上の基本的事項
(1) 指導計画は，幼児の発達に即して一人一人の幼児が幼児期にふさわしい生活を展開し，必要な体験を得られるようにするために，具体的に作成するものとする。
(2) 指導計画の作成に当たっては，次に示すところにより，具体的なねらい及び内容を明確に設定し，適切な環境を構成することなどにより活動が選択・展開されるようにするものとする。
　ア　具体的なねらい及び内容は，幼稚園生活における幼児の発達の過程を見通し，幼児の生活の連続性，季節の変化などを考慮して，幼児の興味や関心，発達の実情などに応じて設定すること。
　イ　環境は，具体的なねらいを達成するために適切なものとなるように構成し，幼児が自らその環境に関わることにより様々な活動を展開しつつ必要な体験を得られるようにすること。その際，幼児の生活する姿や発想を大切にし，常にその環境が適切なものとなるようにすること。
　ウ　幼児の行う具体的な活動は，生活の流れの中で様々に変化するものであることに留意し，幼児が望ましい方向に向かって自ら活動を展開していくことができるよう必要な援助をすること。
　　その際，幼児の実態及び幼児を取り巻く状況の変化などに即して指導の過程についての評価を適切に行い，常に指導計画の改善を図るものとする。
3　指導計画の作成上の留意事項
　指導計画の作成に当たっては，次の事項に留意するものとする。
(1) 長期的に発達を見通した年，学期，月などにわたる長期の指導計画やこれとの関連を保ちながらより具体的な幼児の生活に即した週，日などの短期の指導計画を作成し，適切な指導が行われるようにすること。特に，週，日などの短期の指導計画については，幼児の生活のリズムに配慮し，幼児の意識や興味の連続性のある活動が相互に関連して幼稚園生活の自然の流れの中に組み込まれるようにすること。
(2) 幼児が様々な人やものとの関わりを通して，多様な体験をし，心身の調和のとれた発達を促すようにしていくこと。その際，幼児の発達に即して主体的・対話的で深い学びが実現するようにするとともに，心を動かされる体験が次の活動を生み出すことを考慮し，一つ一つの体験が相互に結び付き，幼稚園生活が充実するようにすること。
(3) 言語に関する能力の発達と思考力等の発達が関連していることを踏まえ，幼稚園生活全体を通して，幼児の発達を踏まえた言語環境を整え，言語活動の充実を図ること。
(4) 幼児が次の活動への期待や意欲をもつことができるよう，幼児の実態を踏まえながら，教師や他の幼児と共に遊びや生活の中で見通しをもったり，振り返ったりするよう工夫すること。
(5) 行事の指導に当たっては，幼稚園生活の自然の流れの中で生活に変化や潤いを与え，幼児が主体的に楽しく活動できるようにすること。なお，それぞれの行事についてはその教育的価値を十分検討し，適切なものを精選し，幼児の負担にならないようにすること。
(6) 幼児期は直接的な体験が重要であることを踏まえ，視聴覚教材やコンピュータなど情報機器を活用する際には，幼稚園生活では得難い体験を補完するなど，幼児の体験との関連を考慮すること。
(7) 幼児の主体的な活動を促すためには，教師が多様な関わりをもつことが重要であることを踏まえ，教師は，理解者，共同作業者など様々な役割を果たし，幼児の発達に必要な豊かな体験が得られるよう，活動の場面に応じて，適切な指導を行うようにすること。
(8) 幼児の行う活動は，個人，グループ，学級全体などで多様に展開されるものであることを踏まえ，幼稚園全体の教師による協力体制を作りながら，一人一人の幼児が興味や欲求を十分に満足させるよう適切な援助を行うようにすること。
4　幼児理解に基づいた評価の実施
　幼児一人一人の発達の理解に基づいた評価の実施に当たっては，次の事項に配慮するものとする。
(1) 指導の過程を振り返りながら幼児の理解を進め，幼児一人一人のよさや可能性などを把握し，指導の改善に生かすようにすること。その際，他の幼児との比較や一定の基準に対する達成度についての評定によって捉えるものではないことに留意すること。
(2) 評価の妥当性や信頼性が高められるよう創意工夫を行い，組織的かつ計画的な取組を推進するとともに，次年度又は小学校等にその内容が適切に引き継がれるようにすること。

第5　特別な配慮を必要とする幼児への指導
1　障害のある幼児などへの指導
　障害のある幼児などへの指導に当たっては，集団の中で生活することを通して全体的な発達を促していくことに配慮し，特別支援学校などの助言又は援助を活

用しつつ，個々の幼児の障害の状態などに応じた指導内容や指導方法の工夫を組織的かつ計画的に行うものとする。また，家庭，地域及び医療や福祉，保健等の業務を行う関係機関との連携を図り，長期的な視点で幼児への教育的支援を行うために，個別の教育支援計画を作成し活用することに努めるとともに，個々の幼児の実態を的確に把握し，個別の指導計画を作成し活用することに努めるものとする。
2 海外から帰国した幼児や生活に必要な日本語の習得に困難のある幼児の幼稚園生活への適応
　海外から帰国した幼児や生活に必要な日本語の習得に困難のある幼児については，安心して自己を発揮できるよう配慮するなど個々の幼児の実態に応じ，指導内容や指導方法の工夫を組織的かつ計画的に行うものとする。

第6 幼稚園運営上の留意事項
1 各幼稚園においては，園長の方針の下に，園務分掌に基づき教職員が適切に役割を分担しつつ，相互に連携しながら，教育課程や指導の改善を図るものとする。また，各幼稚園が行う学校評価については，教育課程の編成，実施，改善が教育活動や幼稚園運営の中核となることを踏まえ，カリキュラム・マネジメントと関連付けながら実施するよう留意するものとする。
2 幼児の生活は，家庭を基盤として地域社会を通じて次第に広がりをもつものであることに留意し，家庭との連携を十分に図るなど，幼稚園における生活が家庭や地域社会と連続性を保ちつつ展開されるようにするものとする。その際，地域の自然，高齢者や異年齢の子供などを含む人材，行事や公共施設などの地域の資源を積極的に活用し，幼児が豊かな生活体験を得られるように工夫するものとする。また，家庭との連携に当たっては，保護者との情報交換の機会を設けたり，保護者と幼児との活動の機会を設けたりなどすることを通じて，保護者の幼児期の教育に関する理解が深まるよう配慮するものとする。
3 地域や幼稚園の実態等により，幼稚園間に加え，保育所，幼保連携型認定こども園，小学校，中学校，高等学校及び特別支援学校などとの間の連携や交流を図るものとする。特に，幼稚園教育と小学校教育の円滑な接続のため，幼稚園の幼児と小学校の児童との交流の機会を積極的に設けるようにするものとする。また，障害のある幼児児童生徒との交流及び共同学習の機会を設け，共に尊重し合いながら協働して生活していく態度を育むよう努めるものとする。

第7 教育課程に係る教育時間終了後等に行う教育活動など
　幼稚園は，第3章に示す教育課程に係る教育時間の終了後等に行う教育活動について，学校教育法に規定する目的及び目標並びにこの章の第1に示す幼稚園教育の基本を踏まえ実施するものとする。また，幼稚園の目的の達成に資するため，幼児の生活全体が豊かなものとなるよう家庭や地域における幼児期の教育の支援に努めるものとする。

第2章 ねらい及び内容

　この章に示すねらいは，幼稚園教育において育みたい資質・能力を幼児の生活する姿から捉えたものであり，内容は，ねらいを達成するために指導する事項である。各領域は，これらを幼児の発達の側面から，心身の健康に関する領域「健康」，人との関わりに関する領域「人間関係」，身近な環境との関わりに関する領域「環境」，言葉の獲得に関する領域「言葉」及び感性と表現に関する領域「表現」としてまとめ，示したものである。内容の取扱いは，幼児の発達を踏まえた指導を行うに当たって留意すべき事項である。
　各領域に示すねらいは，幼稚園における生活の全体を通じ，幼児が様々な体験を積み重ねる中で相互に関連をもちながら次第に達成に向かうものであること，内容は，幼児が環境に関わって展開する具体的な活動を通して総合的に指導されるものであることに留意しなければならない。
　また，「幼児期の終わりまでに育ってほしい姿」が，ねらい及び内容に基づく活動全体を通して資質・能力が育まれている幼児の幼稚園修了時の具体的な姿であることを踏まえ，指導を行う際に考慮するものとする。
　なお，特に必要な場合には，各領域に示すねらいの趣旨に基づいて適切な，具体的な内容を工夫し，それを加えても差し支えないが，その場合には，それが第1章の第1に示す幼稚園教育の基本を逸脱しないよう慎重に配慮する必要がある。

健康
〔健康な心と体を育て，自ら健康で安全な生活をつくり出す力を養う。〕
1 ねらい
(1) 明るく伸び伸びと行動し，充実感を味わう。
(2) 自分の体を十分に動かし，進んで運動しようとする。
(3) 健康，安全な生活に必要な習慣や態度を身に付け，見通しをもって行動する。
2 内容
(1) 先生や友達と触れ合い，安定感をもって行動する。
(2) いろいろな遊びの中で十分に体を動かす。

(3) 進んで戸外で遊ぶ。
　(4) 様々な活動に親しみ，楽しんで取り組む。
　(5) 先生や友達と食べることを楽しみ，食べ物への興味や関心をもつ。
　(6) 健康な生活のリズムを身に付ける。
　(7) 身の回りを清潔にし，衣服の着脱，食事，排泄などの生活に必要な活動を自分でする。
　(8) 幼稚園における生活の仕方を知り，自分たちで生活の場を整えながら見通しをもって行動する。
　(9) 自分の健康に関心をもち，病気の予防などに必要な活動を進んで行う。
　(10) 危険な場所，危険な遊び方，災害時などの行動の仕方が分かり，安全に気を付けて行動する。
　3　内容の取扱い
　　上記の取扱いに当たっては，次の事項に留意する必要がある。
　(1) 心と体の健康は，相互に密接な関連があるものであることを踏まえ，幼児が教師や他の幼児との温かい触れ合いの中で自己の存在感や充実感を味わうことなどを基盤として，しなやかな心と体の発達を促すこと。特に，十分に体を動かす気持ちよさを体験し，自ら体を動かそうとする意欲が育つようにすること。
　(2) 様々な遊びの中で，幼児が興味や関心，能力に応じて全身を使って活動することにより，体を動かす楽しさを味わい，自分の体を大切にしようとする気持ちが育つようにすること。その際，多様な動きを経験する中で，体の動きを調整するようにすること。
　(3) 自然の中で伸び伸びと体を動かして遊ぶことにより，体の諸機能の発達が促されることに留意し，幼児の興味や関心が戸外にも向くようにすること。その際，幼児の動線に配慮した園庭や遊具の配置などを工夫すること。
　(4) 健康な心と体を育てるためには食育を通じた望ましい食習慣の形成が大切であることを踏まえ，幼児の食生活の実情に配慮し，和やかな雰囲気の中で教師や他の幼児と食べる喜びや楽しさを味わったり，様々な食べ物への興味や関心をもったりするなどし，食の大切さに気付き，進んで食べようとする気持ちが育つようにすること。
　(5) 基本的な生活習慣の形成に当たっては，家庭での生活経験に配慮し，幼児の自立心を育て，幼児が他の幼児と関わりながら主体的な活動を展開する中で，生活に必要な習慣を身に付け，次第に見通しをもって行動できるようにすること。
　(6) 安全に関する指導に当たっては，情緒の安定を図り，遊びを通して安全についての構えを身に付け，危険な場所や事物などが分かり，安全についての理解を深めるようにすること。また，交通安全の習慣を身に付けるようにするとともに，避難訓練などを通して，災害などの緊急時に適切な行動がとれるようにすること。

人間関係
〔他の人々と親しみ，支え合って生活するために，自立心を育て，人と関わる力を養う。〕
1　ねらい
　(1) 幼稚園生活を楽しみ，自分の力で行動することの充実感を味わう。
　(2) 身近な人と親しみ，関わりを深め，工夫したり，協力したりして一緒に活動する楽しさを味わい，愛情や信頼感をもつ。
　(3) 社会生活における望ましい習慣や態度を身に付ける。
2　内容
　(1) 先生や友達と共に過ごすことの喜びを味わう。
　(2) 自分で考え，自分で行動する。
　(3) 自分でできることは自分でする。
　(4) いろいろな遊びを楽しみながら物事をやり遂げようとする気持ちをもつ。
　(5) 友達と積極的に関わりながら喜びや悲しみを共感し合う。
　(6) 自分の思ったことを相手に伝え，相手の思っていることに気付く。
　(7) 友達のよさに気付き，一緒に活動する楽しさを味わう。
　(8) 友達と楽しく活動する中で，共通の目的を見いだし，工夫したり，協力したりなどする。
　(9) よいことや悪いことがあることに気付き，考えながら行動する。
　(10) 友達との関わりを深め，思いやりをもつ。
　(11) 友達と楽しく生活する中できまりの大切さに気付き，守ろうとする。
　(12) 共同の遊具や用具を大切にし，皆で使う。
　(13) 高齢者をはじめ地域の人々などの自分の生活に関係の深いいろいろな人に親しみをもつ。
3　内容の取扱い
　　上記の取扱いに当たっては，次の事項に留意する必要がある。
　(1) 教師との信頼関係に支えられて自分自身の生活を確立していくことが人と関わる基盤となることを考慮し，幼児が自ら周囲に働き掛けることにより多様な感情を体験し，試行錯誤しながら諦めずにやり遂げることの達成感や，前向きな見通しをもって自分の力で行うことの充実感を味わうことができるよう，幼児の行

動を見守りながら適切な援助を行うようにすること。
(2) 一人一人を生かした集団を形成しながら人と関わる力を育てていくようにすること。その際，集団の生活の中で，幼児が自己を発揮し，教師や他の幼児に認められる体験をし，自分のよさや特徴に気付き，自信をもって行動できるようにすること。
(3) 幼児が互いに関わりを深め，協同して遊ぶようになるため，自ら行動する力を育てるようにするとともに，他の幼児と試行錯誤しながら活動を展開する楽しさや共通の目的が実現する喜びを味わうことができるようにすること。
(4) 道徳性の芽生えを培うに当たっては，基本的な生活習慣の形成を図るとともに，幼児が他の幼児との関わりの中で他人の存在に気付き，相手を尊重する気持ちをもって行動できるようにし，また，自然や身近な動植物に親しむことなどを通して豊かな心情が育つようにすること。特に，人に対する信頼感や思いやりの気持ちは，葛藤やつまずきをも体験し，それらを乗り越えることにより次第に芽生えてくることに配慮すること。
(5) 集団の生活を通して，幼児が人との関わりを深め，規範意識の芽生えが培われることを考慮し，幼児が教師との信頼関係に支えられて自己を発揮する中で，互いに思いを主張し，折り合いを付ける体験をし，きまりの必要性などに気付き，自分の気持ちを調整する力が育つようにすること。
(6) 高齢者をはじめ地域の人々などの自分の生活に関係の深いいろいろな人と触れ合い，自分の感情や意志を表現しながら共に楽しみ，共感し合う体験を通して，これらの人々などに親しみをもち，人と関わることの楽しさや人の役に立つ喜びを味わうことができるようにすること。また，生活を通して親や祖父母などの家族の愛情に気付き，家族を大切にしようとする気持ちが育つようにすること。

環境
〔周囲の様々な環境に好奇心や探究心をもって関わり，それらを生活に取り入れていこうとする力を養う。〕
1 ねらい
  (1) 身近な環境に親しみ，自然と触れ合う中で様々な事象に興味や関心をもつ。
  (2) 身近な環境に自分から関わり，発見を楽しんだり，考えたりし，それを生活に取り入れようとする。
  (3) 身近な事象を見たり，考えたり，扱ったりする中で，物の性質や数量，文字などに対する感覚を豊かにする。
2 内容
  (1) 自然に触れて生活し，その大きさ，美しさ，不思議さなどに気付く。
  (2) 生活の中で，様々な物に触れ，その性質や仕組みに興味や関心をもつ。
  (3) 季節により自然や人間の生活に変化のあることに気付く。
  (4) 自然などの身近な事象に関心をもち，取り入れて遊ぶ。
  (5) 身近な動植物に親しみをもって接し，生命の尊さに気付き，いたわったり，大切にしたりする。
  (6) 日常生活の中で，我が国や地域社会における様々な文化や伝統に親しむ。
  (7) 身近な物を大切にする。
  (8) 身近な物や遊具に興味をもって関わり，自分なりに比べたり，関連付けたりしながら考えたり，試したりして工夫して遊ぶ。
  (9) 日常生活の中で数量や図形などに関心をもつ。
  (10) 日常生活の中で簡単な標識や文字などに関心をもつ。
  (11) 生活に関係の深い情報や施設などに興味や関心をもつ。
  (12) 幼稚園内外の行事において国旗に親しむ。
3 内容の取扱い
  上記の取扱いに当たっては，次の事項に留意する必要がある。
  (1) 幼児が，遊びの中で周囲の環境と関わり，次第に周囲の世界に好奇心を抱き，その意味や操作の仕方に関心をもち，物事の法則性に気付き，自分なりに考えることができるようになる過程を大切にすること。また，他の幼児の考えなどに触れて新しい考えを生み出す喜びや楽しさを味わい，自分の考えをよりよいものにしようとする気持ちが育つようにすること。
  (2) 幼児期において自然のもつ意味は大きく，自然の大きさ，美しさ，不思議さなどに直接触れる体験を通して，幼児の心が安らぎ，豊かな感情，好奇心，思考力，表現力の基礎が培われることを踏まえ，幼児が自然との関わりを深めることができるよう工夫すること。
  (3) 身近な事象や動植物に対する感動を伝え合い，共感し合うことなどを通して自分から関わろうとする意欲を育てるとともに，様々な関わり方を通してそれらに対する親しみや畏敬の念，生命を大切にする気持ち，公共心，探究心などが養われるようにすること。
  (4) 文化や伝統に親しむ際には，正月や節句など我が国の伝統的な行事，国歌，唱歌，わらべうたや我が国の伝統的な遊びに親しんだり，異なる文化に触れる活動に親しんだりすることを通じて，社会とのつながりの

意識や国際理解の意識の芽生えなどが養われるようにすること。
(5) 数量や文字などに関しては，日常生活の中で幼児自身の必要感に基づく体験を大切にし，数量や文字などに関する興味や関心，感覚が養われるようにすること。

言葉

〔経験したことや考えたことなどを自分なりの言葉で表現し，相手の話す言葉を聞こうとする意欲や態度を育て，言葉に対する感覚や言葉で表現する力を養う。〕

1 ねらい
(1) 自分の気持ちを言葉で表現する楽しさを味わう。
(2) 人の言葉や話などをよく聞き，自分の経験したことや考えたことを話し，伝え合う喜びを味わう。
(3) 日常生活に必要な言葉が分かるようになるとともに，絵本や物語などに親しみ，言葉に対する感覚を豊かにし，先生や友達と心を通わせる。

2 内容
(1) 先生や友達の言葉や話に興味や関心をもち，親しみをもって聞いたり，話したりする。
(2) したり，見たり，聞いたり，感じたり，考えたりなどしたことを自分なりに言葉で表現する。
(3) したいこと，してほしいことを言葉で表現したり，分からないことを尋ねたりする。
(4) 人の話を注意して聞き，相手に分かるように話す。
(5) 生活の中で必要な言葉が分かり，使う。
(6) 親しみをもって日常の挨拶をする。
(7) 生活の中で言葉の楽しさや美しさに気付く。
(8) いろいろな体験を通じてイメージや言葉を豊かにする。
(9) 絵本や物語などに親しみ，興味をもって聞き，想像をする楽しさを味わう。
(10) 日常生活の中で，文字などで伝える楽しさを味わう。

3 内容の取扱い
上記の取扱いに当たっては，次の事項に留意する必要がある。
(1) 言葉は，身近な人に親しみをもって接し，自分の感情や意志などを伝え，それに相手が応答し，その言葉を聞くことを通して次第に獲得されていくものであることを考慮して，幼児が教師や他の幼児と関わることにより心を動かされるような体験をし，言葉を交わす喜びを味わえるようにすること。
(2) 幼児が自分の思いを言葉で伝えるとともに，教師や他の幼児などの話を興味をもって注意して聞くことを通して次第に話を理解するようになっていき，言葉による伝え合いができるようにすること。
(3) 絵本や物語などで，その内容と自分の経験とを結び付けたり，想像を巡らせたりするなど，楽しみを十分に味わうことによって，次第に豊かなイメージをもち，言葉に対する感覚が養われるようにすること。
(4) 幼児が生活の中で，言葉の響きやリズム，新しい言葉や表現などに触れ，これらを使う楽しさを味わえるようにすること。その際，絵本や物語に親しんだり，言葉遊びなどをしたりすることを通して，言葉が豊かになるようにすること。
(5) 幼児が日常生活の中で，文字などを使いながら思ったことや考えたことを伝える喜びや楽しさを味わい，文字に対する興味や関心をもつようにすること。

表現

〔感じたことや考えたことを自分なりに表現することを通して，豊かな感性や表現する力を養い，創造性を豊かにする。〕

1 ねらい
(1) いろいろなものの美しさなどに対する豊かな感性をもつ。
(2) 感じたことや考えたことを自分なりに表現して楽しむ。
(3) 生活の中でイメージを豊かにし，様々な表現を楽しむ。

2 内容
(1) 生活の中で様々な音，形，色，手触り，動きなどに気付いたり，感じたりするなどして楽しむ。
(2) 生活の中で美しいものや心を動かす出来事に触れ，イメージを豊かにする。
(3) 様々な出来事の中で，感動したことを伝え合う楽しさを味わう。
(4) 感じたこと，考えたことなどを音や動きなどで表現したり，自由にかいたり，つくったりなどする。
(5) いろいろな素材に親しみ，工夫して遊ぶ。
(6) 音楽に親しみ，歌を歌ったり，簡単なリズム楽器を使ったりなどする楽しさを味わう。
(7) かいたり，つくったりすることを楽しみ，遊びに使ったり，飾ったりなどする。
(8) 自分のイメージを動きや言葉などで表現したり，演じて遊んだりするなどの楽しさを味わう。

3 内容の取扱い
上記の取扱いに当たっては，次の事項に留意する必要がある。
(1) 豊かな感性は，身近な環境と十分に関わる中で美しいもの，優れたもの，心を動かす出来事などに出会い，そこから得た感動を他の幼児や教師と共有し，

様々に表現することなどを通して養われるようにすること。その際，風の音や雨の音，身近にある草や花の形や色など自然の中にある音，形，色などに気付くようにすること。
(2) 幼児の自己表現は素朴な形で行われることが多いので，教師はそのような表現を受容し，幼児自身の表現しようとする意欲を受け止めて，幼児が生活の中で幼児らしい様々な表現を楽しむことができるようにすること。
(3) 生活経験や発達に応じ，自ら様々な表現を楽しみ，表現する意欲を十分に発揮させることができるように，遊具や用具などを整えたり，様々な素材や表現の仕方に親しんだり，他の幼児の表現に触れられるよう配慮したりし，表現する過程を大切にして自己表現を楽しめるように工夫すること。

第3章　教育課程に係る教育時間の終了後等に行う教育活動などの留意事項

1　地域の実態や保護者の要請により，教育課程に係る教育時間の終了後等に希望する者を対象に行う教育活動については，幼児の心身の負担に配慮するものとする。また，次の点にも留意するものとする。
(1) 教育課程に基づく活動を考慮し，幼児期にふさわしい無理のないものとなるようにすること。その際，教育課程に基づく活動を担当する教師と緊密な連携を図るようにすること。
(2) 家庭や地域での幼児の生活も考慮し，教育課程に係る教育時間の終了後等に行う教育活動の計画を作成するようにすること。その際，地域の人々と連携するなど，地域の様々な資源を活用しつつ，多様な体験ができるようにすること。
(3) 家庭との緊密な連携を図るようにすること。その際，情報交換の機会を設けたりするなど，保護者が，幼稚園と共に幼児を育てるという意識が高まるようにすること。
(4) 地域の実態や保護者の事情とともに幼児の生活のリズムを踏まえつつ，例えば実施日数や時間などについて，弾力的な運用に配慮すること。
(5) 適切な責任体制と指導体制を整備した上で行うようにすること。
2　幼稚園の運営に当たっては，子育ての支援のために保護者や地域の人々に機能や施設を開放して，園内体制の整備や関係機関との連携及び協力に配慮しつつ，幼児期の教育に関する相談に応じたり，情報を提供したり，幼児と保護者との登園を受け入れたり，保護者同士の交流の機会を提供したりするなど，幼稚園と家庭が一体となって幼児と関わる取組を進め，地域における幼児期の教育のセンターとしての役割を果たすよう努めるものとする。その際，心理や保健の専門家，地域の子育て経験者等と連携・協働しながら取り組むよう配慮するものとする。

資料　保育所保育指針

（平成29年3月31日厚生労働省告示第117号）
（平成30年4月1日から施行）

第1章　総則

　この指針は、児童福祉施設の設備及び運営に関する基準（昭和23年厚生省令第63号。以下「設備運営基準」という。）第35条の規定に基づき、保育所における保育の内容に関する事項及びこれに関連する運営に関する事項を定めるものである。各保育所は、この指針において規定される保育の内容に係る基本原則に関する事項等を踏まえ、各保育所の実情に応じて創意工夫を図り、保育所の機能及び質の向上に努めなければならない。

1　保育所保育に関する基本原則
　(1) 保育所の役割
　　ア　保育所は、児童福祉法（昭和22年法律第164号）第39条の規定に基づき、保育を必要とする子どもの保育を行い、その健全な心身の発達を図ることを目的とする児童福祉施設であり、入所する子どもの最善の利益を考慮し、その福祉を積極的に増進することに最もふさわしい生活の場でなければならない。
　　イ　保育所は、その目的を達成するために、保育に関する専門性を有する職員が、家庭との緊密な連携の下に、子どもの状況や発達過程を踏まえ、保育所における環境を通して、養護及び教育を一体的に行うことを特性としている。
　　ウ　保育所は、入所する子どもを保育するとともに、家庭や地域の様々な社会資源との連携を図りながら、入所する子どもの保護者に対する支援及び地域の子育て家庭に対する支援等を行う役割を担うものである。
　　エ　保育所における保育士は、児童福祉法第18条の4の規定を踏まえ、保育所の役割及び機能が適切に発揮されるように、倫理観に裏付けられた専門的知識、技術及び判断をもって、子どもを保育するとともに、子どもの保護者に対する保育に関する指導を行うものであり、その職責を遂行するための専門性の向上に絶えず努めなければならない。
　(2) 保育の目標
　　ア　保育所は、子どもが生涯にわたる人間形成にとって極めて重要な時期に、その生活時間の大半を過ごす場である。このため、保育所の保育は、子どもが現在を最も良く生き、望ましい未来をつくり出す力の基礎を培うために、次の目標を目指して行わなければならない。
　　（ア）十分に養護の行き届いた環境の下に、くつろいだ雰囲気の中で子どもの様々な欲求を満たし、生命の保持及び情緒の安定を図ること。
　　（イ）健康、安全など生活に必要な基本的な習慣や態度を養い、心身の健康の基礎を培うこと。
　　（ウ）人との関わりの中で、人に対する愛情と信頼感、そして人権を大切にする心を育てるとともに、自主、自立及び協調の態度を養い、道徳性の芽生えを培うこと。
　　（エ）生命、自然及び社会の事象についての興味や関心を育て、それらに対する豊かな心情や思考力の芽生えを培うこと。
　　（オ）生活の中で、言葉への興味や関心を育て、話したり、聞いたり、相手の話を理解しようとするなど、言葉の豊かさを養うこと。
　　（カ）様々な体験を通して、豊かな感性や表現力を育み、創造性の芽生えを培うこと。
　　イ　保育所は、入所する子どもの保護者に対し、その意向を受け止め、子どもと保護者の安定した関係に配慮し、保育所の特性や保育士等の専門性を生かして、その援助に当たらなければならない。
　(3) 保育の方法
　　保育の目標を達成するために、保育士等は、次の事項に留意して保育しなければならない。
　　ア　一人一人の子どもの状況や家庭及び地域社会での生活の実態を把握するとともに、子どもが安心感と信頼感をもって活動できるよう、子どもの主体としての思いや願いを受け止めること。
　　イ　子どもの生活のリズムを大切にし、健康、安全で情緒の安定した生活ができる環境や、自己を十分に発揮できる環境を整えること。
　　ウ　子どもの発達について理解し、一人一人の発達過程に応じて保育すること。その際、子どもの個人差に十分配慮すること。
　　エ　子ども相互の関係づくりや互いに尊重する心を大切にし、集団における活動を効果あるものにするよう援助すること。
　　オ　子どもが自発的・意欲的に関われるような環境を構成し、子どもの主体的な活動や子ども相互の関わりを大切にすること。特に、乳幼児期にふさわしい体験が得られるように、生活や遊びを通して総合的に保育すること。
　　カ　一人一人の保護者の状況やその意向を理解、受容し、それぞれの親子関係や家庭生活等に配慮しながら、様々な機会をとらえ、適切に援助すること。
　(4) 保育の環境
　　保育の環境には、保育士等や子どもなどの人的環

境，施設や遊具などの物的環境，更には自然や社会の事象などがある。保育所は，こうした人，物，場などの環境が相互に関連し合い，子どもの生活が豊かなものとなるよう，次の事項に留意しつつ，計画的に環境を構成し，工夫して保育しなければならない。
　ア　子ども自らが環境に関わり，自発的に活動し，様々な経験を積んでいくことができるよう配慮すること。
　イ　子どもの活動が豊かに展開されるよう，保育所の設備や環境を整え，保育所の保健的環境や安全の確保などに努めること。
　ウ　保育室は，温かな親しみとくつろぎの場となるとともに，生き生きと活動できる場となるように配慮すること。
　エ　子どもが人と関わる力を育てていくため，子ども自らが周囲の子どもや大人と関わっていくことができる環境を整えること。
(5) 保育所の社会的責任
　ア　保育所は，子どもの人権に十分配慮するとともに，子ども一人一人の人格を尊重して保育を行わなければならない。
　イ　保育所は，地域社会との交流や連携を図り，保護者や地域社会に，当該保育所が行う保育の内容を適切に説明するよう努めなければならない。
　ウ　保育所は，入所する子ども等の個人情報を適切に取り扱うとともに，保護者の苦情などに対し，その解決を図るよう努めなければならない。
2　養護に関する基本的事項
(1) 養護の理念
　　保育における養護とは，子どもの生命の保持及び情緒の安定を図るために保育士等が行う援助や関わりであり，保育所における保育は，養護及び教育を一体的に行うことをその特性とするものである。保育所における保育全体を通じて，養護に関するねらい及び内容を踏まえた保育が展開されなければならない。
(2) 養護に関わるねらい及び内容
　ア　生命の保持
　　(ア) ねらい
　　　① 一人一人の子どもが，快適に生活できるようにする。
　　　② 一人一人の子どもが，健康で安全に過ごせるようにする。
　　　③ 一人一人の子どもの生理的欲求が，十分に満たされるようにする。
　　　④ 一人一人の子どもの健康増進が，積極的に図られるようにする。
　　(イ) 内容

　　　① 一人一人の子どもの平常の健康状態や発育及び発達状態を的確に把握し，異常を感じる場合は，速やかに適切に対応する。
　　　② 家庭との連携を密にし，嘱託医等との連携を図りながら，子どもの疾病や事故防止に関する認識を深め，保健的で安全な保育環境の維持及び向上に努める。
　　　③ 清潔で安全な環境を整え，適切な援助や応答的な関わりを通して子どもの生理的欲求を満たしていく。また，家庭と協力しながら，子どもの発達過程等に応じた適切な生活のリズムがつくられていくようにする。
　　　④ 子どもの発達過程等に応じて，適度な運動と休息を取ることができるようにする。また，食事，排泄，衣類の着脱，身の回りを清潔にすることなどについて，子どもが意欲的に生活できるよう適切に援助する。
　イ　情緒の安定
　　(ア) ねらい
　　　① 一人一人の子どもが，安定感をもって過ごせるようにする。
　　　② 一人一人の子どもが，自分の気持ちを安心して表すことができるようにする。
　　　③ 一人一人の子どもが，周囲から主体として受け止められ，主体として育ち，自分を肯定する気持ちが育まれていくようにする。
　　　④ 一人一人の子どもがくつろいで共に過ごし，心身の疲れが癒されるようにする。
　　(イ) 内容
　　　① 一人一人の子どもの置かれている状態や発達過程などを的確に把握し，子どもの欲求を適切に満たしながら，応答的な触れ合いや言葉がけを行う。
　　　② 一人一人の子どもの気持ちを受容し，共感しながら，子どもとの継続的な信頼関係を築いていく。
　　　③ 保育士等との信頼関係を基盤に，一人一人の子どもが主体的に活動し，自発性や探索意欲などを高めるとともに，自分への自信をもつことができるよう成長の過程を見守り，適切に働きかける。
　　　④ 一人一人の子どもの生活のリズム，発達過程，保育時間などに応じて，活動内容のバランスや調和を図りながら，適切な食事や休息が取れるようにする。
3　保育の計画及び評価
(1) 全体的な計画の作成

ア 保育所は，1の(2)に示した保育の目標を達成するために，各保育所の保育の方針や目標に基づき，子どもの発達過程を踏まえて，保育の内容が組織的・計画的に構成され，保育所の生活の全体を通して，総合的に展開されるよう，全体的な計画を作成しなければならない。
  イ 全体的な計画は，子どもや家庭の状況，地域の実態，保育時間などを考慮し，子どもの育ちに関する長期的見通しをもって適切に作成されなければならない。
  ウ 全体的な計画は，保育所保育の全体像を包括的に示すものとし，これに基づく指導計画，保健計画，食育計画等を通じて，各保育所が創意工夫して保育できるよう，作成されなければならない。
 (2) 指導計画の作成
  ア 保育所は，全体的な計画に基づき，具体的な保育が適切に展開されるよう，子どもの生活や発達を見通した長期的な指導計画と，それに関連しながら，より具体的な子どもの日々の生活に即した短期的な指導計画を作成しなければならない。
  イ 指導計画の作成に当たっては，第2章及びその他の関連する章に示された事項のほか，子ども一人一人の発達過程や状況を十分に踏まえるとともに，次の事項に留意しなければならない。
   (ア) 3歳未満児については，一人一人の子どもの生育歴，心身の発達，活動の実態等に即して，個別的な計画を作成すること。
   (イ) 3歳以上児については，個の成長と，子ども相互の関係や協同的な活動が促されるよう配慮すること。
   (ウ) 異年齢で構成される組やグループでの保育においては，一人一人の子どもの生活や経験，発達過程などを把握し，適切な援助や環境構成ができるよう配慮すること。
  ウ 指導計画においては，保育所の生活における子どもの発達過程を見通し，生活の連続性，季節の変化などを考慮し，子どもの実態に即した具体的なねらい及び内容を設定すること。また，具体的なねらいが達成されるよう，子どもの生活する姿や発想を大切にして適切な環境を構成し，子どもが主体的に活動できるようにすること。
  エ 一日の生活のリズムや在園時間が異なる子どもが共に過ごすことを踏まえ，活動と休息，緊張感と解放感等の調和を図るよう配慮すること。
  オ 午睡は生活のリズムを構成する重要な要素であり，安心して眠ることのできる安全な睡眠環境を確保するとともに，在園時間が異なることや，睡眠時間は子どもの発達の状況や個人によって差があることから，一律とならないよう配慮すること。
  カ 長時間にわたる保育については，子どもの発達過程，生活のリズム及び心身の状態に十分配慮して，保育の内容や方法，職員の協力体制，家庭との連携などを指導計画に位置付けること。
  キ 障害のある子どもの保育については，一人一人の子どもの発達過程や障害の状態を把握し，適切な環境の下で，障害のある子どもが他の子どもとの生活を通して共に成長できるよう，指導計画の中に位置付けること。また，子どもの状況に応じた保育を実施する観点から，家庭や関係機関と連携した支援のための計画を個別に作成するなど適切な対応を図ること。
 (3) 指導計画の展開
  指導計画に基づく保育の実施に当たっては，次の事項に留意しなければならない。
  ア 施設長，保育士など，全職員による適切な役割分担と協力体制を整えること。
  イ 子どもが行う具体的な活動は，生活の中で様々に変化することに留意して，子どもが望ましい方向に向かって自ら活動を展開できるよう必要な援助を行うこと。
  ウ 子どもの主体的な活動を促すためには，保育士等が多様な関わりをもつことが重要であることを踏まえ，子どもの情緒の安定や発達に必要な豊かな体験が得られるよう援助すること。
  エ 保育士等は，子どもの実態や子どもを取り巻く状況の変化などに即して保育の過程を記録するとともに，これらを踏まえ，指導計画に基づく保育の内容の見直しを行い，改善を図ること。
 (4) 保育内容等の評価
  ア 保育士等の自己評価
   (ア) 保育士等は，保育の計画や保育の記録を通して，自らの保育実践を振り返り，自己評価することを通して，その専門性の向上や保育実践の改善に努めなければならない。
   (イ) 保育士等による自己評価に当たっては，子どもの活動内容やその結果だけでなく，子どもの心の育ちや意欲，取り組む過程などにも十分配慮するよう留意すること。
   (ウ) 保育士等は，自己評価における自らの保育実践の振り返りや職員相互の話し合い等を通じて，専門性の向上及び保育の質の向上のための課題を明確にするとともに，保育所全体の保育の内容に関する認識を深めること。
  イ 保育所の自己評価

（ア）保育所は，保育の質の向上を図るため，保育
　　　　　の計画の展開や保育士等の自己評価を踏まえ，
　　　　　当該保育所の保育の内容等について，自ら評価
　　　　　を行い，その結果を公表するよう努めなければ
　　　　　ならない。
　　　（イ）保育所が自己評価を行うに当たっては，地域
　　　　　の実情や保育所の実態に即して，適切に評価の
　　　　　観点や項目等を設定し，全職員による共通理解
　　　　　をもって取り組むよう留意すること。
　　　（ウ）設備運営基準第36条の趣旨を踏まえ，保育の
　　　　　内容等の評価に関し，保護者及び地域住民等の
　　　　　意見を聴くことが望ましいこと。
　（5）評価を踏まえた計画の改善
　　　ア　保育所は，評価の結果を踏まえ，当該保育所の保
　　　　育の内容等の改善を図ること。
　　　イ　保育の計画に基づく保育，保育の内容の評価及び
　　　　これに基づく改善という一連の取組により，保育の
　　　　質の向上が図られるよう，全職員が共通理解をもって
　　　　取り組むことに留意すること。
4　幼児教育を行う施設として共有すべき事項
　（1）育みたい資質・能力
　　　ア　保育所においては，生涯にわたる生きる力の基礎
　　　　を培うため，1の（2）に示す保育の目標を踏まえ，
　　　　次に掲げる資質・能力を一体的に育むよう努めるも
　　　　のとする。
　　　（ア）豊かな体験を通じて，感じたり，気付いたり，
　　　　　分かったり，できるようになったりする「知識
　　　　　及び技能の基礎」
　　　（イ）気付いたことや，できるようになったことなど
　　　　　を使い，考えたり，試したり，工夫したり，表現
　　　　　したりする「思考力，判断力，表現力等の基礎」
　　　（ウ）心情，意欲，態度が育つ中で，よりよい生活
　　　　　を営もうとする「学びに向かう力，人間性等」
　　　イ　アに示す資質・能力は，第2章に示すねらい及び
　　　　内容に基づく保育活動全体によって育むものであ
　　　　る。
　（2）幼児期の終わりまでに育ってほしい姿
　　　次に示す「幼児期の終わりまでに育ってほしい姿」
　　は，第2章に示すねらい及び内容に基づく保育活動全
　　体を通して資質・能力が育まれている子どもの小学校
　　就学時の具体的な姿であり，保育士等が指導を行う際
　　に考慮するものである。
　　　ア　健康な心と体
　　　　保育所の生活の中で，充実感をもって自分のやり
　　　たいことに向かって心と体を十分に働かせ，見通し
　　　をもって行動し，自ら健康で安全な生活をつくり出
　　　すようになる。

　　　イ　自立心
　　　　身近な環境に主体的に関わり様々な活動を楽しむ
　　　中で，しなければならないことを自覚し，自分の力
　　　で行うために考えたり，工夫したりしながら，諦め
　　　ずにやり遂げることで達成感を味わい，自信をもっ
　　　て行動するようになる。
　　　ウ　協同性
　　　　友達と関わる中で，互いの思いや考えなどを共有
　　　し，共通の目的の実現に向けて，考えたり，工夫し
　　　たり，協力したりし，充実感をもってやり遂げるよ
　　　うになる。
　　　エ　道徳性・規範意識の芽生え
　　　　友達と様々な体験を重ねる中で，してよいこと
　　　や悪いことが分かり，自分の行動を振り返ったり，
　　　友達の気持ちに共感したりし，相手の立場に立って
　　　行動するようになる。また，きまりを守る必要性が
　　　分かり，自分の気持ちを調整し，友達と折り合いを
　　　付けながら，きまりをつくったり，守ったりするよ
　　　うになる。
　　　オ　社会生活との関わり
　　　　家族を大切にしようとする気持ちをもつとともに，
　　　に，地域の身近な人と触れ合う中で，人との様々な
　　　関わり方に気付き，相手の気持ちを考えて関わり，
　　　自分が役に立つ喜びを感じ，地域に親しみをもつよ
　　　うになる。また，保育所内外の様々な環境に関わる
　　　中で，遊びや生活に必要な情報を取り入れ，情報に
　　　基づき判断したり，情報を伝え合ったり，活用した
　　　りするなど，情報を役立てながら活動するようにな
　　　るとともに，公共の施設を大切に利用するなどし
　　　て，社会とのつながりなどを意識するようになる。
　　　カ　思考力の芽生え
　　　　身近な事象に積極的に関わる中で，物の性質や仕
　　　組みなどを感じ取ったり，気付いたりし，考えた
　　　り，予想したり，工夫したりするなど，多様な関わ
　　　りを楽しむようになる。また，友達の様々な考えに
　　　触れる中で，自分と異なる考えがあることに気付
　　　き，自ら判断したり，考え直したりするなど，新し
　　　い考えを生み出す喜びを味わいながら，自分の考え
　　　をよりよいものにするようになる。
　　　キ　自然との関わり・生命尊重
　　　　自然に触れて感動する体験を通して，自然の変化
　　　などを感じ取り，好奇心や探究心をもって考え言葉
　　　などで表現しながら，身近な事象への関心が高まる
　　　とともに，自然への愛情や畏敬の念をもつようにな
　　　る。また，身近な動植物に心を動かされる中で，生
　　　命の不思議さや尊さに気付き，身近な動植物への接
　　　し方を考え，命あるものとしていたわり，大切にす

気持ちをもって関わるようになる。
　　ク　数量や図形，標識や文字などへの関心・感覚
　　　　遊びや生活の中で，数量や図形，標識や文字などに親しむ体験を重ねたり，標識や文字の役割に気付いたりし，自らの必要感に基づきこれらを活用し，興味や関心，感覚をもつようになる。
　　ケ　言葉による伝え合い
　　　　保育士等や友達と心を通わせる中で，絵本や物語などに親しみながら，豊かな言葉や表現を身に付け，経験したことや考えたことなどを言葉で伝えたり，相手の話を注意して聞いたりし，言葉による伝え合いを楽しむようになる。
　　コ　豊かな感性と表現
　　　　心を動かす出来事などに触れ感性を働かせる中で，様々な素材の特徴や表現の仕方などに気付き，感じたことや考えたことを自分で表現したり，友達同士で表現する過程を楽しんだりし，表現する喜びを味わい，意欲をもつようになる。

第2章　保育の内容

　この章に示す「ねらい」は，第1章の1の(2)に示された保育の目標をより具体化したものであり，子どもが保育所において，安定した生活を送り，充実した活動ができるように，保育を通じて育みたい資質・能力を，子どもの生活する姿から捉えたものである。また，「内容」は，「ねらい」を達成するために，子どもの生活やその状況に応じて保育士等が適切に行う事項と，保育士等が援助して子どもが環境に関わって経験する事項を示したものである。
　保育における「養護」とは，子どもの生命の保持及び情緒の安定を図るために保育士等が行う援助や関わりであり，「教育」とは，子どもが健やかに成長し，その活動がより豊かに展開されるための発達の援助である。本章では，保育士等が，「ねらい」及び「内容」を具体的に把握するため，主に教育に関わる側面からの視点を示しているが，実際の保育においては，養護と教育が一体となって展開されることに留意する必要がある。

1　乳児保育に関わるねらい及び内容
　(1) 基本的事項
　　ア　乳児期の発達については，視覚，聴覚などの感覚や，座る，はう，歩くなどの運動機能が著しく発達し，特定の大人との応答的な関わりを通じて，情緒的な絆が形成されるといった特徴がある。これらの発達の特徴を踏まえて，乳児保育は，愛情豊かに，応答的に行われることが特に必要である。
　　イ　本項においては，この時期の発達の特徴を踏まえ，乳児保育の「ねらい」及び「内容」について

は，身体的発達に関する視点「健やかに伸び伸びと育つ」，社会的発達に関する視点「身近な人と気持ちが通じ合う」及び精神的発達に関する視点「身近なものと関わり感性が育つ」としてまとめ，示している。
　　ウ　本項の各視点において示す保育の内容は，第1章の2に示された養護における「生命の保持」及び「情緒の安定」に関わる保育の内容と，一体となって展開されるものであることに留意が必要である。
　(2) ねらい及び内容
　　ア　健やかに伸び伸びと育つ
　　　健康な心と体を育て，自ら健康で安全な生活をつくり出す力の基盤を培う。
　　(ア) ねらい
　　　① 身体感覚が育ち，快適な環境に心地よさを感じる。
　　　② 伸び伸びと体を動かし，はう，歩くなどの運動をしようとする。
　　　③ 食事，睡眠等の生活のリズムの感覚が芽生える。
　　(イ) 内容
　　　① 保育士等の愛情豊かな受容の下で，生理的・心理的欲求を満たし，心地よく生活をする。
　　　② 一人一人の発育に応じて，はう，立つ，歩くなど，十分に体を動かす。
　　　③ 個人差に応じて授乳を行い，離乳を進めていく中で，様々な食品に少しずつ慣れ，食べることを楽しむ。
　　　④ 一人一人の生活のリズムに応じて，安全な環境の下で十分に午睡をする。
　　　⑤ おむつ交換や衣服の着脱などを通じて，清潔になることの心地よさを感じる。
　　(ウ) 内容の取扱い
　　　上記の取扱いに当たっては，次の事項に留意する必要がある。
　　　① 心と体の健康は，相互に密接な関連があるものであることを踏まえ，温かい触れ合いの中で，心と体の発達を促すこと。特に，寝返り，お座り，はいはい，つかまり立ち，伝い歩きなど，発育に応じて，遊びの中で体を動かす機会を十分に確保し，自ら体を動かそうとする意欲が育つようにすること。
　　　② 健康な心と体を育てるためには望ましい食習慣の形成が重要であることを踏まえ，離乳食が完了期へと徐々に移行する中で，様々な食品に慣れるようにするとともに，和やかな雰囲気の中で食べる喜びや楽しさを味わい，進んで食べ

ようとする気持ちが育つようにすること。なお，食物アレルギーのある子どもへの対応については，嘱託医等の指示や協力の下に適切に対応すること。
イ 身近な人と気持ちが通じ合う
　受容的・応答的な関わりの下で，何かを伝えようとする意欲や身近な大人との信頼関係を育て，人と関わる力の基盤を培う。
　（ア）ねらい
　　① 安心できる関係の下で，身近な人と共に過ごす喜びを感じる。
　　② 体の動きや表情，発声等により，保育士等と気持ちを通わせようとする。
　　③ 身近な人と親しみ，関わりを深め，愛情や信頼感が芽生える。
　（イ）内容
　　① 子どもからの働きかけを踏まえた，応答的な触れ合いや言葉がけによって，欲求が満たされ，安定感をもって過ごす。
　　② 体の動きや表情，発声，喃語（なんご）等を優しく受け止めてもらい，保育士等とのやり取りを楽しむ。
　　③ 生活や遊びの中で，自分の身近な人の存在に気付き，親しみの気持ちを表す。
　　④ 保育士等による語りかけや歌いかけ，発声や喃（なん）語への応答を通じて，言葉の理解や発語の意欲が育つ。
　　⑤ 温かく，受容的な関わりを通じて，自分を肯定する気持ちが芽生える。
　（ウ）内容の取扱い
　　上記の取扱いに当たっては，次の事項に留意する必要がある。
　　① 保育士等との信頼関係に支えられて生活を確立していくことが人と関わる基盤となることを考慮して，子どもの多様な感情を受け止め，温かく受容的・応答的に関わり，一人一人に応じた適切な援助を行うようにすること。
　　② 身近な人に親しみをもって接し，自分の感情などを表し，それに相手が応答する言葉を聞くことを通して，次第に言葉が獲得されていくことを考慮して，楽しい雰囲気の中での保育士等との関わり合いを大切にし，ゆっくりと優しく話しかけるなど，積極的に言葉のやり取りを楽しむことができるようにすること。
ウ 身近なものと関わり感性が育つ
　身近な環境に興味や好奇心をもって関わり，感じたことや考えたことを表現する力の基盤を培う。

　（ア）ねらい
　　① 身の回りのものに親しみ，様々なものに興味や関心をもつ。
　　② 見る，触れる，探索するなど，身近な環境に自分から関わろうとする。
　　③ 身体の諸感覚による認識が豊かになり，表情や手足，体の動き等で表現する。
　（イ）内容
　　① 身近な生活用具，玩具や絵本などが用意された中で，身の回りのものに対する興味や好奇心をもつ。
　　② 生活や遊びの中で様々なものに触れ，音，形，色，手触りなどに気付き，感覚の働きを豊かにする。
　　③ 保育士等と一緒に様々な色彩や形のものや絵本などを見る。
　　④ 玩具や身の回りのものを，つまむ，つかむ，たたく，引っ張るなど，手や指を使って遊ぶ。
　　⑤ 保育士等のあやし遊びに機嫌よく応じたり，歌やリズムに合わせて手足や体を動かして楽しんだりする。
　（ウ）内容の取扱い
　　上記の取扱いに当たっては，次の事項に留意する必要がある。
　　① 玩具などは，音質，形，色，大きさなど子どもの発達状態に応じて適切なものを選び，その時々の子どもの興味や関心を踏まえるなど，遊びを通して感覚の発達が促されるものとなるように工夫すること。なお，安全な環境の下で，子どもが探索意欲を満たして自由に遊べるよう，身の回りのものについては，常に十分な点検を行うこと。
　　② 乳児期においては，表情，発声，体の動きなどで，感情を表現することが多いことから，これらの表現しようとする意欲を積極的に受け止めて，子どもが様々な活動を楽しむことを通して表現が豊かになるようにすること。
(3) 保育の実施に関わる配慮事項
ア 乳児は疾病への抵抗力が弱く，心身の機能の未熟さに伴う疾病の発生が多いことから，一人一人の発育及び発達状態や健康状態についての適切な判断に基づく保健的な対応を行うこと。
イ 一人一人の子どもの生育歴の違いに留意しつつ，欲求を適切に満たし，特定の保育士が応答的に関わるように努めること。
ウ 乳児保育に関わる職員間の連携や嘱託医との連携を図り，第3章に示す事項を踏まえ，適切に対応す

ること。栄養士及び看護師等が配置されている場合は、その専門性を生かした対応を図ること。
　エ　保護者との信頼関係を築きながら保育を進めるとともに、保護者からの相談に応じ、保護者への支援に努めていくこと。
　オ　担当の保育士が替わる場合には、子どものそれまでの生育歴や発達過程に留意し、職員間で協力して対応すること。

2　1歳以上3歳未満児の保育に関わるねらい及び内容
(1)　基本的事項
　ア　この時期においては、歩き始めから、歩く、走る、跳ぶなどへと、基本的な運動機能が次第に発達し、排泄の自立のための身体的機能も整うようになる。つまむ、めくるなどの指先の機能も発達し、食事、衣類の着脱なども、保育士等の援助の下で自分で行うようになる。発声も明瞭になり、語彙も増加し、自分の意思や欲求を言葉で表出できるようになる。このように自分でできることが増えてくる時期であることから、保育士等は、子どもの生活の安定を図りながら、自分でしようとする気持ちを尊重し、温かく見守るとともに、愛情豊かに、応答的に関わることが必要である。
　イ　本項においては、この時期の発達の特徴を踏まえ、保育の「ねらい」及び「内容」について、心身の健康に関する領域「健康」、人との関わりに関する領域「人間関係」、身近な環境との関わりに関する領域「環境」、言葉の獲得に関する領域「言葉」及び感性と表現に関する領域「表現」としてまとめ、示している。
　ウ　本項の各領域において示す保育の内容は、第1章の2に示された養護における「生命の保持」及び「情緒の安定」に関わる保育の内容と、一体となって展開されるものであることに留意が必要である。

(2)　ねらい及び内容
　ア　健康
　　健康な心と体を育て、自ら健康で安全な生活をつくり出す力を養う。
　　(ア)　ねらい
　　　①　明るく伸び伸びと生活し、自分から体を動かすことを楽しむ。
　　　②　自分の体を十分に動かし、様々な動きをしようとする。
　　　③　健康、安全な生活に必要な習慣に気付き、自分でしてみようとする気持ちが育つ。
　　(イ)　内容
　　　①　保育士等の愛情豊かな受容の下で、安定感をもって生活をする。
　　　②　食事や午睡、遊びと休息など、保育所における生活のリズムが形成される。
　　　③　走る、跳ぶ、登る、押す、引っ張るなど全身を使う遊びを楽しむ。
　　　④　様々な食品や調理形態に慣れ、ゆったりとした雰囲気の中で食事や間食を楽しむ。
　　　⑤　身の回りを清潔に保つ心地よさを感じ、その習慣が少しずつ身に付く。
　　　⑥　保育士等の助けを借りながら、衣類の着脱を自分でしようとする。
　　　⑦　便器での排泄に慣れ、自分で排泄ができるようになる。
　　(ウ)　内容の取扱い
　　　上記の取扱いに当たっては、次の事項に留意する必要がある。
　　　①　心と体の健康は、相互に密接な関連があるものであることを踏まえ、子どもの気持ちに配慮した温かい触れ合いの中で、心と体の発達を促すこと。特に、一人一人の発育に応じて、体を動かす機会を十分に確保し、自ら体を動かそうとする意欲が育つようにすること。
　　　②　健康な心と体を育てるためには望ましい食習慣の形成が重要であることを踏まえ、ゆったりとした雰囲気の中で食べる喜びや楽しさを味わい、進んで食べようとする気持ちが育つようにすること。なお、食物アレルギーのある子どもへの対応については、嘱託医等の指示や協力の下に適切に対応すること。
　　　③　排泄の習慣については、一人一人の排尿間隔等を踏まえ、おむつが汚れていないときに便器に座らせるなどにより、少しずつ慣れさせるようにすること。
　　　④　食事、排泄、睡眠、衣類の着脱、身の回りを清潔にすることなど、生活に必要な基本的な習慣については、一人一人の状態に応じ、落ち着いた雰囲気の中で行うようにし、子どもが自分でしようとする気持ちを尊重すること。また、基本的な生活習慣の形成に当たっては、家庭での生活経験に配慮し、家庭との適切な連携の下で行うようにすること。
　イ　人間関係
　　他の人々と親しみ、支え合って生活するために、自立心を育て、人と関わる力を養う。
　　(ア)　ねらい
　　　①　保育所での生活を楽しみ、身近な人と関わる心地よさを感じる。
　　　②　周囲の子ども等への興味や関心が高まり、関

わりをもとうとする。
③ 保育所の生活の仕方に慣れ，きまりの大切さに気付く。
(イ) 内容
　① 保育士等や周囲の子ども等との安定した関係の中で，共に過ごす心地よさを感じる。
　② 保育士等の受容的・応答的な関わりの中で，欲求を適切に満たし，安定感をもって過ごす。
　③ 身の回りに様々な人がいることに気付き，徐々に他の子どもと関わりをもって遊ぶ。
　④ 保育士等の仲立ちにより，他の子どもとの関わり方を少しずつ身につける。
　⑤ 保育所の生活の仕方に慣れ，きまりがあることや，その大切さに気付く。
　⑥ 生活や遊びの中で，年長児や保育士等の真似をしたり，ごっこ遊びを楽しんだりする。
(ウ) 内容の取扱い
　上記の取扱いに当たっては，次の事項に留意する必要がある。
　① 保育士等との信頼関係に支えられて生活を確立するとともに，自分で何かをしようとする気持ちが旺盛になる時期であることに鑑み，そのような子どもの気持ちを尊重し，温かく見守るとともに，愛情豊かに，応答的に関わり，適切な援助を行うようにすること。
　② 思い通りにいかない場合等の子どもの不安定な感情の表出については，保育士等が受容的に受け止めるとともに，そうした気持ちから立ち直る経験や感情をコントロールすることへの気付き等につなげていけるように援助すること。
　③ この時期は自己と他者との違いの認識がまだ十分ではないことから，子どもの自我の育ちを見守るとともに，保育士等が仲立ちとなって，自分の気持ちを相手に伝えることや相手の気持ちに気付くことの大切さなど，友達の気持ちや友達との関わり方を丁寧に伝えていくこと。
ウ 環境
　周囲の様々な環境に好奇心や探究心をもって関わり，それらを生活に取り入れていこうとする力を養う。
(ア) ねらい
　① 身近な環境に親しみ，触れ合う中で，様々なものに興味や関心をもつ。
　② 様々なものに関わる中で，発見を楽しんだり，考えたりしようとする。
　③ 見る，聞く，触るなどの経験を通して，感覚の働きを豊かにする。

(イ) 内容
　① 安全で活動しやすい環境での探索活動等を通して，見る，聞く，触れる，嗅ぐ，味わうなどの感覚の働きを豊かにする。
　② 玩具，絵本，遊具などに興味をもち，それらを使った遊びを楽しむ。
　③ 身の回りの物に触れる中で，形，色，大きさ，量などの物の性質や仕組みに気付く。
　④ 自分の物と人の物の区別や，場所的感覚など，環境を捉える感覚が育つ。
　⑤ 身近な生き物に気付き，親しみをもつ。
　⑥ 近隣の生活や季節の行事などに興味や関心をもつ。
(ウ) 内容の取扱い
　上記の取扱いに当たっては，次の事項に留意する必要がある。
　① 玩具などは，音質，形，色，大きさなど子どもの発達状態に応じて適切なものを選び，遊びを通して感覚の発達が促されるように工夫すること。
　② 身近な生き物との関わりについては，子どもが命を感じ，生命の尊さに気付く経験へとつながるものであることから，そうした気付きを促すような関わりとなるようにすること。
　③ 地域の生活や季節の行事などに触れる際には，社会とのつながりや地域社会の文化への気付きにつながるものとなることが望ましいこと。その際，保育所内外の行事や地域の人々との触れ合いなどを通して行うことも考慮すること。
エ 言葉
　経験したことや考えたことなどを自分なりの言葉で表現し，相手の話す言葉を聞こうとする意欲や態度を育て，言葉に対する感覚や言葉で表現する力を養う。
(ア) ねらい
　① 言葉遊びや言葉で表現する楽しさを感じる。
　② 人の言葉や話などを聞き，自分でも思ったことを伝えようとする。
　③ 絵本や物語等に親しむとともに，言葉のやり取りを通じて身近な人と気持ちを通わせる。
(イ) 内容
　① 保育士等の応答的な関わりや話しかけにより，自ら言葉を使おうとする。
　② 生活に必要な簡単な言葉に気付き，聞き分ける。
　③ 親しみをもって日常の挨拶に応じる。

④ 絵本や紙芝居を楽しみ，簡単な言葉を繰り返したり，模倣をしたりして遊ぶ。
⑤ 保育士等とごっこ遊びをする中で，言葉のやり取りを楽しむ。
⑥ 保育士等を仲立ちとして，生活や遊びの中で友達との言葉のやり取りを楽しむ。
⑦ 保育士等や友達の言葉や話に興味や関心をもって，聞いたり，話したりする。
(ウ) 内容の取扱い
　上記の取扱いに当たっては，次の事項に留意する必要がある。
① 身近な人に親しみをもって接し，自分の感情などを伝え，それに相手が応答し，その言葉を聞くことを通して，次第に言葉が獲得されていくものであることを考慮して，楽しい雰囲気の中で保育士等との言葉のやり取りができるようにすること。
② 子どもが自分の思いを言葉で伝えるとともに，他の子どもの話などを聞くことを通して，次第に話を理解し，言葉による伝え合いができるようになるよう，気持ちや経験等の言語化を行うことを援助するなど，子ども同士の関わりの仲立ちを行うようにすること。
③ この時期は，片言から，二語文，ごっこ遊びでのやり取りができる程度へと，大きく言葉の習得が進む時期であることから，それぞれの子どもの発達の状況に応じて，遊びや関わりの工夫など，保育の内容を適切に展開することが必要であること。
オ 表現
　感じたことや考えたことを自分なりに表現することを通して，豊かな感性や表現する力を養い，創造性を豊かにする。
(ア) ねらい
① 身体の諸感覚の経験を豊かにし，様々な感覚を味わう。
② 感じたことや考えたことなどを自分なりに表現しようとする。
③ 生活や遊びの様々な体験を通して，イメージや感性が豊かになる。
(イ) 内容
① 水，砂，土，紙，粘土など様々な素材に触れて楽しむ。
② 音楽，リズムやそれに合わせた体の動きを楽しむ。
③ 生活の中で様々な音，形，色，手触り，動き，味，香りなどに気付いたり，感じたりして楽しむ。
④ 歌を歌ったり，簡単な手遊びや全身を使う遊びを楽しんだりする。
⑤ 保育士等からの話や，生活や遊びの中での出来事を通して，イメージを豊かにする。
⑥ 生活や遊びの中で，興味のあることや経験したことなどを自分なりに表現する。
(ウ) 内容の取扱い
　上記の取扱いに当たっては，次の事項に留意する必要がある。
① 子どもの表現は，遊びや生活の様々な場面で表出されているものであることから，それらを積極的に受け止め，様々な表現の仕方や感性を豊かにする経験となるようにすること。
② 子どもが試行錯誤しながら様々な表現を楽しむことや，自分の力でやり遂げる充実感などに気付くよう，温かく見守るとともに，適切に援助を行うようにすること。
③ 様々な感情の表現等を通じて，子どもが自分の感情や気持ちに気付くようになる時期であることに鑑み，受容的な関わりの中で自信をもって表現することや，諦めずに続けた後の達成感等を感じられるような経験が蓄積されるようにすること。
④ 身近な自然や身の回りの事物に関わる中で，発見や心が動く経験が得られるよう，諸感覚を働かせることを楽しむ遊びや素材を用意するなど保育の環境を整えること。
(3) 保育の実施に関わる配慮事項
ア 特に感染症にかかりやすい時期であるので，体の状態，機嫌，食欲などの日常の状態の観察を十分に行うとともに，適切な判断に基づく保健的な対応を心がけること。
イ 探索活動が十分できるように，事故防止に努めながら活動しやすい環境を整え，全身を使う遊びなど様々な遊びを取り入れること。
ウ 自我が形成され，子どもが自分の感情や気持ちに気付くようになる重要な時期であることに鑑み，情緒の安定を図りながら，子どもの自発的な活動を尊重するとともに促していくこと。
エ 担当の保育士が替わる場合には，子どものそれまでの経験や発達過程に留意し，職員間で協力して対応すること。
3 3歳以上児の保育に関するねらい及び内容
(1) 基本的事項
ア この時期においては，運動機能の発達により，基本的な動作が一通りできるようになるとともに，基

本的な生活習慣もほぼ自立できるようになる。理解する語彙数が急激に増加し，知的興味や関心も高まってくる。仲間と遊び，仲間の中の一人という自覚が生じ，集団的な遊びや協同的な活動も見られるようになる。これらの発達の特徴を踏まえて，この時期の保育においては，個の成長と集団としての活動の充実が図られるようにしなければならない。

イ 本項においては，この時期の発達の特徴を踏まえ，保育の「ねらい」及び「内容」について，心身の健康に関する領域「健康」，人との関わりに関する領域「人間関係」，身近な環境との関わりに関する領域「環境」，言葉の獲得に関する領域「言葉」及び感性と表現に関する領域「表現」としてまとめ，示している。

ウ 本項の各領域において示す保育の内容は，第1章の2に示された養護における「生命の保持」及び「情緒の安定」に関わる保育の内容と，一体となって展開されるものであることに留意が必要である。

(2) ねらい及び内容

ア 健康

健康な心と体を育て，自ら健康で安全な生活をつくり出す力を養う。

(ア) ねらい

① 明るく伸び伸びと行動し，充実感を味わう。
② 自分の体を十分に動かし，進んで運動しようとする。
③ 健康，安全な生活に必要な習慣や態度を身に付け，見通しをもって行動する。

(イ) 内容

① 保育士等や友達と触れ合い，安定感をもって行動する。
② いろいろな遊びの中で十分に体を動かす。
③ 進んで戸外で遊ぶ。
④ 様々な活動に親しみ，楽しんで取り組む。
⑤ 保育士等や友達と食べることを楽しみ，食べ物への興味や関心をもつ。
⑥ 健康な生活のリズムを身に付ける。
⑦ 身の回りを清潔にし，衣服の着脱，食事，排泄などの生活に必要な活動を自分でする。
⑧ 保育所における生活の仕方を知り，自分たちで生活の場を整えながら見通しをもって行動する。
⑨ 自分の健康に関心をもち，病気の予防などに必要な活動を進んで行う。
⑩ 危険な場所，危険な遊び方，災害時などの行動の仕方が分かり，安全に気を付けて行動する。

(ウ) 内容の取扱い

上記の取扱いに当たっては，次の事項に留意する必要がある。

① 心と体の健康は，相互に密接な関連があるものであることを踏まえ，子どもが保育士等や他の子どもとの温かい触れ合いの中で自己の存在感や充実感を味わうことなどを基盤として，しなやかな心と体の発達を促すこと。特に，十分に体を動かす気持ちよさを体験し，自ら体を動かそうとする意欲が育つようにすること。

② 様々な遊びの中で，子どもが興味や関心，能力に応じて全身を使って活動することにより，体を動かす楽しさを味わい，自分の体を大切にしようとする気持ちが育つようにすること。その際，多様な動きを経験する中で，体の動きを調整するようにすること。

③ 自然の中で伸び伸びと体を動かして遊ぶことにより，体の諸機能の発達が促されることに留意し，子どもの興味や関心が戸外にも向くようにすること。その際，子どもの動線に配慮した園庭や遊具の配置などを工夫すること。

④ 健康な心と体を育てるためには食育を通じた望ましい食習慣の形成が大切であることを踏まえ，子どもの食生活の実情に配慮し，和やかな雰囲気の中で保育士等や他の子どもと食べる喜びや楽しさを味わったり，様々な食べ物への興味や関心をもったりするなどし，食の大切さに気付き，進んで食べようとする気持ちが育つようにすること。

⑤ 基本的な生活習慣の形成に当たっては，家庭での生活経験に配慮し，子どもの自立心を育て，子どもが他の子どもと関わりながら主体的な活動を展開する中で，生活に必要な習慣を身に付け，次第に見通しをもって行動できるようにすること。

⑥ 安全に関する指導に当たっては，情緒の安定を図り，遊びを通して安全についての構えを身に付け，危険な場所や事物などが分かり，安全についての理解を深めるようにすること。また，交通安全の習慣を身に付けるようにするとともに，避難訓練などを通して，災害などの緊急時に適切な行動がとれるようにすること。

イ 人間関係

他の人々と親しみ，支え合って生活するために，自立心を育て，人と関わる力を養う。

(ア) ねらい

① 保育所の生活を楽しみ，自分の力で行動する

ことの充実感を味わう。
② 身近な人と親しみ，関わりを深め，工夫したり，協力したりして一緒に活動する楽しさを味わい，愛情や信頼感をもつ。
③ 社会生活における望ましい習慣や態度を身に付ける。
(イ) 内容
① 保育士等や友達と共に過ごすことの喜びを味わう。
② 自分で考え，自分で行動する。
③ 自分でできることは自分でする。
④ いろいろな遊びを楽しみながら物事をやり遂げようとする気持ちをもつ。
⑤ 友達と積極的に関わりながら喜びや悲しみを共感し合う。
⑥ 自分の思ったことを相手に伝え，相手の思っていることに気付く。
⑦ 友達のよさに気付き，一緒に活動する楽しさを味わう。
⑧ 友達と楽しく活動する中で，共通の目的を見いだし，工夫したり，協力したりなどする。
⑨ よいことや悪いことがあることに気付き，考えながら行動する。
⑩ 友達との関わりを深め，思いやりをもつ。
⑪ 友達と楽しく生活する中できまりの大切さに気付き，守ろうとする。
⑫ 共同の遊具や用具を大切にし，皆で使う。
⑬ 高齢者をはじめ地域の人々などの自分の生活に関係の深いいろいろな人に親しみをもつ。
(ウ) 内容の取扱い
上記の取扱いに当たっては，次の事項に留意する必要がある。
① 保育士等との信頼関係に支えられて自分自身の生活を確立していくことが人と関わる基盤となることを考慮し，子どもが自ら周囲に働き掛けることにより多様な感情を体験し，試行錯誤しながら諦めずにやり遂げることの達成感や，前向きな見通しをもって自分の力で行うことの充実感を味わうことができるよう，子どもの行動を見守りながら適切な援助を行うようにすること。
② 一人一人を生かした集団を形成しながら人と関わる力を育てていくようにすること。その際，集団の生活の中で，子どもが自己を発揮し，保育士等や他の子どもに認められる体験をし，自分のよさや特徴に気付き，自信をもって行動できるようにすること。
③ 子どもが互いに関わりを深め，協同して遊ぶようになるため，自ら行動する力を育てるとともに，他の子どもと試行錯誤しながら活動を展開する楽しさや共通の目的が実現する喜びを味わうことができるようにすること。
④ 道徳性の芽生えを培うに当たっては，基本的な生活習慣の形成を図るとともに，子どもが他の子どもとの関わりの中で他人の存在に気付き，相手を尊重する気持ちをもって行動できるようにし，また，自然や身近な動植物に親しむことなどを通して豊かな心情が育つようにすること。特に，人に対する信頼感や思いやりの気持ちは，葛藤やつまずきをも体験し，それらを乗り越えることにより次第に芽生えてくることに配慮すること。
⑤ 集団の生活を通して，子どもが人との関わりを深め，規範意識の芽生えが培われることを考慮し，子どもが保育士等との信頼関係に支えられて自己を発揮する中で，互いに思いを主張し，折り合いを付ける体験をし，きまりの必要性などに気付き，自分の気持ちを調整する力が育つようにすること。
⑥ 高齢者をはじめ地域の人々などの自分の生活に関係の深いいろいろな人と触れ合い，自分の感情や意志を表現しながら共に楽しみ，共感し合う体験を通して，これらの人々などに親しみをもち，人と関わることの楽しさや人の役に立つ喜びを味わうことができるようにすること。また，生活を通して親や祖父母などの家族の愛情に気付き，家族を大切にしようとする気持ちが育つようにすること。

ウ 環境
周囲の様々な環境に好奇心や探究心をもって関わり，それらを生活に取り入れていこうとする力を養う。
(ア) ねらい
① 身近な環境に親しみ，自然と触れ合う中で様々な事象に興味や関心をもつ。
② 身近な環境に自分から関わり，発見を楽しんだり，考えたりし，それを生活に取り入れようとする。
③ 身近な事象を見たり，考えたり，扱ったりする中で，物の性質や数量，文字などに対する感覚を豊かにする。
(イ) 内容
① 自然に触れて生活し，その大きさ，美しさ，不思議さなどに気付く。

② 生活の中で，様々な物に触れ，その性質や仕組みに興味や関心をもつ。
③ 季節により自然や人間の生活に変化のあることに気付く。
④ 自然などの身近な事象に関心をもち，取り入れて遊ぶ。
⑤ 身近な動植物に親しみをもって接し，生命の尊さに気付き，いたわったり，大切にしたりする。
⑥ 日常生活の中で，我が国や地域社会における様々な文化や伝統に親しむ。
⑦ 身近な物を大切にする。
⑧ 身近な物や遊具に興味をもって関わり，自分なりに比べたり，関連付けたりしながら考えたり，試したりして工夫して遊ぶ。
⑨ 日常生活の中で数量や図形などに関心をもつ。
⑩ 日常生活の中で簡単な標識や文字などに関心をもつ。
⑪ 生活に関係の深い情報や施設などに興味や関心をもつ。
⑫ 保育所内外の行事において国旗に親しむ。
(ウ) 内容の取扱い
　上記の取扱いに当たっては，次の事項に留意する必要がある。
① 子どもが，遊びの中で周囲の環境と関わり，次第に周囲の世界に好奇心を抱き，その意味や操作の仕方に関心をもち，物事の法則性に気付き，自分なりに考えることができるようになる過程を大切にすること。また，他の子どもの考えなどに触れて新しい考えを生み出す喜びや楽しさを味わい，自分の考えをよりよいものにしようとする気持ちが育つようにすること。
② 幼児期において自然のもつ意味は大きく，自然の大きさ，美しさ，不思議さなどに直接触れる体験を通して，子どもの心が安らぎ，豊かな感情，好奇心，思考力，表現力の基礎が培われることを踏まえ，子どもが自然との関わりを深めることができるよう工夫すること。
③ 身近な事象や動植物に対する感動を伝え合い，共感し合うことなどを通して自分から関わろうとする意欲を育てるとともに，様々な関わり方を通してそれらに対する親しみや畏敬の念，生命を大切にする気持ち，公共心，探究心などが養われるようにすること。
④ 文化や伝統に親しむ際には，正月や節句など我が国の伝統的な行事，国歌，唱歌，わらべ

たや我が国の伝統的な遊びに親しんだり，異なる文化に触れる活動に親しんだりすることを通じて，社会とのつながりの意識や国際理解の意識の芽生えなどが養われるようにすること。
⑤ 数量や文字などに関しては，日常生活の中で子ども自身の必要感に基づく体験を大切にし，数量や文字などに関する興味や関心，感覚が養われるようにすること。
エ 言葉
　経験したことや考えたことなどを自分なりの言葉で表現し，相手の話す言葉を聞こうとする意欲や態度を育て，言葉に対する感覚や言葉で表現する力を養う。
(ア) ねらい
① 自分の気持ちを言葉で表現する楽しさを味わう。
② 人の言葉や話などをよく聞き，自分の経験したことや考えたことを話し，伝え合う喜びを味わう。
③ 日常生活に必要な言葉が分かるようになるとともに，絵本や物語などに親しみ，言葉に対する感覚を豊かにし，保育士等や友達と心を通わせる。
(イ) 内容
① 保育士等や友達の言葉や話に興味や関心をもち，親しみをもって聞いたり，話したりする。
② したり，見たり，聞いたり，感じたり，考えたりなどしたことを自分なりに言葉で表現する。
③ したいこと，してほしいことを言葉で表現したり，分からないことを尋ねたりする。
④ 人の話を注意して聞き，相手に分かるように話す。
⑤ 生活の中で必要な言葉が分かり，使う。
⑥ 親しみをもって日常の挨拶をする。
⑦ 生活の中で言葉の楽しさや美しさに気付く。
⑧ いろいろな体験を通じてイメージや言葉を豊かにする。
⑨ 絵本や物語などに親しみ，興味をもって聞き，想像をする楽しさを味わう。
⑩ 日常生活の中で，文字などで伝える楽しさを味わう。
(ウ) 内容の取扱い
　上記の取扱いに当たっては，次の事項に留意する必要がある。
① 言葉は，身近な人に親しみをもって接し，自分の感情や意志などを伝え，それに相手が応答

し、その言葉を聞くことを通して次第に獲得されていくものであることを考慮して、子どもが保育士等や他の子どもと関わることにより心を動かされるような体験をし、言葉を交わす喜びを味わえるようにすること。
② 子どもが自分の思いを言葉で伝えるとともに、保育士等や他の子どもなどの話を興味をもって注意して聞くことを通して次第に話を理解するようになっていき、言葉による伝え合いができるようにすること。
③ 絵本や物語などで、その内容と自分の経験とを結び付けたり、想像を巡らせたりするなど、楽しみを十分に味わうことによって、次第に豊かなイメージをもち、言葉に対する感覚が養われるようにすること。
④ 子どもが生活の中で、言葉の響きやリズム、新しい言葉や表現などに触れ、これらを使う楽しさを味わえるようにすること。その際、絵本や物語に親しんだり、言葉遊びなどをしたりすることを通して、言葉が豊かになるようにすること。
⑤ 子どもが日常生活の中で、文字などを使いながら思ったことや考えたことを伝える喜びや楽しさを味わい、文字に対する興味や関心をもつようにすること。

オ　表現
　感じたことや考えたことを自分なりに表現することを通して、豊かな感性や表現する力を養い、創造性を豊かにする。
　(ア) ねらい
① いろいろなものの美しさなどに対する豊かな感性をもつ。
② 感じたことや考えたことを自分なりに表現して楽しむ。
③ 生活の中でイメージを豊かにし、様々な表現を楽しむ。
　(イ) 内容
① 生活の中で様々な音、形、色、手触り、動きなどに気付いたり、感じたりするなどして楽しむ。
② 生活の中で美しいものや心を動かす出来事に触れ、イメージを豊かにする。
③ 様々な出来事の中で、感動したことを伝え合う楽しさを味わう。
④ 感じたこと、考えたことなどを音や動きなどで表現したり、自由にかいたり、つくったりなどする。

⑤ いろいろな素材に親しみ、工夫して遊ぶ。
⑥ 音楽に親しみ、歌を歌ったり、簡単なリズム楽器を使ったりなどする楽しさを味わう。
⑦ かいたり、つくったりすることを楽しみ、遊びに使ったり、飾ったりなどする。
⑧ 自分のイメージを動きや言葉などで表現したり、演じて遊んだりするなどの楽しさを味わう。
　(ウ) 内容の取扱い
　上記の取扱いに当たっては、次の事項に留意する必要がある。
① 豊かな感性は、身近な環境と十分に関わる中で美しいもの、優れたもの、心を動かす出来事などに出会い、そこから得た感動を他の子どもや保育士等と共有し、様々に表現することなどを通して養われるようにすること。その際、風の音や雨の音、身近にある草や花の形や色など自然の中にある音、形、色などに気付くようにすること。
② 子どもの自己表現は素朴な形で行われることが多いので、保育士等はそのような表現を受容し、子ども自身の表現しようとする意欲を受け止めて、子どもが生活の中で子どもらしい様々な表現を楽しむことができるようにすること。
③ 生活経験や発達に応じ、自ら様々な表現を楽しみ、表現する意欲を十分に発揮させることができるように、遊具や用具などを整えたり、様々な素材や表現の仕方に親しんだり、他の子どもの表現に触れられるよう配慮したりし、表現する過程を大切にして自己表現を楽しめるように工夫すること。
(3) 保育の実施に関わる配慮事項
ア　第1章の4の(2)に示す「幼児期の終わりまでに育ってほしい姿」が、ねらい及び内容に基づく活動全体を通して資質・能力が育まれている子どもの小学校就学時の具体的な姿であることを踏まえ、指導を行う際には適宜考慮すること。
イ　子どもの発達や成長の援助をねらいとした活動の時間については、意識的に保育の計画等において位置付けて、実施することが重要であること。なお、そのような活動の時間については、保護者の就労状況等に応じて子どもが保育所で過ごす時間がそれぞれ異なることに留意して設定すること。
ウ　特に必要な場合には、各領域に示すねらいの趣旨に基づいて、具体的な内容を工夫し、それを加えても差し支えないが、その場合には、それが第1章の1に示す保育所保育に関する基本原則を逸脱しない

よう慎重に配慮する必要があること。
4 保育の実施に関して留意すべき事項
 (1) 保育全般に関わる配慮事項
  ア 子どもの心身の発達及び活動の実態などの個人差を踏まえるとともに、一人一人の子どもの気持ちを受け止め、援助すること。
  イ 子どもの健康は、生理的・身体的な育ちとともに、自主性や社会性、豊かな感性の育ちとがあいまってもたらされることに留意すること。
  ウ 子どもが自ら周囲に働きかけ、試行錯誤しつつ自分の力で行う活動を見守りながら、適切に援助すること。
  エ 子どもの入所時の保育に当たっては、できるだけ個別的に対応し、子どもが安定感を得て、次第に保育所の生活になじんでいくようにするとともに、既に入所している子どもに不安や動揺を与えないようにすること。
  オ 子どもの国籍や文化の違いを認め、互いに尊重する心を育てるようにすること。
  カ 子どもの性差や個人差にも留意しつつ、性別などによる固定的な意識を植え付けることがないようにすること。
 (2) 小学校との連携
  ア 保育所においては、保育所保育が、小学校以降の生活や学習の基盤の育成につながることに配慮し、幼児期にふさわしい生活を通じて、創造的な思考や主体的な生活態度などの基礎を培うようにすること。
  イ 保育所保育において育まれた資質・能力を踏まえ、小学校教育が円滑に行われるよう、小学校教師との意見交換や合同の研究の機会などを設け、第1章の4の(2)に示す「幼児期の終わりまでに育って欲しい姿」を共有するなど連携を図り、保育所保育と小学校教育との円滑な接続を図るよう努めること。
  ウ 子どもに関する情報共有に関して、保育所に入所している子どもの就学に際し、市町村の支援の下に、子どもの育ちを支えるための資料が保育所から小学校へ送付されるようにすること。
 (3) 家庭及び地域社会との連携
  子どもの生活の連続性を踏まえ、家庭及び地域社会と連携して保育が展開されるよう配慮すること。その際、家庭や地域の機関及び団体の協力を得て、地域の自然、高齢者や異年齢の子ども等を含む人材、行事、施設等の地域の資源を積極的に活用し、豊かな生活体験をはじめ保育内容の充実が図られるよう配慮すること。

第3章 健康及び安全

保育所保育において、子どもの健康及び安全の確保は、子どもの生命の保持と健やかな生活の基本であり、一人一人の子どもの健康の保持及び増進並びに安全の確保とともに、保育所全体における健康及び安全の確保に努めることが重要となる。

また、子どもが、自らの体や健康に関心をもち、心身の機能を高めていくことが大切である。

このため、第1章及び第2章等の関連する事項に留意し、次に示す事項を踏まえ、保育を行うこととする。

1 子どもの健康支援
 (1) 子どもの健康状態並びに発育及び発達状態の把握
  ア 子どもの心身の状態に応じて保育するために、子どもの健康状態並びに発育及び発達状態について、定期的・継続的に、また、必要に応じて随時、把握すること。
  イ 保護者からの情報とともに、登所時及び保育中を通じて子どもの状態を観察し、何らかの疾病が疑われる状態や傷害が認められた場合には、保護者に連絡するとともに、嘱託医と相談するなど適切な対応を図ること。看護師等が配置されている場合には、その専門性を生かした対応を図ること。
  ウ 子どもの心身の状態等を観察し、不適切な養育の兆候が見られる場合には、市町村や関係機関と連携し、児童福祉法第25条に基づき、適切な対応を図ること。また、虐待が疑われる場合には、速やかに市町村又は児童相談所に通告し、適切な対応を図ること。
 (2) 健康増進
  ア 子どもの健康に関する保健計画を全体的な計画に基づいて作成し、全職員がそのねらいや内容を踏まえ、一人一人の子どもの健康の保持及び増進に努めていくこと。
  イ 子どもの心身の健康状態や疾病等の把握のために、嘱託医等により定期的に健康診断を行い、その結果を記録し、保育に活用するとともに、保護者が子どもの状態を理解し、日常生活に活用できるようにすること。
 (3) 疾病等への対応
  ア 保育中に体調不良や傷害が発生した場合には、その子どもの状態等に応じて、保護者に連絡するとともに、適宜、嘱託医や子どものかかりつけ医等と相談し、適切な処置を行うこと。看護師等が配置されている場合には、その専門性を生かした対応を図ること。

イ　感染症やその他の疾病の発生予防に努め，その発生や疑いがある場合には，必要に応じて嘱託医，市町村，保健所等に連絡し，その指示に従うとともに，保護者や全職員に連絡し，予防等について協力を求めること。また，感染症に関する保育所の対応方法等について，あらかじめ関係機関の協力を得ておくこと。看護師等が配置されている場合には，その専門性を生かした対応を図ること。

　ウ　アレルギー疾患を有する子どもの保育については，保護者と連携し，医師の診断及び指示に基づき，適切な対応を行うこと。また，食物アレルギーに関して，関係機関と連携して，当該保育所の体制構築など，安全な環境の整備を行うこと。看護師や栄養士等が配置されている場合には，その専門性を生かした対応を図ること。

　エ　子どもの疾病等の事態に備え，医務室等の環境を整え，救急用の薬品，材料等を適切な管理の下に常備し，全職員が対応できるようにしておくこと。

2　食育の推進
(1) 保育所の特性を生かした食育
　ア　保育所における食育は，健康な生活の基本としての「食を営む力」の育成に向け，その基礎を培うことを目標とすること。

　イ　子どもが生活と遊びの中で，意欲をもって食に関わる体験を積み重ね，食べることを楽しみ，食事を楽しみ合う子どもに成長していくことを期待するものであること。

　ウ　乳幼児期にふさわしい食生活が展開され，適切な援助が行われるよう，食事の提供を含む食育計画を全体的な計画に基づいて作成し，その評価及び改善に努めること。栄養士が配置されている場合は，専門性を生かした対応を図ること。

(2) 食育の環境の整備等
　ア　子どもが自らの感覚や体験を通して，自然の恵みとしての食材や食の循環・環境への意識，調理する人への感謝の気持ちが育つように，子どもと調理員等との関わりや，調理室など食に関わる保育環境に配慮すること。

　イ　保護者や地域の多様な関係者との連携及び協働の下で，食に関する取組が進められること。また，市町村の支援の下に，地域の関係機関等との日常的な連携を図り，必要な協力が得られるよう努めること。

　ウ　体調不良，食物アレルギー，障害のある子どもなど，一人一人の子どもの心身の状態等に応じ，嘱託医，かかりつけ医等の指示や協力の下に適切に対応すること。栄養士が配置されている場合は，専門性を生かした対応を図ること。

3　環境及び衛生管理並びに安全管理
(1) 環境及び衛生管理
　ア　施設の温度，湿度，換気，採光，音などの環境を常に適切な状態に保持するとともに，施設内外の設備及び用具等の衛生管理に努めること。

　イ　施設内外の適切な環境の維持に努めるとともに，子ども及び全職員が清潔を保つようにすること。また，職員は衛生知識の向上に努めること。

(2) 事故防止及び安全対策
　ア　保育中の事故防止のために，子どもの心身の状態等を踏まえつつ，施設内外の安全点検に努め，安全対策のために全職員の共通理解や体制づくりを図るとともに，家庭や地域の関係機関の協力の下に安全指導を行うこと。

　イ　事故防止の取組を行う際には，特に，睡眠中，プール活動・水遊び中，食事中等の場面では重大事故が発生しやすいことを踏まえ，子どもの主体的な活動を大切にしつつ，施設内外の環境の配慮や指導の工夫を行うなど，必要な対策を講じること。

　ウ　保育中の事故の発生に備え，施設内外の危険箇所の点検や訓練を実施するとともに，外部からの不審者等の侵入防止のための措置や訓練など不測の事態に備えて必要な対応を行うこと。また，子どもの精神保健面における対応に留意すること。

4　災害への備え
(1) 施設・設備等の安全確保
　ア　防火設備，避難経路等の安全性が確保されるよう，定期的にこれらの安全点検を行うこと。

　イ　備品，遊具等の配置，保管を適切に行い，日頃から，安全環境の整備に努めること。

(2) 災害発生時の対応体制及び避難への備え
　ア　火災や地震などの災害の発生に備え，緊急時の対応の具体的内容及び手順，職員の役割分担，避難訓練計画等に関するマニュアルを作成すること。

　イ　定期的に避難訓練を実施するなど，必要な対応を図ること。

　ウ　災害の発生時に，保護者等への連絡及び子どもの引渡しを円滑に行うため，日頃から保護者との密接な連携に努め，連絡体制や引渡し方法等について確認をしておくこと。

(3) 地域の関係機関等との連携
　ア　市町村の支援の下に，地域の関係機関との日常的な連携を図り，必要な協力が得られるよう努めること。

　イ　避難訓練については，地域の関係機関や保護者との連携の下に行うなど工夫すること。

第4章　子育て支援

保育所における保護者に対する子育て支援は，全ての子どもの健やかな育ちを実現することができるよう，第1章及び第2章等の関連する事項を踏まえ，子どもの育ちを家庭と連携して支援していくとともに，保護者及び地域が有する子育てを自ら実践する力の向上に資するよう，次の事項に留意するものとする。

1　保育所における子育て支援に関する基本的事項
　(1) 保育所の特性を生かした子育て支援
　　ア　保護者に対する子育て支援を行う際には，各地域や家庭の実態等を踏まえるとともに，保護者の気持ちを受け止め，相互の信頼関係を基本に，保護者の自己決定を尊重すること。
　　イ　保育及び子育てに関する知識や技術など，保育士等の専門性や，子どもが常に存在する環境など，保育所の特性を生かし，保護者が子どもの成長に気付き子育ての喜びを感じられるように努めること。
　(2) 子育て支援に関して留意すべき事項
　　ア　保護者に対する子育て支援における地域の関係機関等との連携及び協働を図り，保育所全体の体制構築に努めること。
　　イ　子どもの利益に反しない限りにおいて，保護者や子どものプライバシーを保護し，知り得た事柄の秘密を保持すること。
2　保育所を利用している保護者に対する子育て支援
　(1) 保護者との相互理解
　　ア　日常の保育に関連した様々な機会を活用し子どもの日々の様子の伝達や収集，保育所保育の意図の説明などを通じて，保護者との相互理解を図るよう努めること。
　　イ　保育の活動に対する保護者の積極的な参加は，保護者の子育てを自ら実践する力の向上に寄与することから，これを促すこと。
　(2) 保護者の状況に配慮した個別の支援
　　ア　保護者の就労と子育ての両立等を支援するため，保護者の多様化した保育の需要に応じ，病児保育事業など多様な事業を実施する場合には，保護者の状況に配慮するとともに，子どもの福祉が尊重されるよう努め，子どもの生活の連続性を考慮すること。
　　イ　子どもに障害や発達上の課題が見られる場合には，市町村や関係機関と連携及び協力を図りつつ，保護者に対する個別の支援を行うよう努めること。
　　ウ　外国籍家庭など，特別な配慮を必要とする家庭の場合には，状況等に応じて個別の支援を行うよう努めること。
　(3) 不適切な養育等が疑われる家庭への支援
　　ア　保護者に育児不安等が見られる場合には，保護者の希望に応じて個別の支援を行うよう努めること。
　　イ　保護者に不適切な養育等が疑われる場合には，市町村や関係機関と連携し，要保護児童対策地域協議会で検討するなど適切な対応を図ること。また，虐待が疑われる場合には，速やかに市町村又は児童相談所に通告し，適切な対応を図ること。
3　地域の保護者等に対する子育て支援
　(1) 地域に開かれた子育て支援
　　ア　保育所は，児童福祉法第48条の4の規定に基づき，その行う保育に支障がない限りにおいて，地域の実情や当該保育所の体制等を踏まえ，地域の保護者等に対して，保育所保育の専門性を生かした子育て支援を積極的に行うよう努めること。
　　イ　地域の子どもに対する一時預かり事業などの活動を行う際には，一人一人の子どもの心身の状態などを考慮するとともに，日常の保育との関連に配慮するなど，柔軟に活動を展開できるようにすること。
　(2) 地域の関係機関等との連携
　　ア　市町村の支援を得て，地域の関係機関等との積極的な連携及び協働を図るとともに，子育て支援に関する地域の人材と積極的に連携を図るよう努めること。
　　イ　地域の要保護児童への対応など，地域の子どもを巡る諸課題に対し，要保護児童対策地域協議会など関係機関等と連携及び協力して取り組むよう努めること。

第5章　職員の資質向上

第1章から前章までに示された事項を踏まえ，保育所は，質の高い保育を展開するため，絶えず，一人一人の職員についての資質向上及び職員全体の専門性の向上を図るよう努めなければならない。

1　職員の資質向上に関する基本的事項
　(1) 保育所職員に求められる専門性
　　　子どもの最善の利益を考慮し，人権に配慮した保育を行うためには，職員一人一人の倫理観，人間性並びに保育所職員としての職務及び責任の理解と自覚が基盤となる。
　　　各職員は，自己評価に基づく課題等を踏まえ，保育所内外の研修等を通じて，保育士・看護師・調理員・栄養士等，それぞれの職務内容に応じた専門性を高めるため，必要な知識及び技術の修得，維持及び向上に努めなければならない。
　(2) 保育の質の向上に向けた組織的な取組

保育所においては，保育の内容等に関する自己評価等を通じて把握した，保育の質の向上に向けた課題に組織的に対応するため，保育内容の改善や保育士等の役割分担の見直し等に取り組むとともに，それぞれの職位や職務内容等に応じて，各職員が必要な知識及び技能を身につけられるよう努めなければならない。

2 施設長の責務
(1) 施設長の責務と専門性の向上
　施設長は，保育所の役割や社会的責任を遂行するために，法令等を遵守し，保育所を取り巻く社会情勢等を踏まえ，施設長としての専門性等の向上に努め，当該保育所における保育の質及び職員の専門性向上のために必要な環境の確保に努めなければならない。
(2) 職員の研修機会の確保等
　施設長は，保育所の全体的な計画や，各職員の研修の必要性等を踏まえて，体系的・計画的な研修機会を確保するとともに，職員の勤務体制の工夫等により，職員が計画的に研修等に参加し，その専門性の向上が図られるよう努めなければならない。

3 職員の研修等
(1) 職場における研修
　職員が日々の保育実践を通じて，必要な知識及び技術の修得，維持及び向上を図るとともに，保育の課題等への共通理解や協働性を高め，保育所全体としての保育の質の向上を図っていくためには，日常的に職員同士が主体的に学び合う姿勢と環境が重要であり，職場内での研修の充実が図られなければならない。
(2) 外部研修の活用
　各保育所における保育の課題への的確な対応や，保育士等の専門性の向上を図るためには，職場内での研修に加え，関係機関等による研修の活用が有効であることから，必要に応じて，こうした外部研修への参加機会が確保されるよう努めなければならない。

4 研修の実施体制等
(1) 体系的な研修計画の作成
　保育所においては，当該保育所における保育の課題や各職員のキャリアパス等も見据えて，初任者から管理職員までの職位や職務内容等を踏まえた体系的な研修計画を作成しなければならない。
(2) 組織内での研修成果の活用
　外部研修に参加する職員は，自らの専門性の向上を図るとともに，保育所における保育の課題を理解し，その解決を実践できる力を身に付けることが重要である。また，研修で得た知識及び技能を他の職員と共有することにより，保育所全体としての保育実践の質及び専門性の向上につなげていくことが求められる。
(3) 研修の実施に関する留意事項
　施設長等は保育所全体としての保育実践の質及び専門性の向上のために，研修の受講は特定の職員に偏ることなく行われるよう，配慮する必要がある。また，研修を修了した職員については，その職務内容等において，当該研修の成果等が適切に勘案されることが望ましい。

資料　幼保連携型認定こども園教育・保育要領

（平成29年3月31内閣府・文部科学省・厚生労働省告示第1号）
（平成30年4月1日から施行）

　　第1章　総則

第1　幼保連携型認定こども園における教育及び保育の基本及び目標等
　1　幼保連携型認定こども園における教育及び保育の基本

　　乳幼児期の教育及び保育は，子どもの健全な心身の発達を図りつつ生涯にわたる人格形成の基礎を培う重要なものであり，幼保連携型認定こども園における教育及び保育は，就学前の子どもに関する教育，保育等の総合的な提供の推進に関する法律（平成18年法律第77号。以下「認定こども園法」という。）第2条第7項に規定する目的及び第9条に掲げる目標を達成するため，乳幼児期全体を通して，その特性及び保護者や地域の実態を踏まえ，環境を通して行うものであることを基本とし，家庭や地域での生活を含めた園児の生活全体が豊かなものとなるように努めなければならない。

　　このため保育教諭等は，園児との信頼関係を十分に築き，園児が自ら安心して身近な環境に主体的に関わり，環境との関わり方や意味に気付き，これらを取り込もうとして，試行錯誤したり，考えたりするようになる幼児期の教育における見方・考え方を生かし，その活動が豊かに展開されるよう環境を整え，園児と共によりよい教育及び保育の環境を創造するように努めるものとする。これらを踏まえ，次に示す事項を重視して教育及び保育を行わなければならない。
　(1) 乳幼児期は周囲への依存を基盤にしつつ自立に向かうものであることを考慮して，周囲との信頼関係に支えられた生活の中で，園児一人一人が安心感と信頼感をもっていろいろな活動に取り組む体験を十分に積み重ねられるようにすること。
　(2) 乳幼児期においては生命の保持が図られ安定した情緒の下で自己を十分に発揮することにより発達に必要な体験を得ていくものであることを考慮して，園児の主体的な活動を促し，乳幼児期にふさわしい生活が展開されるようにすること。
　(3) 乳幼児期における自発的な活動としての遊びは，心身の調和のとれた発達の基礎を培う重要な学習であることを考慮して，遊びを通しての指導を中心として第2章に示すねらいが総合的に達成されるようにすること。
　(4) 乳幼児期における発達は，心身の諸側面が相互に関連し合い，多様な経過をたどって成し遂げられていくものであること，また，園児の生活経験がそれぞれ異なることなどを考慮して，園児一人一人の特性や発達の過程に応じ，発達の課題に即した指導を行うようにすること。

　　その際，保育教諭等は，園児の主体的な活動が確保されるよう，園児一人一人の行動の理解と予想に基づき，計画的に環境を構成しなければならない。この場合において，保育教諭等は，園児と人やものとの関わりが重要であることを踏まえ，教材を工夫し，物的・空間的環境を構成しなければならない。また，園児一人一人の活動の場面に応じて，様々な役割を果たし，その活動を豊かにしなければならない。

　　なお，幼保連携型認定こども園における教育及び保育は，園児が入園してから修了するまでの在園期間全体を通して行われるものであり，この章の第3に示す幼保連携型認定こども園として特に配慮すべき事項を十分に踏まえて行うものとする。

　2　幼保連携型認定こども園における教育及び保育の目標

　　幼保連携型認定こども園は，家庭との連携を図りながら，この章の第1の1に示す幼保連携型認定こども園における教育及び保育の基本に基づいて一体的に展開される幼保連携型認定こども園における生活を通して，生きる力の基礎を育成するよう認定こども園法第9条に規定する幼保連携型認定こども園の教育及び保育の目標の達成に努めなければならない。幼保連携型認定こども園は，このことにより，義務教育及びその後の教育の基礎を培うとともに，子どもの最善の利益を考慮しつつ，その生活を保障し，保護者と共に園児を心身ともに健やかに育成するものとする。

　　なお，認定こども園法第9条に規定する幼保連携型認定こども園の教育及び保育の目標については，発達や学びの連続性及び生活の連続性の観点から，小学校就学の始期に達するまでの時期を通じ，その達成に向けて努力すべき目当てとなるものであることから，満3歳未満の園児の保育にも当てはまることに留意するものとする。

　3　幼保連携型認定こども園の教育及び保育において育みたい資質・能力及び「幼児期の終わりまでに育ってほしい姿」
　(1) 幼保連携型認定こども園においては，生きる力の基礎を育むため，この章の1に示す幼保連携型認定こども園の教育及び保育の基本を踏まえ，次に掲げる資質・能力を一体的に育むよう努めるものとす

る。
　ア　豊かな体験を通じて，感じたり，気付いたり，分かったり，できるようになったりする「知識及び技能の基礎」
　イ　気付いたことや，できるようになったことなどを使い，考えたり，試したり，工夫したり，表現したりする「思考力，判断力，表現力等の基礎」
　ウ　心情，意欲，態度が育つ中で，よりよい生活を営もうとする「学びに向かう力，人間性等」
(2)　(1)に示す資質・能力は，第2章に示すねらい及び内容に基づく活動全体によって育むものである。
(3)　次に示す「幼児期の終わりまでに育ってほしい姿」は，第2章に示すねらい及び内容に基づく活動全体を通して資質・能力が育まれている園児の幼保連携型認定こども園修了時の具体的な姿であり，保育教諭等が指導を行う際に考慮するものである。
　ア　健康な心と体
　　　幼保連携型認定こども園における生活の中で，充実感をもって自分のやりたいことに向かって心と体を十分に働かせ，見通しをもって行動し，自ら健康で安全な生活をつくり出すようになる。
　イ　自立心
　　　身近な環境に主体的に関わり様々な活動を楽しむ中で，しなければならないことを自覚し，自分の力で行うために考えたり，工夫したりしながら，諦めずにやり遂げることで達成感を味わい，自信をもって行動するようになる。
　ウ　協同性
　　　友達と関わる中で，互いの思いや考えなどを共有し，共通の目的の実現に向けて，考えたり，工夫したり，協力したりし，充実感をもってやり遂げるようになる。
　エ　道徳性・規範意識の芽生え
　　　友達と様々な体験を重ねる中で，してよいことや悪いことが分かり，自分の行動を振り返ったり，友達の気持ちに共感したりし，相手の立場に立って行動するようになる。また，きまりを守る必要性が分かり，自分の気持ちを調整し，友達と折り合いを付けながら，きまりをつくったり，守ったりするようになる。
　オ　社会生活との関わり
　　　家族を大切にしようとする気持ちをもつとともに，地域の身近な人と触れ合う中で，人との様々な関わり方に気付き，相手の気持ちを考えて関わり，自分が役に立つ喜びを感じ，地域に親しみをもつようになる。また，幼保連携型認定こども園内外の様々な環境に関わる中で，遊びや生活に必要な情報を取り入れ，情報に基づき判断したり，情報を伝え合ったり，活用したりするなど，情報を役立てながら活動するようになるとともに，公共の施設を大切に利用するなどして，社会とのつながりなどを意識するようになる。
　カ　思考力の芽生え
　　　身近な事象に積極的に関わる中で，物の性質や仕組みなどを感じ取ったり，気付いたりし，考えたり，予想したり，工夫したりするなど，多様な関わりを楽しむようになる。また，友達の様々な考えに触れる中で，自分と異なる考えがあることに気付き，自ら判断したり，考え直したりするなど，新しい考えを生み出す喜びを味わいながら，自分の考えをよりよいものにするようになる。
　キ　自然との関わり・生命尊重
　　　自然に触れて感動する体験を通して，自然の変化などを感じ取り，好奇心や探究心をもって考え言葉などで表現しながら，身近な事象への関心が高まるとともに，自然への愛情や畏敬の念をもつようになる。また，身近な動植物に心を動かされる中で，生命の不思議さや尊さに気付き，身近な動植物への接し方を考え，命あるものとしていたわり，大切にする気持ちをもって関わるようになる。
　ク　数量や図形，標識や文字などへの関心・感覚
　　　遊びや生活の中で，数量や図形，標識や文字などに親しむ体験を重ねたり，標識や文字の役割に気付いたりし，自らの必要感に基づきこれらを活用し，興味や関心，感覚をもつようになる。
　ケ　言葉による伝え合い
　　　保育教諭等や友達と心を通わせる中で，絵本や物語などに親しみながら，豊かな言葉や表現を身に付け，経験したことや考えたことなどを言葉で伝えたり，相手の話を注意して聞いたりし，言葉による伝え合いを楽しむようになる。
　コ　豊かな感性と表現
　　　心を動かす出来事などに触れ感性を働かせる中で，様々な素材の特徴や表現の仕方などに気付き，感じたことや考えたことを自分で表現したり，友達同士で表現する過程を楽しんだりし，表現する喜びを味わい，意欲をもつようになる。

第2　教育及び保育の内容並びに子育ての支援等に関する全体的な計画等
　1　教育及び保育の内容並びに子育ての支援等に関する全体的な計画の作成等
　(1)　教育及び保育の内容並びに子育ての支援等に関す

る全体的な計画の役割

　各幼保連携型認定こども園においては，教育基本法（平成18年法律第120号），児童福祉法（昭和22年法律第164号）及び認定こども園法その他の法令並びにこの幼保連携型認定こども園教育・保育要領の示すところに従い，教育と保育を一体的に提供するため，創意工夫を生かし，園児の心身の発達と幼保連携型認定こども園，家庭及び地域の実態に即応した適切な教育及び保育の内容並びに子育ての支援等に関する全体的な計画を作成するものとする。

　教育及び保育の内容並びに子育ての支援等に関する全体的な計画とは，教育と保育を一体的に捉え，園児の入園から修了までの在園期間の全体にわたり，幼保連携型認定こども園の目標に向かってどのような過程をたどって教育及び保育を進めていくかを明らかにするものであり，子育ての支援と有機的に連携し，園児の園生活全体を捉え，作成する計画である。

　各幼保連携型認定こども園においては，「幼児期の終わりまでに育ってほしい姿」を踏まえ教育及び保育の内容並びに子育ての支援等に関する全体的な計画を作成すること，その実施状況を評価して改善を図っていくこと，また実施に必要な人的又は物的な体制を確保するとともにその改善を図っていくことなどを通して，教育及び保育の内容並びに子育ての支援等に関する全体的な計画に基づき組織的かつ計画的に各幼保連携型認定こども園の教育及び保育活動の質の向上を図っていくこと（以下「カリキュラム・マネジメント」という。）に努めるものとする。

(2) 各幼保連携型認定こども園の教育及び保育の目標と教育及び保育の内容並びに子育ての支援等に関する全体的な計画の作成

　教育及び保育の内容並びに子育ての支援等に関する全体的な計画の作成に当たっては，幼保連携型認定こども園の教育及び保育において育みたい資質・能力を踏まえつつ，各幼保連携型認定こども園の教育及び保育の目標を明確にするとともに，教育及び保育の内容並びに子育ての支援等に関する全体的な計画の作成についての基本的な方針が家庭や地域とも共有されるよう努めるものとする。

(3) 教育及び保育の内容並びに子育ての支援等に関する全体的な計画の作成上の基本的事項

　ア　幼保連携型認定こども園における生活の全体を通して第2章に示すねらいが総合的に達成されるよう，教育課程に係る教育期間や園児の生活経験や発達の過程などを考慮して具体的なねらいと内容を組織するものとする。この場合においては，特に，自我が芽生え，他者の存在を意識し，自己を抑制しようとする気持ちが生まれるなどの乳幼児期の発達の特性を踏まえ，入園から修了に至るまでの長期的な視野をもって充実した生活が展開できるように配慮するものとする。

　イ　幼保連携型認定こども園の満3歳以上の園児の教育課程に係る教育週数は，特別の事情のある場合を除き，39週を下ってはならない。

　ウ　幼保連携型認定こども園の1日の教育課程に係る教育時間は，4時間を標準とする。ただし，園児の心身の発達の程度や季節などに適切に配慮するものとする。

　エ　幼保連携型認定こども園の保育を必要とする子どもに該当する園児に対する教育及び保育の時間（満3歳以上の保育を必要とする子どもに該当する園児については，この章の第2の1の(3)ウに規定する教育時間を含む。）は，1日につき8時間を原則とし，園長がこれを定める。ただし，その地方における園児の保護者の労働時間その他家庭の状況等を考慮するものとする。

(4) 教育及び保育の内容並びに子育ての支援等に関する全体的な計画の実施上の留意事項

　各幼保連携型認定こども園においては，園長の方針の下に，園務分掌に基づき保育教諭等職員が適切に役割を分担しつつ，相互に連携しながら，教育及び保育の内容並びに子育ての支援等に関する全体的な計画や指導の改善を図るものとする。また，各幼保連携型認定こども園が行う教育及び保育等に係る評価については，教育及び保育の内容並びに子育ての支援等に関する全体的な計画の作成，実施，改善が教育及び保育活動や園運営の中核となることを踏まえ，カリキュラム・マネジメントと関連付けながら実施するよう留意するものとする。

(5) 小学校教育との接続に当たっての留意事項

　ア　幼保連携型認定こども園においては，その教育及び保育が，小学校以降の生活や学習の基盤の育成につながることに配慮し，乳幼児期にふさわしい生活を通して，創造的な思考や主体的な生活態度などの基礎を培うようにするものとする。

　イ　幼保連携型認定こども園の教育及び保育において育まれた資質・能力を踏まえ，小学校教育が円滑に行われるよう，小学校の教師との意見交換や合同の研究の機会などを設け，「幼児期の終わりまでに育ってほしい姿」を共有するなど連携を図り，幼保連携型認定こども園における教育及び保

育と小学校教育との円滑な接続を図るよう努めるものとする。
2 指導計画の作成と園児の理解に基づいた評価
(1) 指導計画の考え方
　幼保連携型認定こども園における教育及び保育は，園児が自ら意欲をもって環境と関わることによりつくり出される具体的な活動を通して，その目標の達成を図るものである。
　幼保連携型認定こども園においてはこのことを踏まえ，乳幼児期にふさわしい生活が展開され，適切な指導が行われるよう，調和のとれた組織的，発展的な指導計画を作成し，園児の活動に沿った柔軟な指導を行わなければならない。
(2) 指導計画の作成上の基本的事項
　ア　指導計画は，園児の発達に即して園児一人一人が乳幼児期にふさわしい生活を展開し，必要な体験を得られるようにするために，具体的に作成するものとする。
　イ　指導計画の作成に当たっては，次に示すところにより，具体的なねらい及び内容を明確に設定し，適切な環境を構成することなどにより活動が選択・展開されるようにするものとする。
(ア)　具体的なねらい及び内容は，幼保連携型認定こども園の生活における園児の発達の過程を見通し，園児の生活の連続性，季節の変化などを考慮して，園児の興味や関心，発達の実情などに応じて設定すること。
(イ)　環境は，具体的なねらいを達成するために適切なものとなるように構成し，園児が自らその環境に関わることにより様々な活動を展開しつつ必要な体験を得られるようにすること。その際，園児の生活する姿や発想を大切にし，常にその環境が適切なものとなるようにすること。
(ウ)　園児の行う具体的な活動は，生活の流れの中で様々に変化するものであることに留意し，園児が望ましい方向に向かって自ら活動を展開していくことができるよう必要な援助をすること。
　　その際，園児の実態及び園児を取り巻く状況の変化などに即して指導の過程についての評価を適切に行い，常に指導計画の改善を図るものとする。
(3) 指導計画の作成上の留意事項
　指導計画の作成に当たっては，次の事項に留意するものとする。
　ア　園児の生活は，入園当初の一人一人の遊びや保育教諭等との触れ合いを通して幼保連携型認定こども園の生活に親しみ，安定していく時期から，他の園児との関わりの中で園児の主体的な活動が深まり，園児が互いに必要な存在であることを認識するようになる。その後，園児同士や学級全体で目的をもって協同して幼保連携型認定こども園の生活を展開し，深めていく時期などに至るまでの過程を様々に経ながら広げられていくものである。これらを考慮し，活動がそれぞれの時期にふさわしく展開されるようにすること。
　　また，園児の入園当初の教育及び保育に当たっては，既に在園している園児に不安や動揺を与えないようにしつつ，可能な限り個別的に対応し，園児が安定感を得て，次第に幼保連携型認定こども園の生活になじんでいくよう配慮すること。
　イ　長期的に発達を見通した年，学期，月などにわたる長期の指導計画やこれとの関連を保ちながらより具体的な園児の生活に即した週，日などの短期の指導計画を作成し，適切な指導が行われるようにすること。特に，週，日などの短期の指導計画については，園児の生活のリズムに配慮し，園児の意識や興味の連続性のある活動が相互に関連して幼保連携型認定こども園の生活の自然な流れの中に組み込まれるようにすること。
　ウ　園児が様々な人やものとの関わりを通して，多様な体験をし，心身の調和のとれた発達を促すようにしていくこと。その際，園児の発達に即して主体的・対話的で深い学びが実現するようにするとともに，心を動かされる体験が次の活動を生み出すことを考慮し，一つ一つの体験が相互に結び付き，幼保連携型認定こども園の生活が充実するようにすること。
　エ　言語に関する能力の発達と思考力等の発達が関連していることを踏まえ，幼保連携型認定こども園における生活全体を通して，園児の発達を踏まえた言語環境を整え，言語活動の充実を図ること。
　オ　園児が次の活動への期待や意欲をもつことができるよう，園児の実態を踏まえながら，保育教諭等や他の園児と共に遊びや生活の中で見通しをもったり，振り返ったりするよう工夫すること。
　カ　行事の指導に当たっては，幼保連携型認定こども園の生活の自然な流れの中で生活に変化や潤いを与え，園児が主体的に楽しく活動できるようにすること。なお，それぞれの行事については教育及び保育における価値を十分検討し，適切なものを精選し，園児の負担にならないようにすること。
　キ　乳幼児期は直接的な体験が重要であることを踏

まえ，視聴覚教材やコンピュータなど情報機器を活用する際には，幼保連携型認定こども園の生活では得難い体験を補完するなど，園児の体験との関連を考慮すること。
ク　園児の主体的な活動を促すためには，保育教諭等が多様な関わりをもつことが重要であることを踏まえ，保育教諭等は，理解者，共同作業者など様々な役割を果たし，園児の情緒の安定や発達に必要な豊かな体験が得られるよう，活動の場面に応じて，園児の人権や園児一人一人の個人差等に配慮した適切な指導を行うようにすること。
ケ　園児の行う活動は，個人，グループ，学級全体などで多様に展開されるものであることを踏まえ，幼保連携型認定こども園全体の職員による協力体制を作りながら，園児一人一人が興味や欲求を十分に満足させるよう適切な援助を行うようにすること。
コ　園児の生活は，家庭を基盤として地域社会を通じて次第に広がりをもつものであることに留意し，家庭との連携を十分に図るなど，幼保連携型認定こども園における生活が家庭や地域社会と連続性を保ちつつ展開されるようにするものとする。その際，地域の自然，高齢者や異年齢の子どもなどを含む人材，行事や公共施設などの地域の資源を積極的に活用し，園児が豊かな生活体験を得られるように工夫するものとする。また，家庭との連携に当たっては，保護者との情報交換の機会を設けたり，保護者と園児との活動の機会を設けたりなどすることを通じて，保護者の乳幼児期の教育及び保育に関する理解が深まるよう配慮するものとする。
サ　地域や幼保連携型認定こども園の実態等により，幼保連携型認定こども園間に加え，幼稚園，保育所等の保育施設，小学校，中学校，高等学校及び特別支援学校などとの間の連携や交流を図るものとする。特に，小学校教育との円滑な接続のため，幼保連携型認定こども園の園児と小学校の児童との交流の機会を積極的に設けるようにするものとする。また，障害のある園児児童生徒との交流及び共同学習の機会を設け，共に尊重し合いながら協働して生活していく態度を育むよう努めるものとする。
(4) 園児の理解に基づいた評価の実施
　園児一人一人の発達の理解に基づいた評価の実施に当たっては，次の事項に配慮するものとする。
ア　指導の過程を振り返りながら園児の理解を進め，園児一人一人のよさや可能性などを把握し，

指導の改善に生かすようにすること。その際，他の園児との比較や一定の基準に対する達成度についての評定によって捉えるものではないことに留意すること。
イ　評価の妥当性や信頼性が高められるよう創意工夫を行い，組織的かつ計画的な取組を推進するとともに，次年度又は小学校等にその内容が適切に引き継がれるようにすること。
3　特別な配慮を必要とする園児への指導
(1) 障害のある園児などへの指導
　障害のある園児などへの指導に当たっては，集団の中で生活することを通して全体的な発達を促していくことに配慮し，適切な環境の下で，障害のある園児が他の園児との生活を通して共に成長できるよう，特別支援学校などの助言又は援助を活用しつつ，個々の園児の障害の状態などに応じた指導内容や指導方法の工夫を組織的かつ計画的に行うものとする。また，家庭，地域及び医療や福祉，保健等の業務を行う関係機関との連携を図り，長期的な視点で園児への教育及び保育的支援を行うために，個別の教育及び保育支援計画を作成し活用することに努めるとともに，個々の園児の実態を的確に把握し，個別の指導計画を作成し活用することに努めるものとする。
(2) 海外から帰国した園児や生活に必要な日本語の習得に困難のある園児の幼保連携型認定こども園の生活への適応
　海外から帰国した園児や生活に必要な日本語の習得に困難のある園児については，安心して自己を発揮できるよう配慮するなど個々の園児の実態に応じ，指導内容や指導方法の工夫を組織的かつ計画的に行うものとする。

第3　幼保連携型認定こども園として特に配慮すべき事項
　幼保連携型認定こども園における教育及び保育を行うに当たっては，次の事項について特に配慮しなければならない。
1　当該幼保連携型認定こども園に入園した年齢により集団生活の経験年数が異なる園児がいることに配慮する等，0歳から小学校就学前までの一貫した教育及び保育を園児の発達や学びの連続性を考慮して展開していくこと。特に満3歳以上については入園する園児が多いことや同一学年の園児で編制される学級の中で生活することなどを踏まえ，家庭や他の保育施設等との連携や引継ぎを円滑に行うとともに，環境の工夫をすること。
2　園児の一日の生活の連続性及びリズムの多様性に配

慮するとともに，保護者の生活形態を反映した園児の在園時間の長短，入園時期や登園日数の違いを踏まえ，園児一人一人の状況に応じ，教育及び保育の内容やその展開について工夫をすること。特に入園及び年度当初においては，家庭との連携の下，園児一人一人の生活の仕方やリズムに十分に配慮して一日の自然な生活の流れをつくり出していくようにすること。

3 環境を通して行う教育及び保育の活動の充実を図るため，幼保連携型認定こども園における教育及び保育の環境の構成に当たっては，乳幼児期の特性及び保護者や地域の実態を踏まえ，次の事項に留意すること。

(1) 0歳から小学校就学前までの様々な年齢の園児の発達の特性を踏まえ，満3歳未満の園児については特に健康，安全や発達の確保を十分に図るとともに，満3歳以上の園児については同一学年の園児で編制される学級による集団活動の中で遊びを中心とする園児の主体的な活動を通して発達や学びを促す経験が得られるよう工夫をすること。特に，満3歳以上の園児同士が共に育ち，学び合いながら，豊かな体験を積み重ねることができるよう工夫をすること。

(2) 在園時間が異なる多様な園児がいることを踏まえ，園児の生活が安定するよう，家庭や地域，幼保連携型認定こども園における生活の連続性を確保するとともに，一日の生活のリズムを整えるよう工夫をすること。特に満3歳未満の園児については睡眠時間等の個人差に配慮するとともに，満3歳以上の園児については集中して遊ぶ場と家庭的な雰囲気の中でくつろぐ場との適切な調和等の工夫をすること。

(3) 家庭や地域において異年齢の子どもと関わる機会が減少していることを踏まえ，満3歳以上の園児については，学級による集団活動とともに，満3歳未満の園児を含む異年齢の園児による活動を，園児の発達の状況にも配慮しつつ適切に組み合わせて設定するなどの工夫をすること。

(4) 満3歳以上の園児については，特に長期的な休業中，園児が過ごす家庭や園などの生活の場が異なることを踏まえ，それぞれの多様な生活経験が長期的な休業などの終了後等の園生活に生かされるよう工夫をすること。

4 指導計画を作成する際には，この章に示す指導計画の作成上の留意事項を踏まえるとともに，次の事項にも特に配慮すること。

(1) 園児の発達の個人差，入園した年齢の違いなどによる集団生活の経験年数の差，家庭環境等を踏まえ，園児一人一人の発達の特性や課題に十分留意すること。特に満3歳未満の園児については，大人への依存度が極めて高い等の特性があることから，個別的な対応を図ること。また，園児の集団生活への円滑な接続について，家庭等との連携及び協力を図る等十分留意すること。

(2) 園児の発達の連続性を考慮した教育及び保育を展開する際には，次の事項に留意すること。

ア 満3歳未満の園児については，園児一人一人の生育歴，心身の発達，活動の実態等に即して，個別的な計画を作成すること。

イ 満3歳以上の園児については，個の成長と，園児相互の関係や協同的な活動が促されるよう考慮すること。

ウ 異年齢で構成されるグループ等での指導に当たっては，園児一人一人の生活や経験，発達の過程などを把握し，適切な指導や環境の構成ができるよう考慮すること。

(3) 一日の生活のリズムや在園時間が異なる園児が共に過ごすことを踏まえ，活動と休息，緊張感と解放感等の調和を図るとともに，園児に不安や動揺を与えないようにする等の配慮を行うこと。その際，担当の保育教諭等が替わる場合には，園児の様子等引継ぎを行い，十分な連携を図ること。

(4) 午睡は生活のリズムを構成する重要な要素であり，安心して眠ることのできる安全な午睡環境を確保するとともに，在園時間が異なることや，睡眠時間は園児の発達の状況や個人によって差があることから，一律とならないよう配慮すること。

(5) 長時間にわたる教育及び保育については，園児の発達の過程，生活のリズム及び心身の状態に十分配慮して，保育の内容や方法，職員の協力体制，家庭との連携などを指導計画に位置付けること。

5 生命の保持や情緒の安定を図るなど養護の行き届いた環境の下，幼保連携型認定こども園における教育及び保育を展開すること。

(1) 園児一人一人が，快適にかつ健康で安全に過ごせるようにするとともに，その生理的欲求が十分に満たされ，健康増進が積極的に図られるようにするため，次の事項に留意すること。

ア 園児一人一人の平常の健康状態や発育及び発達の状態を的確に把握し，異常を感じる場合は，速やかに適切に対応すること。

イ 家庭との連携を密にし，学校医等との連携を図りながら，園児の疾病や事故防止に関する認識を深め，保健的で安全な環境の維持及び向上に努めること。

ウ 清潔で安全な環境を整え，適切な援助や応答的

な関わりを通して，園児の生理的欲求を満たしていくこと。また，家庭と協力しながら，園児の発達の過程等に応じた適切な生活のリズムがつくられていくようにすること。
　エ　園児の発達の過程等に応じて，適切な運動と休息をとることができるようにすること。また，食事，排泄，睡眠，衣類の着脱，身の回りを清潔にすることなどについて，園児が意欲的に生活できるよう適切に援助すること。
(2) 園児一人一人が安定感をもって過ごし，自分の気持ちを安心して表すことができるようにするとともに，周囲から主体として受け止められ主体として育ち，自分を肯定する気持ちが育まれていくようにし，くつろいで共に過ごし，心身の疲れが癒やされるようにするため，次の事項に留意すること。
　ア　園児一人一人の置かれている状態や発達の過程などを的確に把握し，園児の欲求を適切に満たしながら，応答的な触れ合いや言葉掛けを行うこと。
　イ　園児一人一人の気持ちを受容し，共感しながら，園児との継続的な信頼関係を築いていくこと。
　ウ　保育教諭等との信頼関係を基盤に，園児一人一人が主体的に活動し，自発性や探索意欲などを高めるとともに，自分への自信をもつことができるよう成長の過程を見守り，適切に働き掛けること。
　エ　園児一人一人の生活のリズム，発達の過程，在園時間などに応じて，活動内容のバランスや調和を図りながら，適切な食事や休息がとれるようにすること。
6　園児の健康及び安全は，園児の生命の保持と健やかな生活の基本であり，幼保連携型認定こども園の生活全体を通して健康や安全に関する管理や指導，食育の推進等に十分留意すること。
7　保護者に対する子育ての支援に当たっては，この章に示す幼保連携型認定こども園における教育及び保育の基本及び目標を踏まえ，子どもに対する学校としての教育及び児童福祉施設としての保育並びに保護者に対する子育ての支援について相互に有機的な連携が図られるようにすること。また，幼保連携型認定こども園の目的の達成に資するため，保護者が子どもの成長に気付き子育ての喜びが感じられるよう，幼保連携型認定こども園の特性を生かした子育ての支援に努めること。

第2章　ねらい及び内容並びに配慮事項

　この章に示すねらいは，幼保連携型認定こども園の教育及び保育において育みたい資質・能力を園児の生活する姿から捉えたものであり，内容は，ねらいを達成するために指導する事項である。各視点や領域は，この時期の発達の特徴を踏まえ，教育及び保育のねらい及び内容を乳幼児の発達の側面から，乳児は三つの視点として，幼児は五つの領域としてまとめ，示したものである。内容の取扱いは，園児の発達を踏まえた指導を行うに当たって留意すべき事項である。

　各視点や領域に示すねらいは，幼保連携型認定こども園における生活の全体を通じ，園児が様々な体験を積み重ねる中で相互に関連をもちながら次第に達成に向かうものであること，内容は，園児が環境に関わって展開する具体的な活動を通して総合的に指導されるものであることに留意しなければならない。

　また，「幼児期の終わりまでに育ってほしい姿」が，ねらい及び内容に基づく活動全体を通して資質・能力が育まれている園児の幼保連携型認定こども園修了時の具体的な姿であることを踏まえ，指導を行う際に考慮するものとする。

　なお，特に必要な場合には，各視点や領域に示すねらいの趣旨に基づいて適切な，具体的な内容を工夫し，それを加えても差し支えないが，その場合には，それが第1章の第1に示す幼保連携型認定こども園の教育及び保育の基本及び目標を逸脱しないよう慎重に配慮する必要がある。

第1　乳児期の園児の保育に関するねらい及び内容
基本的事項
1　乳児期の発達については，視覚，聴覚などの感覚や，座る，はう，歩くなどの運動機能が著しく発達し，特定の大人との応答的な関わりを通じて，情緒的な絆が形成されるといった特徴がある。これらの発達の特徴を踏まえて，乳児期の園児の保育は，愛情豊かに，応答的に行われることが特に必要である。
2　本項においては，この時期の発達の特徴を踏まえ，乳児期の園児の保育のねらい及び内容については，身体的発達に関する視点「健やかに伸び伸びと育つ」，社会的発達に関する視点「身近な人と気持ちが通じ合う」及び精神的発達に関する視点「身近なものと関わり感性が育つ」としてまとめ，示している。
ねらい及び内容
健やかに伸び伸びと育つ
〔健康な心と体を育て，自ら健康で安全な生活をつくり出す力の基盤を培う。〕

1 ねらい
(1) 身体感覚が育ち，快適な環境に心地よさを感じる。
(2) 伸び伸びと体を動かし，はう，歩くなどの運動をしようとする。
(3) 食事，睡眠等の生活のリズムの感覚が芽生える。

2 内容
(1) 保育教諭等の愛情豊かな受容の下で，生理的・心理的欲求を満たし，心地よく生活をする。
(2) 一人一人の発育に応じて，はう，立つ，歩くなど，十分に体を動かす。
(3) 個人差に応じて授乳を行い，離乳を進めていく中で，様々な食品に少しずつ慣れ，食べることを楽しむ。
(4) 一人一人の生活のリズムに応じて，安全な環境の下で十分に午睡をする。
(5) おむつ交換や衣服の着脱などを通じて，清潔になることの心地よさを感じる。

3 内容の取扱い
上記の取扱いに当たっては，次の事項に留意する必要がある。
(1) 心と体の健康は，相互に密接な関連があるものであることを踏まえ，温かい触れ合いの中で，心と体の発達を促すこと。特に，寝返り，お座り，はいはい，つかまり立ち，伝い歩きなど，発育に応じて，遊びの中で体を動かす機会を十分に確保し，自ら体を動かそうとする意欲が育つようにすること。
(2) 健康な心と体を育てるためには望ましい食習慣の形成が重要であることを踏まえ，離乳食が完了期へと徐々に移行する中で，様々な食品に慣れるようにするとともに，和やかな雰囲気の中で食べる喜びや楽しさを味わい，進んで食べようとする気持ちが育つようにすること。なお，食物アレルギーのある園児への対応については，学校医等の指示や協力の下に適切に対応すること。

身近な人と気持ちが通じ合う
〔受容的・応答的な関わりの下で，何かを伝えようとする意欲や身近な大人との信頼関係を育て，人と関わる力の基盤を培う。〕

1 ねらい
(1) 安心できる関係の下で，身近な人と共に過ごす喜びを感じる。
(2) 体の動きや表情，発声等により，保育教諭等と気持ちを通わせようとする。
(3) 身近な人と親しみ，関わりを深め，愛情や信頼感が芽生える。

2 内容
(1) 園児からの働き掛けを踏まえた，応答的な触れ合いや言葉掛けによって，欲求が満たされ，安定感をもって過ごす。
(2) 体の動きや表情，発声，喃語(なん)等を優しく受け止めてもらい，保育教諭等とのやり取りを楽しむ。
(3) 生活や遊びの中で，自分の身近な人の存在に気付き，親しみの気持ちを表す。
(4) 保育教諭等による語り掛けや歌い掛け，発声や喃(なん)語等への応答を通じて，言葉の理解や発語の意欲が育つ。
(5) 温かく，受容的な関わりを通じて，自分を肯定する気持ちが芽生える。

3 内容の取扱い
上記の取扱いに当たっては，次の事項に留意する必要がある。
(1) 保育教諭等との信頼関係に支えられて生活を確立していくことが人と関わる基盤となることを考慮して，園児の多様な感情を受け止め，温かく受容的・応答的に関わり，一人一人に応じた適切な援助を行うようにすること。
(2) 身近な人に親しみをもって接し，自分の感情などを表し，それに相手が応答する言葉を聞くことを通して，次第に言葉が獲得されていくことを考慮して，楽しい雰囲気の中での保育教諭等との関わり合いを大切にし，ゆっくりと優しく話し掛けるなど，積極的に言葉のやり取りを楽しむことができるようにすること。

身近なものと関わり感性が育つ
〔身近な環境に興味や好奇心をもって関わり，感じたことや考えたことを表現する力の基盤を培う。〕

1 ねらい
(1) 身の回りのものに親しみ，様々なものに興味や関心をもつ。
(2) 見る，触れる，探索するなど，身近な環境に自分から関わろうとする。
(3) 身体の諸感覚による認識が豊かになり，表情や手足，体の動き等で表現する。

2 内容
(1) 身近な生活用具，玩具や絵本などが用意された中で，身の回りのものに対する興味や好奇心をもつ。
(2) 生活や遊びの中で様々なものに触れ，音，形，色，手触りなどに気付き，感覚の働きを豊かにする。
(3) 保育教諭等と一緒に様々な色彩や形のものや絵本などを見る。
(4) 玩具や身の回りのものを，つまむ，つかむ，たたく，引っ張るなど，手や指を使って遊ぶ。

(5) 保育教諭等のあやし遊びに機嫌よく応じたり，歌やリズムに合わせて手足や体を動かして楽しんだりする。
3　内容の取扱い
上記の取扱いに当たっては，次の事項に留意する必要がある。
(1) 玩具などは，音質，形，色，大きさなど園児の発達状態に応じて適切なものを選び，その時々の園児の興味や関心を踏まえるなど，遊びを通して感覚の発達が促されるものとなるように工夫すること。なお，安全な環境の下で，園児が探索意欲を満たして自由に遊べるよう，身の回りのものについては常に十分な点検を行うこと。
(2) 乳児期においては，表情，発声，体の動きなどで，感情を表現することが多いことから，これらの表現しようとする意欲を積極的に受け止めて，園児が様々な活動を楽しむことを通して表現が豊かになるようにすること。

第2　満1歳以上満3歳未満の園児の保育に関するねらい及び内容
基本的事項
1　この時期においては，歩き始めから，歩く，走る，跳ぶなどへと，基本的な運動機能が次第に発達し，排泄の自立のための身体的機能も整うようになる。つまむ，めくるなどの指先の機能も発達し，食事，衣類の着脱なども，保育教諭等の援助の下で自分で行うようになる。発声も明瞭になり，語彙も増加し，自分の意思や欲求を言葉で表出できるようになる。このように自分でできることが増えてくる時期であることから，保育教諭等は，園児の生活の安定を図りながら，自分でしようとする気持ちを尊重し，温かく見守るとともに，愛情豊かに，応答的に関わることが必要である。
2　本項においては，この時期の発達の特徴を踏まえ，保育のねらい及び内容について，心身の健康に関する領域「健康」，人との関わりに関する領域「人間関係」，身近な環境との関わりに関する領域「環境」，言葉の獲得に関する領域「言葉」及び感性と表現に関する領域「表現」としてまとめ，示している。
ねらい及び内容
健康
〔健康な心と体を育て，自ら健康で安全な生活をつくり出す力を養う。〕
1　ねらい
(1) 明るく伸び伸びと生活し，自分から体を動かすことを楽しむ。
(2) 自分の体を十分に動かし，様々な動きをしようとする。
(3) 健康，安全な生活に必要な習慣に気付き，自分でしてみようとする気持ちが育つ。
2　内容
(1) 保育教諭等の愛情豊かな受容の下で，安定感をもって生活をする。
(2) 食事や午睡，遊びと休息など，幼保連携型認定こども園における生活のリズムが形成される。
(3) 走る，跳ぶ，登る，押す，引っ張るなど全身を使う遊びを楽しむ。
(4) 様々な食品や調理形態に慣れ，ゆったりとした雰囲気の中で食事や間食を楽しむ。
(5) 身の回りを清潔に保つ心地よさを感じ，その習慣が少しずつ身に付く。
(6) 保育教諭等の助けを借りながら，衣類の着脱を自分でしようとする。
(7) 便器での排泄に慣れ，自分で排泄ができるようになる。
3　内容の取扱い
上記の取扱いに当たっては，次の事項に留意する必要がある。
(1) 心と体の健康は，相互に密接な関連があるものであることを踏まえ，園児の気持ちに配慮した温かい触れ合いの中で，心と体の発達を促すこと。特に，一人一人の発育に応じて，体を動かす機会を十分に確保し，自ら体を動かそうとする意欲が育つようにすること。
(2) 健康な心と体を育てるためには望ましい食習慣の形成が重要であることを踏まえ，ゆったりとした雰囲気の中で食べる喜びや楽しさを味わい，進んで食べようとする気持ちが育つようにすること。なお，食物アレルギーのある園児への対応については，学校医等の指示や協力の下に適切に対応すること。
(3) 排泄の習慣については，一人一人の排尿間隔等を踏まえ，おむつが汚れていないときに便器に座らせるなどにより，少しずつ慣れさせるようにすること。
(4) 食事，排泄，睡眠，衣類の着脱，身の回りを清潔にすることなど，生活に必要な基本的な習慣については，一人一人の状態に応じ，落ち着いた雰囲気の中で行うようにし，園児が自分でしようとする気持ちを尊重すること。また，基本的な生活習慣の形成に当たっては，家庭での生活経験に配慮し，家庭との適切な連携の下で行うようにすること。

人間関係
〔他の人々と親しみ，支え合って生活するために，自立心を育て，人と関わる力を養う。〕

1 ねらい
(1) 幼保連携型認定こども園での生活を楽しみ，身近な人と関わる心地よさを感じる。
(2) 周囲の園児等への興味・関心が高まり，関わりをもとうとする。
(3) 幼保連携型認定こども園の生活の仕方に慣れ，きまりの大切さに気付く。

2 内容
(1) 保育教諭等や周囲の園児等との安定した関係の中で，共に過ごす心地よさを感じる。
(2) 保育教諭等の受容的・応答的な関わりの中で，欲求を適切に満たし，安定感をもって過ごす。
(3) 身の回りに様々な人がいることに気付き，徐々に他の園児と関わりをもって遊ぶ。
(4) 保育教諭等の仲立ちにより，他の園児との関わり方を少しずつ身につける。
(5) 幼保連携型認定こども園の生活の仕方に慣れ，きまりがあることや，その大切さに気付く。
(6) 生活や遊びの中で，年長児や保育教諭等の真似をしたり，ごっこ遊びを楽しんだりする。

3 内容の取扱い
上記の取扱いに当たっては，次の事項に留意する必要がある。
(1) 保育教諭等との信頼関係に支えられて生活を確立するとともに，自分で何かをしようとする気持ちが旺盛になる時期であることに鑑み，そのような園児の気持ちを尊重し，温かく見守るとともに，愛情豊かに，応答的に関わり，適切な援助を行うようにすること。
(2) 思い通りにいかない場合等の園児の不安定な感情の表出については，保育教諭等が受容的に受け止めるとともに，そうした気持ちから立ち直る経験や感情をコントロールすることへの気付き等につなげていけるように援助すること。
(3) この時期は自己と他者との違いの認識がまだ十分ではないことから，園児の自我の育ちを見守るとともに，保育教諭等が仲立ちとなって，自分の気持ちを相手に伝えることや相手の気持ちに気付くことの大切さなど，友達の気持ちや友達との関わり方を丁寧に伝えていくこと。

環境
〔周囲の様々な環境に好奇心や探究心をもって関わり，それらを生活に取り入れていこうとする力を養う。〕

1 ねらい
(1) 身近な環境に親しみ，触れ合う中で，様々なものに興味や関心をもつ。
(2) 様々なものに関わる中で，発見を楽しんだり，考えたりしようとする。
(3) 見る，聞く，触るなどの経験を通して，感覚の働きを豊かにする。

2 内容
(1) 安全で活動しやすい環境での探索活動等を通して，見る，聞く，触れる，嗅ぐ，味わうなどの感覚の働きを豊かにする。
(2) 玩具，絵本，遊具などに興味をもち，それらを使った遊びを楽しむ。
(3) 身の回りの物に触れる中で，形，色，大きさ，量などの物の性質や仕組みに気付く。
(4) 自分の物と人の物の区別や，場所的感覚など，環境を捉える感覚が育つ。
(5) 身近な生き物に気付き，親しみをもつ。
(6) 近隣の生活や季節の行事などに興味や関心をもつ。

3 内容の取扱い 上記の取扱いに当たっては，次の事項に留意する必要がある。
(1) 玩具などは，音質，形，色，大きさなど園児の発達状態に応じて適切なものを選び，遊びを通して感覚の発達が促されるように工夫すること。
(2) 身近な生き物との関わりについては，園児が命を感じ，生命の尊さに気付く経験へとつながるものであることから，そうした気付きを促すような関わりとなるようにすること。
(3) 地域の生活や季節の行事などに触れる際には，社会とのつながりや地域社会の文化への気付きにつながるものとなることが望ましいこと。その際，幼保連携型認定こども園内外の行事や地域の人々との触れ合いなどを通して行うこと等も考慮すること。

言葉
〔経験したことや考えたことなどを自分なりの言葉で表現し，相手の話す言葉を聞こうとする意欲や態度を育て，言葉に対する感覚や言葉で表現する力を養う。〕

1 ねらい
(1) 言葉遊びや言葉で表現する楽しさを感じる。
(2) 人の言葉や話などを聞き，自分でも思ったことを伝えようとする。
(3) 絵本や物語等に親しむとともに，言葉のやり取りを通じて身近な人と気持ちを通わせる。

2 内容
(1) 保育教諭等の応答的な関わりや話し掛けにより，自ら言葉を使おうとする。
(2) 生活に必要な簡単な言葉に気付き，聞き分ける。
(3) 親しみをもって日常の挨拶に応じる。
(4) 絵本や紙芝居を楽しみ，簡単な言葉を繰り返したり，模倣をしたりして遊ぶ。

(5) 保育教諭等とごっこ遊びをする中で，言葉のやり取りを楽しむ。
　(6) 保育教諭等を仲立ちとして，生活や遊びの中で友達との言葉のやり取りを楽しむ。
　(7) 保育教諭等や友達の言葉や話に興味や関心をもって，聞いたり，話したりする。
3　内容の取扱い
　　上記の取扱いに当たっては，次の事項に留意する必要がある。
　(1) 身近な人に親しみをもって接し，自分の感情などを伝え，それに相手が応答し，その言葉を聞くことを通して，次第に言葉が獲得されていくものであることを考慮して，楽しい雰囲気の中で保育教諭等との言葉のやり取りができるようにすること。
　(2) 園児が自分の思いを言葉で伝えるとともに，他の園児の話などを聞くことを通して，次第に話を理解し，言葉による伝え合いができるようになるよう，気持ちや経験等の言語化を行うことを援助するなど，園児同士の関わりの仲立ちを行うようにすること。
　(3) この時期は，片言から，二語文，ごっこ遊びでのやり取りができる程度へと，大きく言葉の習得が進む時期であることから，それぞれの園児の発達の状況に応じて，遊びや関わりの工夫など，保育の内容を適切に展開することが必要であること。

表現
〔感じたことや考えたことを自分なりに表現することを通して，豊かな感性や表現する力を養い，創造性を豊かにする。〕
1　ねらい
　(1) 身体の諸感覚の経験を豊かにし，様々な感覚を味わう。
　(2) 感じたことや考えたことなどを自分なりに表現しようとする。
　(3) 生活や遊びの様々な体験を通して，イメージや感性が豊かになる。
2　内容
　(1) 水，砂，土，紙，粘土など様々な素材に触れて楽しむ。
　(2) 音楽，リズムやそれに合わせた体の動きを楽しむ。
　(3) 生活の中で様々な音，形，色，手触り，動き，味，香りなどに気付いたり，感じたりして楽しむ。
　(4) 歌を歌ったり，簡単な手遊びや全身を使う遊びを楽しんだりする。
　(5) 保育教諭等からの話や，生活や遊びの中での出来事を通して，イメージを豊かにする。
　(6) 生活や遊びの中で，興味のあることや経験したことなどを自分なりに表現する。
3　内容の取扱い
　　上記の取扱いに当たっては，次の事項に留意する必要がある。
　(1) 園児の表現は，遊びや生活の様々な場面で表出されているものであることから，それらを積極的に受け止め，様々な表現の仕方や感性を豊かにする経験となるようにすること。
　(2) 園児が試行錯誤しながら様々な表現を楽しむことや，自分の力でやり遂げる充実感などに気付くよう，温かく見守るとともに，適切に援助を行うようにすること。
　(3) 様々な感情の表現等を通じて，園児が自分の感情や気持ちに気付くようになる時期であることに鑑み，受容的な関わりの中で自信をもって表現をすることや，諦めずに続けた後の達成感等を感じられるような経験が蓄積されるようにすること。
　(4) 身近な自然や身の回りの事物に関わる中で，発見や心が動く経験が得られるよう，諸感覚を働かせることを楽しむ遊びや素材を用意するなど保育の環境を整えること。

第3　満3歳以上の園児の教育及び保育に関するねらい及び内容
基本的事項
1　この時期においては，運動機能の発達により，基本的な動作が一通りできるようになるとともに，基本的な生活習慣もほぼ自立できるようになる。理解する語彙数が急激に増加し，知的興味や関心も高まってくる。仲間と遊び，仲間の中の一人という自覚が生じ，集団的な遊びや協同的な活動も見られるようになる。これらの発達の特徴を踏まえて，この時期の教育及び保育においては，個の成長と集団としての活動の充実が図られるようにしなければならない。
2　本項においては，この時期の発達の特徴を踏まえ，教育及び保育のねらい及び内容について，心身の健康に関する領域「健康」，人との関わりに関する領域「人間関係」，身近な環境との関わりに関する領域「環境」，言葉の獲得に関する領域「言葉」及び感性と表現に関する領域「表現」としてまとめ，示している。

ねらい及び内容
健康
〔健康な心と体を育て，自ら健康で安全な生活をつくり出す力を養う。〕
1　ねらい
　(1) 明るく伸び伸びと行動し，充実感を味わう。
　(2) 自分の体を十分に動かし，進んで運動しようとす

(3) 健康、安全な生活に必要な習慣や態度を身に付け、見通しをもって行動する。
2　内容
　(1) 保育教諭等や友達と触れ合い、安定感をもって行動する。
　(2) いろいろな遊びの中で十分に体を動かす。
　(3) 進んで戸外で遊ぶ。
　(4) 様々な活動に親しみ、楽しんで取り組む。
　(5) 保育教諭等や友達と食べることを楽しみ、食べ物への興味や関心をもつ。
　(6) 健康な生活のリズムを身に付ける。
　(7) 身の回りを清潔にし、衣服の着脱、食事、排泄などの生活に必要な活動を自分でする。
　(8) 幼保連携型認定こども園における生活の仕方を知り、自分たちで生活の場を整えながら見通しをもって行動する。
　(9) 自分の健康に関心をもち、病気の予防などに必要な活動を進んで行う。
　(10) 危険な場所、危険な遊び方、災害時などの行動の仕方が分かり、安全に気を付けて行動する。
3　内容の取扱い
　上記の取扱いに当たっては、次の事項に留意する必要がある。
　(1) 心と体の健康は、相互に密接な関連があるものであることを踏まえ、園児が保育教諭等や他の園児との温かい触れ合いの中で自己の存在感や充実感を味わうことなどを基盤として、しなやかな心と体の発達を促すこと。特に、十分に体を動かす気持ちよさを体験し、自ら体を動かそうとする意欲が育つようにすること。
　(2) 様々な遊びの中で、園児が興味や関心、能力に応じて全身を使って活動することにより、体を動かす楽しさを味わい、自分の体を大切にしようとする気持ちが育つようにすること。その際、多様な動きを経験する中で、体の動きを調整するようにすること。
　(3) 自然の中で伸び伸びと体を動かして遊ぶことにより、体の諸機能の発達が促されることに留意し、園児の興味や関心が戸外にも向くようにすること。その際、園児の動線に配慮した園庭や遊具の配置などを工夫すること。
　(4) 健康な心と体を育てるためには食育を通じた望ましい食習慣の形成が大切であることを踏まえ、園児の食生活の実情に配慮し、和やかな雰囲気の中で保育教諭等や他の園児と食べる喜びや楽しさを味わったり、様々な食べ物への興味や関心をもったりするなどし、食の大切さに気付き、進んで食べようとする気持ちが育つようにすること。
　(5) 基本的な生活習慣の形成に当たっては、家庭での生活経験に配慮し、園児の自立心を育て、園児が他の園児と関わりながら主体的な活動を展開する中で、生活に必要な習慣を身に付け、次第に見通しをもって行動できるようにすること。
　(6) 安全に関する指導に当たっては、情緒の安定を図り、遊びを通して安全についての構えを身に付け、危険な場所や事物などが分かり、安全についての理解を深めるようにすること。また、交通安全の習慣を身に付けるようにするとともに、避難訓練などを通して、災害などの緊急時に適切な行動がとれるようにすること。

人間関係
〔他の人々と親しみ、支え合って生活するために、自立心を育て、人と関わる力を養う。〕
1　ねらい
　(1) 幼保連携型認定こども園の生活を楽しみ、自分の力で行動することの充実感を味わう。
　(2) 身近な人と親しみ、関わりを深め、工夫したり、協力したりして一緒に活動する楽しさを味わい、愛情や信頼感をもつ。
　(3) 社会生活における望ましい習慣や態度を身に付ける。
2　内容
　(1) 保育教諭等や友達と共に過ごすことの喜びを味わう。
　(2) 自分で考え、自分で行動する。
　(3) 自分でできることは自分でする。
　(4) いろいろな遊びを楽しみながら物事をやり遂げようとする気持ちをもつ。
　(5) 友達と積極的に関わりながら喜びや悲しみを共感し合う。
　(6) 自分の思ったことを相手に伝え、相手の思っていることに気付く。
　(7) 友達のよさに気付き、一緒に活動する楽しさを味わう。
　(8) 友達と楽しく活動する中で、共通の目的を見いだし、工夫したり、協力したりなどする。
　(9) よいことや悪いことがあることに気付き、考えながら行動する。
　(10) 友達との関わりを深め、思いやりをもつ。
　(11) 友達と楽しく生活する中できまりの大切さに気付き、守ろうとする。
　(12) 共同の遊具や用具を大切にし、皆で使う。
　(13) 高齢者をはじめ地域の人々などの自分の生活に

関係の深いいろいろな人に親しみをもつ。
3 内容の取扱い
　上記の取扱いに当たっては，次の事項に留意する必要がある。
(1) 保育教諭等との信頼関係に支えられて自分自身の生活を確立していくことが人と関わる基盤となることを考慮し，園児が自ら周囲に働き掛けることにより多様な感情を体験し，試行錯誤しながら諦めずにやり遂げることの達成感や，前向きな見通しをもって自分の力で行うことの充実感を味わうことができるよう，園児の行動を見守りながら適切な援助を行うようにすること。
(2) 一人一人を生かした集団を形成しながら人と関わる力を育てていくようにすること。その際，集団の生活の中で，園児が自己を発揮し，保育教諭等や他の園児に認められる体験をし，自分のよさや特徴に気付き，自信をもって行動できるようにすること。
(3) 園児が互いに関わりを深め，協同して遊ぶようになるため，自ら行動する力を育てるようにするとともに，他の園児と試行錯誤しながら活動を展開する楽しさや共通の目的が実現する喜びを味わうことができるようにすること。
(4) 道徳性の芽生えを培うに当たっては，基本的な生活習慣の形成を図るとともに，園児が他の園児との関わりの中で他人の存在に気付き，相手を尊重する気持ちをもって行動できるようにし，また，自然や身近な動植物に親しむことなどを通して豊かな心情が育つようにすること。特に，人に対する信頼感や思いやりの気持ちは，葛藤やつまずきをも体験し，それらを乗り越えることにより次第に芽生えてくることに配慮すること。
(5) 集団の生活を通して，園児が人との関わりを深め，規範意識の芽生えが培われることを考慮し，園児が保育教諭等との信頼関係に支えられて自己を発揮する中で，互いに思いを主張し，折り合いを付ける体験をし，きまりの必要性などに気付き，自分の気持ちを調整する力が育つようにすること。
(6) 高齢者をはじめ地域の人々などの自分の生活に関係の深いいろいろな人と触れ合い，自分の感情や意志を表現しながら共に楽しみ，共感し合う体験を通して，これらの人々などに親しみをもち，人と関わることの楽しさや人の役に立つ喜びを味わうことができるようにすること。また，生活を通して親や祖父母などの家族の愛情に気付き，家族を大切にしようとする気持ちが育つようにすること。

環境
〔周囲の様々な環境に好奇心や探究心をもって関わり，それらを生活に取り入れていこうとする力を養う。〕
1 ねらい
(1) 身近な環境に親しみ，自然と触れ合う中で様々な事象に興味や関心をもつ。
(2) 身近な環境に自分から関わり，発見を楽しんだり，考えたりし，それを生活に取り入れようとする。
(3) 身近な事象を見たり，考えたり，扱ったりする中で，物の性質や数量，文字などに対する感覚を豊かにする。
2 内容
(1) 自然に触れて生活し，その大きさ，美しさ，不思議さなどに気付く。
(2) 生活の中で，様々な物に触れ，その性質や仕組みに興味や関心をもつ。
(3) 季節により自然や人間の生活に変化のあることに気付く。
(4) 自然などの身近な事象に関心をもち，取り入れて遊ぶ。
(5) 身近な動植物に親しみをもって接し，生命の尊さに気付き，いたわったり，大切にしたりする。
(6) 日常生活の中で，我が国や地域社会における様々な文化や伝統に親しむ。
(7) 身近な物を大切にする。
(8) 身近な物や遊具に興味をもって関わり，自分なりに比べたり，関連付けたりしながら考えたり，試したりして工夫して遊ぶ。
(9) 日常生活の中で数量や図形などに関心をもつ。
(10) 日常生活の中で簡単な標識や文字などに関心をもつ。
(11) 生活に関係の深い情報や施設などに興味や関心をもつ。
(12) 幼保連携型認定こども園内外の行事において国旗に親しむ。
3 内容の取扱い
　上記の取扱いに当たっては，次の事項に留意する必要がある。
(1) 園児が，遊びの中で周囲の環境と関わり，次第に周囲の世界に好奇心を抱き，その意味や操作の仕方に関心をもち，物事の法則性に気付き，自分なりに考えることができるようになる過程を大切にすること。また，他の園児の考えなどに触れて新しい考えを生み出す喜びや楽しさを味わい，自分の考えをよりよいものにしようとする気持ちが育つようにすること。
(2) 幼児期において自然のもつ意味は大きく，自然の大きさ，美しさ，不思議さなどに直接触れる体験を

通して，園児の心が安らぎ，豊かな感情，好奇心，思考力，表現力の基礎が培われることを踏まえ，園児が自然との関わりを深めることができるよう工夫すること。
  (3) 身近な事象や動植物に対する感動を伝え合い，共感し合うことなどを通して自分から関わろうとする意欲を育てるとともに，様々な関わり方を通してそれらに対する親しみや畏敬の念，生命を大切にする気持ち，公共心，探究心などが養われるようにすること。
  (4) 文化や伝統に親しむ際には，正月や節句など我が国の伝統的な行事，国歌，唱歌，わらべうたや我が国の伝統的な遊びに親しんだり，異なる文化に触れる活動に親しんだりすることを通じて，社会とのつながりの意識や国際理解の意識の芽生えなどが養われるようにすること。
  (5) 数量や文字などに関しては，日常生活の中で園児自身の必要感に基づく体験を大切にし，数量や文字などに関する興味や関心，感覚が養われるようにすること。

言葉
〔経験したことや考えたことなどを自分なりの言葉で表現し，相手の話す言葉を聞こうとする意欲や態度を育て，言葉に対する感覚や言葉で表現する力を養う。〕
1 ねらい
  (1) 自分の気持ちを言葉で表現する楽しさを味わう。
  (2) 人の言葉や話などをよく聞き，自分の経験したことや考えたことを話し，伝え合う喜びを味わう。
  (3) 日常生活に必要な言葉が分かるようになるとともに，絵本や物語などに親しみ，言葉に対する感覚を豊かにし，保育教諭等や友達と心を通わせる。
2 内容
  (1) 保育教諭等や友達の言葉や話に興味や関心をもち，親しみをもって聞いたり，話したりする。
  (2) したり，見たり，聞いたり，感じたり，考えたりなどしたことを自分なりに言葉で表現する。
  (3) したいこと，してほしいことを言葉で表現したり，分からないことを尋ねたりする。
  (4) 人の話を注意して聞き，相手に分かるように話す。
  (5) 生活の中で必要な言葉が分かり，使う。
  (6) 親しみをもって日常の挨拶をする。
  (7) 生活の中で言葉の楽しさや美しさに気付く。
  (8) いろいろな体験を通じてイメージや言葉を豊かにする。
  (9) 絵本や物語などに親しみ，興味をもって聞き，想像をする楽しさを味わう。
  (10) 日常生活の中で，文字などで伝える楽しさを味わう。
3 内容の取扱い
  上記の取扱いに当たっては，次の事項に留意する必要がある。
  (1) 言葉は，身近な人に親しみをもって接し，自分の感情や意志などを伝え，それに相手が応答し，その言葉を聞くことを通して次第に獲得されていくものであることを考慮して，園児が保育教諭等や他の園児と関わることにより心を動かされるような体験をし，言葉を交わす喜びを味わえるようにすること。
  (2) 園児が自分の思いを言葉で伝えるとともに，保育教諭等や他の園児などの話を興味をもって注意して聞くことを通して次第に話を理解するようになっていき，言葉による伝え合いができるようにすること。
  (3) 絵本や物語などで，その内容と自分の経験とを結び付けたり，想像を巡らせたりするなど，楽しみを十分に味わうことによって，次第に豊かなイメージをもち，言葉に対する感覚が養われるようにすること。
  (4) 園児が生活の中で，言葉の響きやリズム，新しい言葉や表現などに触れ，これらを使う楽しさを味わえるようにすること。その際，絵本や物語に親しんだり，言葉遊びなどをしたりすることを通して，言葉が豊かになるようにすること。
  (5) 園児が日常生活の中で，文字などを使いながら思ったことや考えたことを伝える喜びや楽しさを味わい，文字に対する興味や関心をもつようにすること。

表現
〔感じたことや考えたことを自分なりに表現することを通して，豊かな感性や表現する力を養い，創造性を豊かにする。〕
1 ねらい
  (1) いろいろなものの美しさなどに対する豊かな感性をもつ。
  (2) 感じたことや考えたことを自分なりに表現して楽しむ。
  (3) 生活の中でイメージを豊かにし，様々な表現を楽しむ。
2 内容
  (1) 生活の中で様々な音，形，色，手触り，動きなどに気付いたり，感じたりするなどして楽しむ。
  (2) 生活の中で美しいものや心を動かす出来事に触れ，イメージを豊かにする。
  (3) 様々な出来事の中で，感動したことを伝え合う楽

しさを味わう。
- (4) 感じたこと，考えたことなどを音や動きなどで表現したり，自由にかいたり，つくったりなどする。
- (5) いろいろな素材に親しみ，工夫して遊ぶ。
- (6) 音楽に親しみ，歌を歌ったり，簡単なリズム楽器を使ったりなどする楽しさを味わう。
- (7) かいたり，つくったりすることを楽しみ，遊びに使ったり，飾ったりなどする。
- (8) 自分のイメージを動きや言葉などで表現したり，演じて遊んだりするなどの楽しさを味わう。

3 内容の取扱い

上記の取扱いに当たっては，次の事項に留意する必要がある。

- (1) 豊かな感性は，身近な環境と十分に関わる中で美しいもの，優れたもの，心を動かす出来事などに出会い，そこから得た感動を他の園児や保育教諭等と共有し，様々に表現することなどを通して養われるようにすること。その際，風の音や雨の音，身近にある草や花の形や色など自然の中にある音，形，色などに気付くようにすること。
- (2) 幼児期の自己表現は素朴な形で行われることが多いので，保育教諭等はそのような表現を受容し，園児自身の表現しようとする意欲を受け止めて，園児が生活の中で園児らしい様々な表現を楽しむことができるようにすること。
- (3) 生活経験や発達に応じ，自ら様々な表現を楽しみ，表現する意欲を十分に発揮させることができるように，遊具や用具などを整えたり，様々な素材や表現の仕方に親しんだり，他の園児の表現に触れられるよう配慮したりし，表現する過程を大切にして自己表現を楽しめるように工夫すること。

第4 教育及び保育の実施に関する配慮事項

1 満3歳未満の園児の保育の実施については，以下の事項に配慮するものとする。

- (1) 乳児は疾病への抵抗力が弱く，心身の機能の未熟さに伴う疾病の発生が多いことから，一人一人の発育及び発達状態や健康状態についての適切な判断に基づく保健的な対応を行うこと。また，一人一人の園児の生育歴の違いに留意しつつ，欲求を適切に満たし，特定の保育教諭等が応答的に関わるように努めること。更に，乳児期の園児の保育に関わる職員間の連携や学校医との連携を図り，第3章に示す事項を踏まえ，適切に対応すること。栄養士及び看護師等が配置されている場合は，その専門性を生かした対応を図ること。乳児期の園児の保育においては特に，保護者との信頼関係を築きながら保育を進めるとともに，保護者からの相談に応じ支援に努めていくこと。なお，担当の保育教諭等が替わる場合には，園児のそれまでの生育歴や発達の過程に留意し，職員間で協力して対応すること。
- (2) 満1歳以上満3歳未満の園児は，特に感染症にかかりやすい時期であるので，体の状態，機嫌，食欲などの日常の状態の観察を十分に行うとともに，適切な判断に基づく保健的な対応を心掛けること。また，探索活動が十分できるように，事故防止に努めながら活動しやすい環境を整え，全身を使う遊びなど様々な遊びを取り入れること。更に，自我が形成され，園児が自分の感情や気持ちに気付くようになる重要な時期であることに鑑み，情緒の安定を図りながら，園児の自発的な活動を尊重するとともに促していくこと。なお，担当の保育教諭等が替わる場合には，園児のそれまでの経験や発達の過程に留意し，職員間で協力して対応すること。

2 幼保連携型認定こども園における教育及び保育の全般において以下の事項に配慮するものとする。

- (1) 園児の心身の発達及び活動の実態などの個人差を踏まえるとともに，一人一人の園児の気持ちを受け止め，援助すること。
- (2) 園児の健康は，生理的・身体的な育ちとともに，自主性や社会性，豊かな感性の育ちとがあいまってもたらされることに留意すること。
- (3) 園児が自ら周囲に働き掛け，試行錯誤しつつ自分の力で行う活動を見守りながら，適切に援助すること。
- (4) 園児の入園時の教育及び保育に当たっては，できるだけ個別的に対応し，園児が安定感を得て，次第に幼保連携型認定こども園の生活になじんでいくようにするとともに，既に入園している園児に不安や動揺を与えないようにすること。
- (5) 園児の国籍や文化の違いを認め，互いに尊重する心を育てるようにすること。
- (6) 園児の性差や個人差にも留意しつつ，性別などによる固定的な意識を植え付けることがないようにすること。

第3章 健康及び安全

幼保連携型認定こども園における園児の健康及び安全は，園児の生命の保持と健やかな生活の基本となるものであり，第1章及び第2章の関連する事項と併せ，次に示す事項について適切に対応するものとする。その際，養護教諭や看護師，栄養教諭や栄養士等が配置されている場合には，学校医等と共に，これらの者がそれぞれの専門性を生

かしながら，全職員が相互に連携し，組織的かつ適切な対応を行うことができるような体制整備や研修を行うことが必要である。

第1　健康支援
 1　健康状態や発育及び発達の状態の把握
  (1) 園児の心身の状態に応じた教育及び保育を行うために，園児の健康状態や発育及び発達の状態について，定期的・継続的に，また，必要に応じて随時，把握すること。
  (2) 保護者からの情報とともに，登園時及び在園時に園児の状態を観察し，何らかの疾病が疑われる状態や傷害が認められた場合には，保護者に連絡するとともに，学校医と相談するなど適切な対応を図ること。
  (3) 園児の心身の状態等を観察し，不適切な養育の兆候が見られる場合には，市町村（特別区を含む。以下同じ。）や関係機関と連携し，児童福祉法第25条に基づき，適切な対応を図ること。また，虐待が疑われる場合には，速やかに市町村又は児童相談所に通告し，適切な対応を図ること。
 2　健康増進
  (1) 認定こども園法第27条において準用する学校保健安全法（昭和33年法律第56号）第5条の学校保健計画を作成する際は，教育及び保育の内容並びに子育ての支援等に関する全体的な計画に位置づくものとし，全ての職員がそのねらいや内容を踏まえ，園児一人一人の健康の保持及び増進に努めていくこと。
  (2) 認定こども園法第27条において準用する学校保健安全法第13条第1項の健康診断を行ったときは，認定こども園法第27条において準用する学校保健安全法第14条の措置を行い，教育及び保育に活用するとともに，保護者が園児の状態を理解し，日常生活に活用できるようにすること。
 3　疾病等への対応
  (1) 在園時に体調不良や傷害が発生した場合には，その園児の状態等に応じて，保護者に連絡するとともに，適宜，学校医やかかりつけ医等と相談し，適切な処置を行うこと。
  (2) 感染症やその他の疾病の発生予防に努め，その発生や疑いがある場合には必要に応じて学校医，市町村，保健所等に連絡し，その指示に従うとともに，保護者や全ての職員に連絡し，予防等について協力を求めること。また，感染症に関する幼保連携型認定こども園の対応方法等について，あらかじめ関係機関の協力を得ておくこと。
  (3) アレルギー疾患を有する園児に関しては，保護者と連携し，医師の診断及び指示に基づき，適切な対応を行うこと。また，食物アレルギーに関して，関係機関と連携して，当該幼保連携型認定こども園の体制構築など，安全な環境の整備を行うこと。
  (4) 園児の疾病等の事態に備え，保健室の環境を整え，救急用の薬品，材料等を適切な管理の下に常備し，全ての職員が対応できるようにしておくこと。

第2　食育の推進
 1　幼保連携型認定こども園における食育は，健康な生活の基本としての食を営む力の育成に向け，その基礎を培うことを目標とすること。
 2　園児が生活と遊びの中で，意欲をもって食に関わる体験を積み重ね，食べることを楽しみ，食事を楽しみ合う園児に成長していくことを期待するものであること。
 3　乳幼児期にふさわしい食生活が展開され，適切な援助が行われるよう，教育及び保育の内容並びに子育ての支援等に関する全体的な計画に基づき，食事の提供を含む食育の計画を作成し，指導計画に位置付けるとともに，その評価及び改善に努めること。
 4　園児が自らの感覚や体験を通して，自然の恵みとしての食材や食の循環・環境への意識，調理する人への感謝の気持ちが育つように，園児と調理員等との関わりや，調理室など食に関する環境に配慮すること。
 5　保護者や地域の多様な関係者との連携及び協働の下で，食に関する取組が進められること。また，市町村の支援の下に，地域の関係機関等との日常的な連携を図り，必要な協力が得られるよう努めること。
 6　体調不良，食物アレルギー，障害のある園児など，園児一人一人の心身の状態等に応じ，学校医，かかりつけ医等の指示や協力の下に適切に対応すること。

第3　環境及び衛生管理並びに安全管理
 1　環境及び衛生管理
  (1) 認定こども園法第27条において準用する学校保健安全法第6条の学校環境衛生基準に基づき幼保連携型認定こども園の適切な環境の維持に努めるとともに，施設内外の設備，用具等の衛生管理に努めること。
  (2) 認定こども園法第27条において準用する学校保健安全法第6条の学校環境衛生基準に基づき幼保連携型認定こども園の施設内外の適切な環境の維持に努めるとともに，園児及び全職員が清潔を保つようにすること。また，職員は衛生知識の向上に努めること。

2 事故防止及び安全対策
　(1) 在園時の事故防止のために，園児の心身の状態等を踏まえつつ，認定こども園法第27条において準用する学校保健安全法第27条の学校安全計画の策定等を通じ，全職員の共通理解や体制づくりを図るとともに，家庭や地域の関係機関の協力の下に安全指導を行うこと。
　(2) 事故防止の取組を行う際には，特に，睡眠中，プール活動・水遊び中，食事中等の場面では重大事故が発生しやすいことを踏まえ，園児の主体的な活動を大切にしつつ，施設内外の環境の配慮や指導の工夫を行うなど，必要な対策を講じること。
　(3) 認定こども園法法第27条において準用する学校保健安全法第29条の危険等発生時対処要領に基づき，事故の発生に備えるとともに施設内外の危険箇所の点検や訓練を実施すること。また，外部からの不審者等の侵入防止のための措置や訓練など不測の事態に備え必要な対応を行うこと。更に，園児の精神保健面における対応に留意すること。

第4 災害への備え
1 施設・設備等の安全確保
　(1) 認定こども園法第27条において準用する学校保健安全法第29条の危険等発生時対処要領に基づき，災害等の発生に備えるとともに，防火設備，避難経路等の安全性が確保されるよう，定期的にこれらの安全点検を行うこと。
　(2) 備品，遊具等の配置，保管を適切に行い，日頃から，安全環境の整備に努めること。
2 災害発生時の対応体制及び避難への備え
　(1) 火災や地震などの災害の発生に備え，認定こども園法第27条において準用する学校保健安全法第29条の危険等発生時対処要領を作成する際には，緊急時の対応の具体的内容や手順，職員の役割分担，避難訓練計画等の事項を盛り込むこと。
　(2) 定期的に避難訓練を実施するなど，必要な対応を図ること。
　(3) 災害の発生時に，保護者等への連絡及び子どもの引渡しを円滑に行うため，日頃から保護者との密接な連携に努め，連絡体制や引渡し方法等について確認をしておくこと。
3 地域の関係機関等との連携
　(1) 市町村の支援の下に，地域の関係機関との日常的な連携を図り，必要な協力が得られるよう努めること。
　(2) 避難訓練については，地域の関係機関や保護者との連携の下に行うなど工夫すること。

第4章 子育ての支援

　幼保連携型認定こども園における保護者に対する子育ての支援は，子どもの利益を最優先して行うものとし，第1章及び第2章等の関連する事項を踏まえ，子どもの育ちを家庭と連携して支援していくとともに，保護者及び地域が有する子育てを自ら実践する力の向上に資するよう，次の事項に留意するものとする。

第1 子育ての支援全般に関わる事項
1 保護者に対する子育ての支援を行う際には，各地域や家庭の実態等を踏まえるとともに，保護者の気持ちを受け止め，相互の信頼関係を基本に，保護者の自己決定を尊重すること。
2 教育及び保育並びに子育ての支援に関する知識や技術など，保育教諭等の専門性や，園児が常に存在する環境など，幼保連携型認定こども園の特性を生かし，保護者が子どもの成長に気付き子育ての喜びを感じられるように努めること。
3 保護者に対する子育ての支援における地域の関係機関等との連携及び協働を図り，園全体の体制構築に努めること。
4 子どもの利益に反しない限りにおいて，保護者や子どものプライバシーを保護し，知り得た事柄の秘密を保持すること。

第2 幼保連携型認定こども園の園児の保護者に対する子育ての支援
1 日常の様々な機会を活用し，園児の日々の様子の伝達や収集，教育及び保育の意図の説明などを通じて，保護者との相互理解を図るよう努めること。
2 教育及び保育の活動に対する保護者の積極的な参加は，保護者の子育てを自ら実践する力の向上に寄与するだけでなく，地域社会における家庭や住民の子育てを自ら実践する力の向上及び子育ての経験の継承につながるきっかけとなる。これらのことから，保護者の参加を促すとともに，参加しやすいよう工夫すること。
3 保護者の生活形態が異なることを踏まえ，全ての保護者の相互理解が深まるように配慮すること。その際，保護者同士が子育てに対する新たな考えに出会い気付き合えるよう工夫すること。
4 保護者の就労と子育ての両立等を支援するため，保護者の多様化した教育及び保育の需要に応じて病児保育事業など多様な事業を実施する場合には，保護者の状況に配慮するとともに，園児の福祉が尊重されるよ

う努め，園児の生活の連続性を考慮すること。
5 　地域の実態や保護者の要請により，教育を行う標準的な時間の終了後等に希望する園児を対象に一時預かり事業などとして行う活動については，保育教諭間及び家庭との連携を密にし，園児の心身の負担に配慮すること。その際，地域の実態や保護者の事情とともに園児の生活のリズムを踏まえつつ，必要に応じて，弾力的な運用を行うこと。
6 　園児に障害や発達上の課題が見られる場合には，市町村や関係機関と連携及び協力を図りつつ，保護者に対する個別の支援を行うよう努めること。
7 　外国籍家庭など，特別な配慮を必要とする家庭の場合には，状況等に応じて個別の支援を行うよう努めること。
8 　保護者に育児不安等が見られる場合には，保護者の希望に応じて個別の支援を行うよう努めること。
9 　保護者に不適切な養育等が疑われる場合には，市町村や関係機関と連携し，要保護児童対策地域協議会で検討するなど適切な対応を図ること。また，虐待が疑われる場合には，速やかに市町村又は児童相談所に通告し，適切な対応を図ること。

第3　地域における子育て家庭の保護者等に対する支援
1 　幼保連携型認定こども園において，認定こども園法第2条第12項に規定する子育て支援事業を実施する際には，当該幼保連携型認定こども園がもつ地域性や専門性などを十分に考慮して当該地域において必要と認められるものを適切に実施すること。また，地域の子どもに対する一時預かり事業などの活動を行う際には，一人一人の子どもの心身の状態などを考慮するとともに，教育及び保育との関連に配慮するなど，柔軟に活動を展開できるようにすること。
2 　市町村の支援を得て，地域の関係機関等との積極的な連携及び協働を図るとともに，子育ての支援に関する地域の人材の積極的な活用を図るよう努めること。また，地域の要保護児童への対応など，地域の子どもを巡る諸課題に対し，要保護児童対策地域協議会など関係機関等と連携及び協力して取り組むよう努めること。
3 　幼保連携型認定こども園は，地域の子どもが健やかに育成される環境を提供し，保護者に対する総合的な子育ての支援を推進するため，地域における乳幼児期の教育及び保育の中心的な役割を果たすよう努めること。

〈監修者紹介〉
無藤　隆（むとう　たかし）
　　白梅学園大学大学院特任教授
　　文科省中央教育審議会教育課程部会幼児教育部会 主査
　　内閣府子ども子育て会議 会長　等歴任

《幼稚園教育要領 改訂
　保育所保育指針 改定
　幼保連携型認定こども園教育・保育要領 改訂》について

編集・制作　株式会社　同文書院
112-0002
東京都文京区小石川 5-24-3
TEL 03-3812-7777　FAX 03-3812-8456